サクッとうかる 日商2級 商業簿記 テキスト

7days

テキスト

ネットスクール 福島三千代

ネットスクール出版

この本を手にとった方へ

　この本は、**日商2級商業簿記を短期間でマスターすること**を目的としたものです。

　この本を手にとったみなさんは、もうすでに3級を学習されたことと思います。3級を学習して、いかがでしたか？
　(3級をまったく学習していないという方は、3級のテキストを一読することをお薦めします)
　「**思っていたより簡単だった！**」という方もいれば、「**結構、難しかったよ～**」という方もいらっしゃると思います。

　でも、この本を手にとっていただいたということは、少なからず2級に興味を持っているのではないでしょうか。

　日商2級の社会的な認知度は高く、履歴書に「**日商2級取得**」とある人は「**計数感覚のある人**」という評価を受けます。

　「それだけ高い評価を受けるってことは、2級って難しいんじゃない？」……そう思う方もいらっしゃるでしょう。

　3級に比べれば範囲も広いので、必然的に学習時間も多くかかります。しかし、2級の試験で60％を占める商業簿記（本書で学習する内容）は、3級で学習した範囲を少し拡大、または深くしたものでしかありません。

　また、本書はみなさんに余分な負担をかけないよう3級と同じように、**①重要ポイントを絞る、②平易な表現で読みやすく、③イラストを多様する**の3点に徹底的にこだわりました。したがって、本書の活用によって、**必要な知識を楽しくしっかりマスター**していただけると確信しています。

　日商2級にサクッとうかる！　この目標に向かって出発しましょう！

2007年1月　　　　　　　　　　　　　　　　　　　　　　　福島三千代

　|第4版について|
　本書は平成20年6月対策用として、従来の第3版より一部内容の変更（商品の期末評価など）をしております。
＊主な改訂点は「vii　第4版の改訂点」をご確認ください。

本書の構成

　本書は1日約2.5～3時間、7日間でマスターするように構成しています。ただし、学習の進捗状況や理解度は個人差がありますので、ご自分のペースにあわせて計画を立ててください。

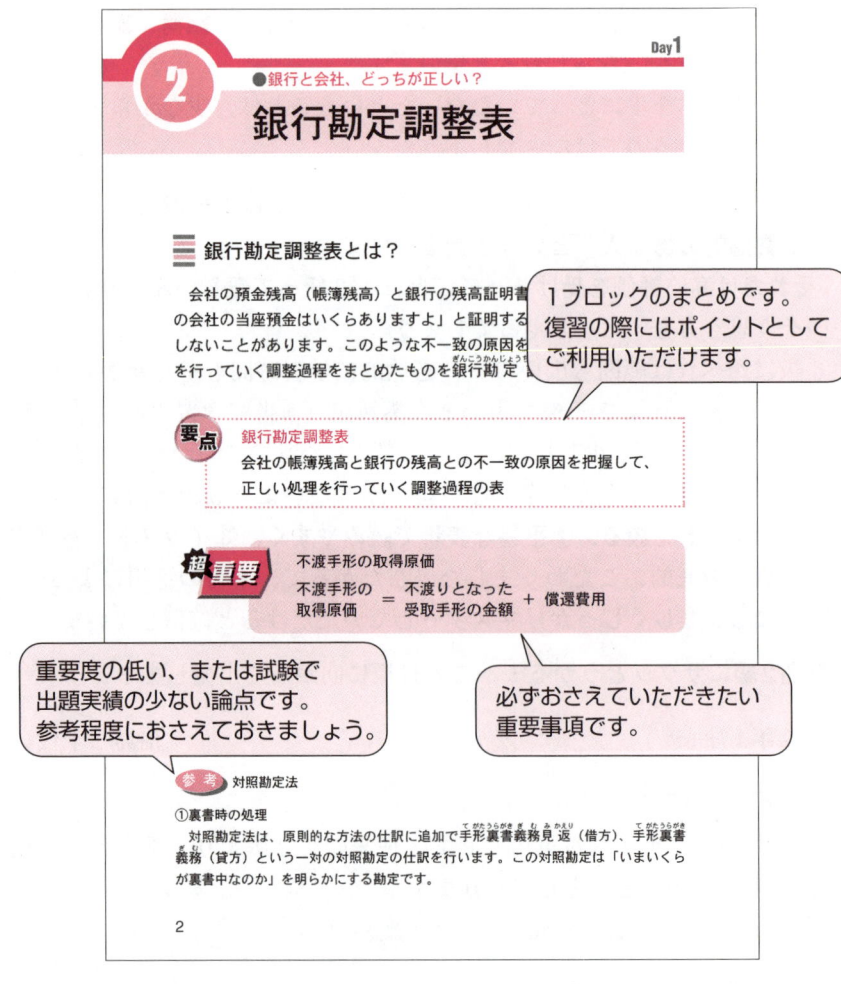

> まちがえやすいポイントや問題の解き方などです。

受験生はココでつまずく

受験生：銀行勘定調整表のもっと簡単な作り方はないのでしょうか？

先　生：それではＴフォームから作ってみましょうか。
先ほどの会社の当座預金残高と銀行の残高証明書残高、そして不一…
…ると次のようになります。

Day
1
現金・預金

> 内容についての確認問題です。
> 確認に役立ててください。

基本問題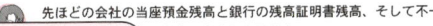

次の取引の仕訳をしなさい。
【取引】建物の修繕を行い、200,000円を小切手を振り出して支払った。
　　　　このうち120,000円は資本的支出と認められる。

解答　（借）建　　　　物　120,000　　（貸）当 座 預 金　200,000
　　　　　　修　繕　費　 80,000

> １つの項目（テーマ）について
> ３つの復習ポイントをあげています。
> 最後にチェックしましょう。

1 現金過不足が生じたときの仕訳は？

2 決算まで現金過不足の原因がわからなかったときの仕訳は？

3 小切手を振り出したら何勘定で処理する？

➡ トレーニングの基本問題 問題1 問題2 へ！

> トレーニング（別売り）との対応を示しています。
> あわせて解いておくと実力が定着します。

本書の効果的な使い方

　本書をご利用いただくにあたって、「こうしなきゃダメ！」というルールはありませんのでご自分のペースで読み進めていただけます。
　「どのように勉強したらよいかわからない」という方は、次にあげる「より効果的な使い方【例】」を参考にしてください。

より効果的な使い方【例】

●学習の前に準備するもの
　・筆記用具（鉛筆またはシャープペン、消しゴム、マーカー、色ペンなど）
　・電卓（12桁対応のもの推奨）
　・メモ帳（計算用紙）
　・付箋など
　　＊本試験では解答は鉛筆またはシャープペンで記入します（マーカーやペンなどの使用は認められていません）。

●学習をはじめる
　はじめから100％理解する必要はありません。1つの項目（テーマ）について80％以上理解できたと思ったら、次に進みましょう。
　ただ、理解が不十分だと思われるところには付箋を貼って、2回目にしっかり理解してください。

　①**本文を読み進めます**。文字が太字の箇所は重要なので、マーカーで色をつけておくとよいでしょう。
　② **超重要** は必ずおさえるようにしましょう。
　③ **基本問題** を解いてできなかったら付箋を貼って次の日にもう一度解きます。
　④ **123** で内容をチェックします。

⑤次の日には前の日に学習した範囲の 要点 と 超重要 を再度チェックしてから、その日の学習をはじめます。

● 1回目が終わったら

　付箋の箇所、超重要、マーカーの箇所（重要なところ）、要点の順にチェックして知識を完全なものにします。

パワーアップアイテム

　簿記はスポーツと同じで、練習が必要です（5日簿記をやらないと感覚が鈍るともいわれます）。何度も繰り返し練習することで、早く、正確に解けるようになるのです。

　そこで本テキストの基本問題はもちろん、本テキスト対応の問題集「サクッとうかる日商2級商業簿記　トレーニング」（別売り）を繰り返し解くことをお薦めします。

　問題を繰り返し解くことで、実力が定着し、試験でもその力を発揮できるようになります。

●第4版の主な改訂点●

Day 2	11	有形固定資産と減価償却	有形固定資産の減価償却について、残存価額がゼロの場合もある旨を参考で追加しました。
Day 3	20	売上原価の計算と商品の期末評価	商品の期末評価について、従来、原則として原価法、例外として低価法が認められていましたが、今後は低価法が強制され、期末商品の時価（正味売却価額）が原価よりも下がったときは、時価（正味売却価額）で評価することになりました。

サクッとうかる日商2級商業簿記　テキスト

CONTENTS

この本を手にとった方へ
本書の構成
本書の効果的な使い方

Day 1

現金・預金
- ❶現金・預金 3級の復習 …………………2
- ❷銀行勘定調整表…………………………4

手形
- ❸手形の更改………………………………21
- ❹手形の不渡り……………………………27
- ❺手形の裏書き……………………………31
- ❻手形の割引き……………………………38
- ❼自己受為替手形と自己宛為替手形 ……43

Day 2

有価証券
- ❽売買目的有価証券………………………50
- ❾満期保有目的債券………………………54
- ❿端数利息の処理…………………………59

固定資産
- ⓫有形固定資産と減価償却………………64
- ⓬建設仮勘定………………………………70
- ⓭固定資産の除却・廃棄と買換え………73
- ⓮固定資産の滅失…………………………78
- ⓯資本的支出と収益的支出………………82
- ⓰無形固定資産……………………………84
- ⓱繰延資産と研究開発費…………………87

Day 3

一般商品売買	⓲三分法の基本処理	94
	⓳割引きと割り戻し	96
	⓴売上原価の計算と商品の期末評価	101
特殊商品売買	㉑予約販売	110
	㉒未着品売買	114
	㉓委託販売	120
	㉔受託販売	126
	㉕試用販売	131
	㉖割賦販売	136
	㉗荷為替手形	144

Day 4

株式の発行	㉘株式会社とは	152
	㉙株式の発行	154
合併・買収	㉚会社の合併と買収	163
剰余金の配当・処分	㉛剰余金の配当、処分	172
損失処理	㉜損失の処理	186
株主資本等変動計算書	㉝株主資本等変動計算書	189

Day 5

税金	㉞租税公課と法人税等	196
	㉟消費税	200
社債	㊱社債	207
	㊲社債の買入償還	217
引当金	㊳貸倒引当金	223
	㊴退職給付引当金	227
	㊵修繕引当金	230

Day 6

決算手続き	㊶決算手続きと精算表	234
	㊷勘定・帳簿の締め切り	242
	㊸財務諸表の作成	251
本支店会計	㊹本支店会計	264
	㊺本支店合併財務諸表の作成	272

Day 7

伝票会計	㊻伝票会計　3級の復習	286
	㊼仕訳日計表	288
帳簿組織	㊽単一仕訳帳制と複数仕訳帳制	304
	㊾現金出納帳と当座預金出納帳	308
	㊿仕入帳と売上帳	318
	(51)受取手形記入帳と支払手形記入帳	323
	(52)二重仕訳と二重転記	329
	さくいん	339

● 日商2級試験情報 ●

科　　目：商業簿記・工業簿記（出題数は5問です）

受験資格：特になし

試 験 日：6月（第2日曜）、11月（第3日曜）、2月（第4日曜）

申込期間：各商工会議所によって異なります（概ね試験の約2カ月前）

合 格 率：20％前後

試験時間：2時間

合 格 点：100点満点中70点以上

＊詳細は検定ホームページ（http://www.kentei.ne.jp）でご確認ください

Day 1

現金・預金、手形

さあ、2級商業簿記のはじまりです。
準備はいいですか？
今日は現金や預金、手形の処理を学習します。
3級でも学習した内容なので、
イメージしやすいと思いますよ！

Day1

● 3級の範囲、まだ覚えてますか？

現金・預金 3級の復習

現金と預金について3級の内容を復習しましょう。

現金の範囲

簿記で現金というと、いわるゆるお金（**通貨**）のほかにすぐにお金に換えられるもの（**通貨代用証券**）も含まれます。

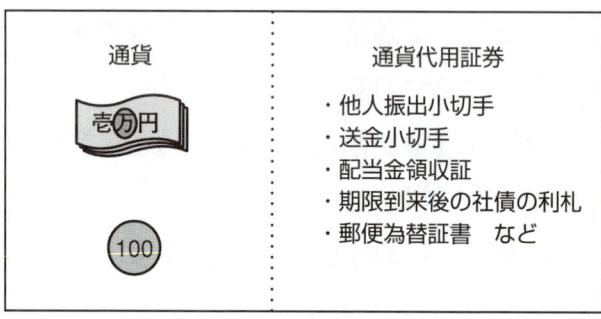

現金過不足

現金過不足とは帳簿と実際の現金の金額の差額です。

現金過不足の処理は次のとおりです。

	帳簿＞実際	帳簿＜実際
①現金過不足の発生時	(借)現金過不足 ×× 　　　(貸)現　　金 ××	(借)現　　金 ×× 　　　(貸)現金過不足 ××
②原因判明時	(借)原　　因 ×× 　　　(貸)現金過不足 ××	(借)現金過不足 ×× 　　　(貸)原　　因 ××
③決算時	(借)雑　　損 ×× 　　　(貸)現金過不足 ××	(借)現金過不足 ×× 　　　(貸)雑　　益 ××

わからないものについては、
3級のテキストに戻って確認しましょう！

当座預金の処理

　当座預金は銀行預金の一種ですが、預金の利息がつかないこと、預金を引き出すのに小切手を使うことが特徴的な預金です。

注意すべき点は、自己振出小切手は当座預金で処理し、他人振出小切手は現金で処理するということでしたね。

1 現金過不足が生じたときの仕訳は？

2 決算まで現金過不足の原因がわからなかったときの仕訳は？

3 小切手を振り出したら何勘定で処理する？

➡ トレーニングの基本問題 問題1 問題2 へ！

銀行勘定調整表

●銀行と会社、どっちが正しい？

Day1

銀行勘定調整表とは？

会社の預金残高（帳簿残高）と銀行の残高証明書残高（銀行が「あなたの会社の当座預金はいくらありますよ」と証明するもの）とが一致しないことがあります。このような不一致の原因を把握して、正しい処理を行っていく調整過程をまとめたものを**銀行勘定調整表**といいます。

> **銀行勘定調整表**
> 会社の帳簿残高と銀行の残高との不一致の原因を把握して、正しい処理を行っていく調整過程の表

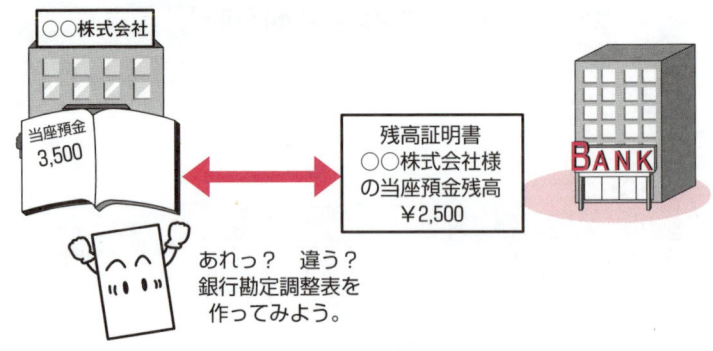

不一致の原因

不一致の原因が会社側にある場合もあれば、銀行側にある場合もあります。たとえば、金額をまちがえて帳簿に記入してしまった場合など、不一致の原因が会社側にある場合は修正仕訳が必要になります。一方、銀行の営業時間外に入金したため、入金額が会社と銀行でズレた場合など、不一致の原因が会社側にない場合は修正仕訳をする必要はありません。

修正仕訳が必要な場合

修正仕訳が必要な不一致の原因には、①誤記入、②未渡小切手、③連絡未達があります。

①誤記入

会社で処理する金額をまちがえていた場合には、帳簿残高と銀行残高に不一致が生じます。したがって、正しい金額になるように修正仕訳を行います。

> **要点** 誤記入
> 正しい金額になるように修正仕訳を行う
> 修正仕訳…まちがえた仕訳の逆仕訳＋正しい仕訳

取引

● 電気代6,000円を当座預金で支払ったときに、まちがえて2,500円と記入していた。

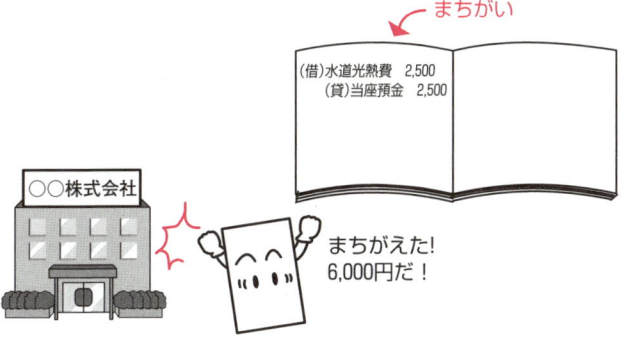

まちがい
(借)水道光熱費 2,500
(貸)当座預金 2,500

まちがえた!
6,000円だ！

○まちがえた仕訳

| （借）水 道 光 熱 費 | 2,500 | （貸）当 座 預 金 | 2,500 |

ⓐまちがえた仕訳の逆仕訳

| （借）当 座 預 金 | 2,500 | （貸）水 道 光 熱 費 | 2,500 |

ⓑ正しい仕訳

| （借）水 道 光 熱 費 | 6,000 | （貸）当 座 預 金 | 6,000 |

●修正仕訳（ⓐ＋ⓑ）

| （借）水 道 光 熱 費 | 3,500 | （貸）当 座 預 金 | 3,500 |

②未渡小切手

　未渡小切手とは会社が小切手を作成し、記帳もしたけれど、まだ取引先に渡していないものをいいます。未渡小切手がある場合、会社では小切手を振り出した処理をしていますが、銀行に届いていないので両者の残高に不一致が生じます。

　買掛金などの負債を支払うために振り出した小切手が未渡しの場合と、広告費などの費用を支払うために振り出した小切手が未渡しの場合の処理についてみていきましょう。

●買掛金などの負債を支払うために振り出していた場合

　この場合には、**小切手を振り出したときの逆仕訳**を行います。

取 引

●買掛金支払いのために作成していた小切手19,000円が未渡しであった。

○小切手振出時の仕訳

| （借）買　　掛　　金 | 19,000 | （貸）当　座　預　金 | 19,000 |

●未渡しの判明時の仕訳

| （借）当　座　預　金 | 19,000 | （貸）買　　掛　　金 | 19,000 |

●**広告費などの費用を支払うために振り出していた場合**

費用はすでに発生しているので、費用を減らさず、**未払金**で処理します。

　　　　　　　　　取　引

● 広告費支払いのために作成していた小切手19,000円が未渡しであった。

○小切手振出時の仕訳

| （借）広　　告　　費 | 19,000 | （貸）当　座　預　金 | 19,000 |

●未渡しの判明時の仕訳

| （借）当　座　預　金 | 19,000 | （貸）未　　払　　金 | 19,000 |

貸方は未払金です。

 未渡小切手

小切手を作成したけれど、まだ取引先などに渡していないもの
⇒負債の支払いのために振り出していた場合は逆仕訳
⇒費用の支払いのために振り出していた場合は未払金で処理

③連絡未達

　連絡未達とは、口座への振り込みや自動引き落しなどの当座取引があったにもかかわらず、その連絡が銀行から会社に届いていないことをいいます。この場合、実際には当座預金が増減していますが、会社では処理していませんので、この取引の処理を行います。

 連絡未達
口座への振り込みや自動引き落しなどの当座取引があったにもかかわらず、その連絡が会社に届いていないこと
⇒取引の処理を行う

取 引

● 得意先から売掛代金30,000円の振り込みがあったが、銀行から連絡がなかった。

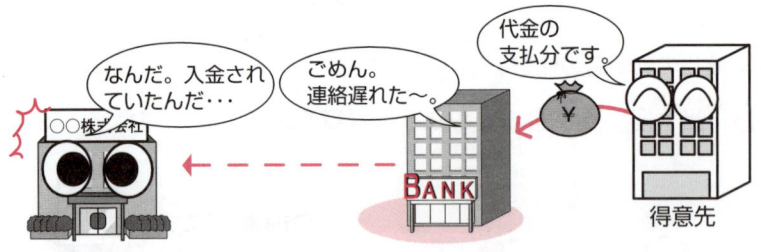

（借）当 座 預 金　30,000　（貸）売　掛　金　30,000

修正仕訳が不要な場合

　修正仕訳が不要な不一致の原因には、**①時間外預入**、**②未取立小切手**、**③未取付小切手**があります。

①時間外預入

　時間外預入とは、銀行の営業時間終了後に入金することをいいます。この場合、会社では預け入れの処理をしていますが、銀行では処理をしていませんので両者の残高に不一致が生じます。

　時間外預入は、翌日（週）になって銀行が処理をすれば不一致がなくなるので、**修正仕訳は必要ありません**。

> **要点** 時間外預入
> 銀行の営業時間終了後に入金すること
> ⇒修正仕訳の必要はない

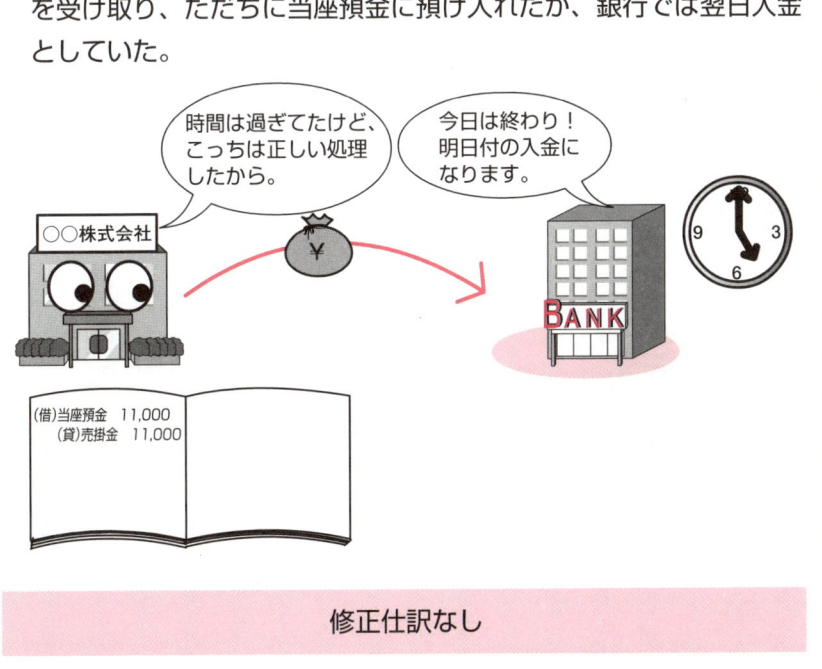

取引

●得意先より、売掛金の回収として同店振り出しの小切手11,000円を受け取り、ただちに当座預金に預け入れたが、銀行では翌日入金としていた。

(借)当座預金　11,000
　(貸)売掛金　11,000

修正仕訳なし

②未取立小切手

未取立小切手とは、他人が振り出した小切手を銀行に預け入れ、代金の取り立てをお願いしたけれど、銀行がまだ取り立てていないものをいいます。この場合、会社では小切手を銀行に預け入れた時点で入金の処理をしていますが、銀行ではまだ取り立てていないので、両者の残高に不一致が生じます。未取立小切手は、時間がたって銀行が取り立てをすると不一致がなくなるので、**修正仕訳は必要ありません。**

未取立小切手
他人が振り出した小切手を銀行に預け入れ、代金の取り立てをお願いしたが、銀行がまだ取り立てていないもの
⇒修正仕訳の必要はない

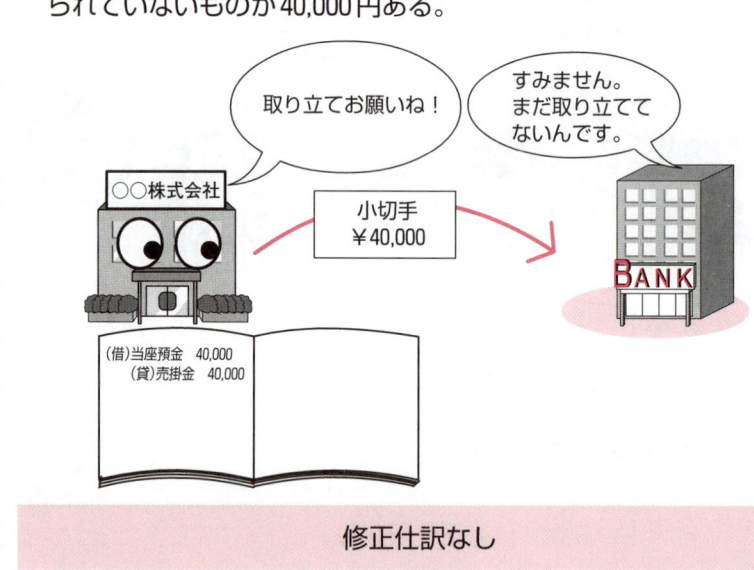

● 得意先から振り出され、銀行に預け入れた小切手で、まだ取り立てられていないものが40,000円ある。

修正仕訳なし

③未取付小切手

未取付小切手とは、取引先に振り出した小切手のうち、取引先が銀行に持ち込んでいないため、まだ決済されていないものをいいます。この場合、会社では小切手を振り出した時点で出金の処理をしていますが、実際はまだ決済されていないので、両者の残高に不一致が生じます。

未取付小切手は、取引先が銀行に小切手を持ち込んで決済されれば不一致がなくなるので、**修正仕訳は必要ありません。**

 未取付小切手
取引先などに振り出した小切手のうち、取引先が銀行に持ち込んでいないため、まだ決済されていないもの
⇒修正仕訳は必要ない

取 引

● 仕入先に対する買掛金の支払いとして振り出した小切手50,000円が未取り付けであった。

当社

「振り出したときに当座預金減らしておいたんだけどな。」

「その小切手は、まだ銀行には来てないですね。」

取引先

「忙しくて銀行に行けないよ〜」

(借)買掛金　50,000
　(貸)当座預金　50,000

修正仕訳なし

Day 1　現金・預金

銀行勘定調整表の作成

会社の帳簿残高と銀行の残高証明書残高の不一致の原因がわかったら、銀行勘定調整表を作成します。

銀行勘定調整表の作成方法には、①両者区分調整法、②企業残高基準法、③銀行残高基準法があります。

まずは両者区分調整法をしっかりおさえましょう。

①両者区分調整法

両者区分調整法とは、会社の当座預金の残高と銀行の残高証明書残高のそれぞれに不一致原因を加減して、両者の残高を一致させる方法をいいます。

取引

● A社の当座預金の帳簿残高は111,000円、銀行の残高証明書の残高は165,500円だったので、不一致の原因を調査したところ、次のことが判明した。
①電気代の支払い6,000円を記入するときに、まちがえて2,500円と記入していた。
②広告費支払いのために作成していた小切手19,000円が未渡しであった。
③得意先より、売掛金の回収として現金11,000円を受け取り、ただちに当座預金に預け入れたが、銀行では翌日入金としていた。
④仕入先に対する買掛金の支払いとして振り出した小切手50,000円が未取り付けであった。

●修正仕訳

① （借）水道光熱費　3,500　　（貸）当　座　預　金　3,500

② （借）当　座　預　金　19,000　（貸）未　払　金　19,000

③ 修正仕訳なし

④ 修正仕訳なし

　両者区分調整法では、修正仕訳が必要なものについては会社の残高（当座預金勘定残高）に加減し、修正仕訳が必要ないものについては銀行残高（残高証明書残高）に加減します。

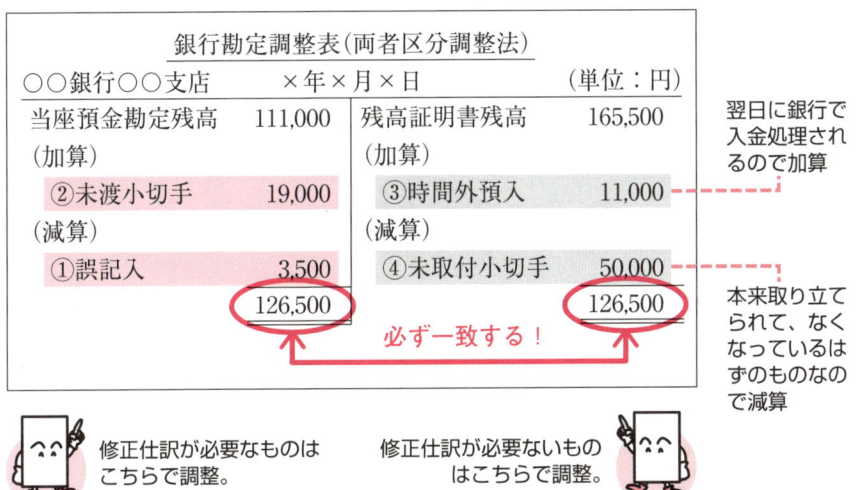

 両者区分調整法
修正仕訳が必要なもの⇒当座預金勘定残高に加減
修正仕訳が必要ないもの⇒銀行の残高証明書残高に加減
　＊調整後、当座預金残高は一致する

②企業残高基準法

企業残高基準法とは会社の当座預金残高をもとにして、不一致原因を加減し、銀行の残高証明書残高にあわせる方法をいいます。

企業残高基準法では、両者区分調整法における当座預金勘定残高からスタートし、会社側の調整後、銀行側の加算と減算を逆にして調整をします。

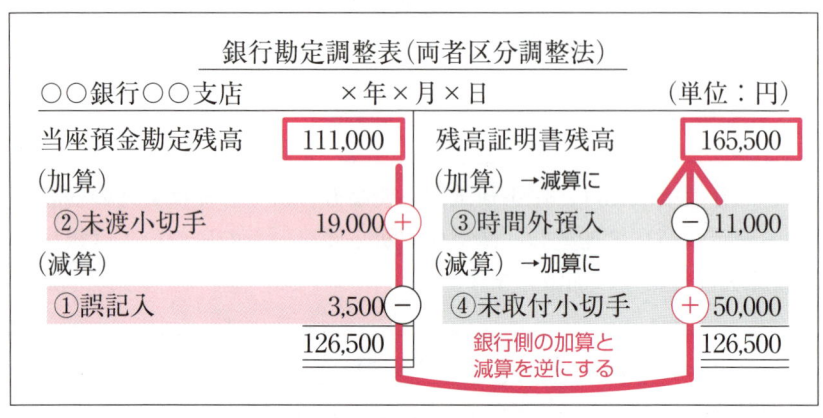

銀行勘定調整表（企業残高基準法）		
○○銀行○○支店　×年×月×日		（単位：円）
当座預金勘定残高		111,000
（加算）		
②未渡小切手	19,000	
④未取付小切手	50,000	69,000
（減算）		
①誤記入	3,500	
③時間外預入	11,000	14,500
残高証明書残高		165,500

③銀行残高基準法

銀行残高基準法とは、銀行の残高証明書残高をもとにして不一致原因を加減し、会社の当座預金残高にあわせる方法をいいます。

銀行残高基準法では、両者区分調整法における残高証明書残高からスタートし、銀行側の調整後、会社側の加算と減算を逆にして調整をします。

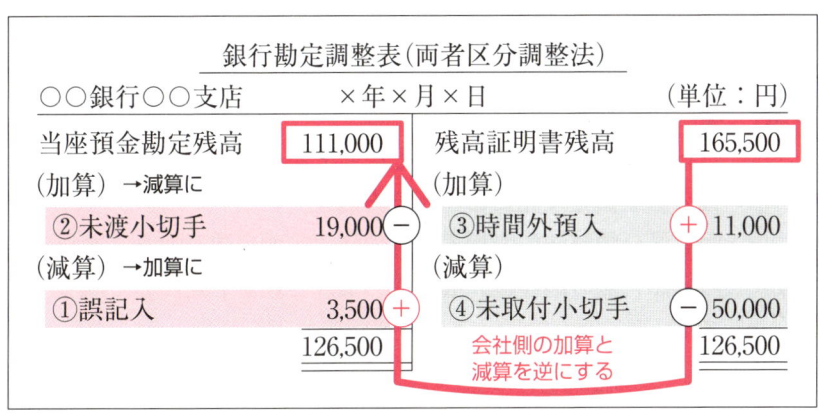

銀行勘定調整表（銀行残高基準法）		
○○銀行○○支店　×年×月×日		（単位：円）
残高証明書残高		165,500
（加算）		
③時間外預入	11,000	
①誤記入	3,500	14,500
（減算）		
④未取付小切手	50,000	
②未渡小切手	19,000	69,000
当座預金勘定残高		111,000

企業残高基準法

会社の当座預金残高をもとにして、不一致原因を加減し、銀行の残高証明書残高にあわせる方法

両者区分調整法における当座預金勘定残高からスタートし、会社側の調整後、銀行側の加算と減算を逆にして調整をする

 銀行残高基準法

銀行の残高証明書残高をもとにして不一致原因を加減し、会社の当座預金残高にあわせる方法

両者区分調整法における銀行の残高証明書残高からスタートし、銀行側の調整後、会社側の加算と減算を逆にして調整をする

受験生はココでつまずく

受験生：銀行勘定調整表のもっと簡単な作り方はないのでしょうか？

先　生：それではＴフォームから作ってみましょうか。

先ほどの会社の当座預金残高と銀行の残高証明書残高、そして不一致の原因をまとめると次のようになります。

1．Ａ社の当座預金の帳簿残高　111,000円
2．銀行の残高証明書残高　165,500円
3．不一致の原因
　①電気代の支払い6,000円を2,500円と誤記入
　②広告費の支払いのために振り出した未渡小切手　19,000円
　③時間外預入　11,000円
　④未取付小切手　50,000円

まず、A社の当座預金勘定（Tフォーム）と銀行におけるA社の当座預金勘定（Tフォーム）を作ります。そして、それぞれに残高を記入しましょう。

```
        当 座 預 金        〔A社〕
残    高   111,000 |
```

```
        A社当座預金        〔銀行〕
残    高   165,500 |
```

次に不一致の原因をみます。ここで修正仕訳が必要なのは、①誤記入と②未渡小切手なので、この修正仕訳を行い、Tフォームに記入します。

①（借）水道光熱費　3,500　（貸）当座預金　3,500
②（借）当座預金　19,000　（貸）未　払　金　19,000

```
          当 座 預 金           〔A社〕
残       高   111,000 | ① 誤 記 入     3,500
② 未渡小切手  19,000 | 修 正 後 残 高 126,500
```

続いて、修正仕訳が不要なものについて、銀行側で本来行われる処理をイメージしてTフォームに記入します。

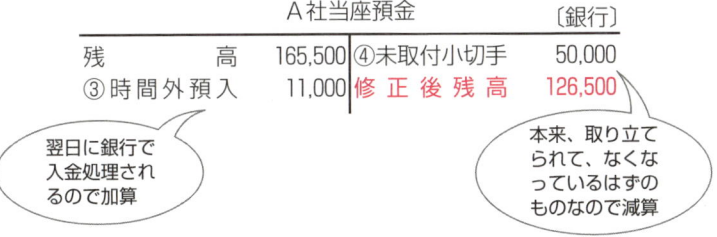

この段階で、A社の当座預金と銀行におけるA社の当座預金が一致します。このTフォームから銀行勘定調整表（両者区分調整法）を作ると次ページのようになります。

当　座　預　金		〔A社〕	
残　　　　高	111,000	①　誤　記　入	3,500
②未渡小切手	19,000	修 正 後 残 高	126,500

銀行勘定調整表（両者区分調整法）

○○銀行○○支店　　　　×年×月×日　　　　　（単位：円）

当座預金勘定残高	111,000	残高証明書残高	165,500
（加算）		（加算）	
②未渡小切手	19,000	③時間外預入	11,000
（減算）		（減算）	
①誤記入	3,500	④未取付小切手	50,000
	126,500		126,500

A社当座預金		〔銀行〕	
残　　　　高	165,500	④未取付小切手	50,000
③時間外預入	11,000	修 正 後 残 高	126,500

受験生：なるほど。まずはＴフォームを作ればいいわけですね！

基本問題

次の資料により、修正仕訳を示し、両者区分調整法による銀行勘定調整表を作成しなさい。

【資料】当社の当座預金の帳簿残高は68,300円、銀行の残高証明書残高は74,800円だったので、不一致の原因を調査したところ、次のことが判明した。

① 通信費500円が当座預金口座から引き落とされていたが、当社では未記入であった。
② 仕入先A商店に対する買掛金の支払いとして振り出した小切手5,000円がまだ取り付けられていなかった。
③ 営業費支払いのために小切手4,000円を振り出したが、先方に未渡しであった。
④ 得意先B商店からの売掛金振込額5,600円を6,500円と誤って記入していた。
⑤ 得意先C商店より、売掛金の回収として現金1,100円を受け取り、ただちに当座預金に預け入れたが、銀行では翌日入金としていた。

銀行勘定調整表(両者区分調整法)

○○銀行○○支店		×年×月×日	(単位:円)
当座預金勘定残高	68,300	残高証明書残高	74,800
(加算)		(加算)	
(減算)		(減算)	

解答

修正仕訳
① (借) 通　信　費　　500　　(貸) 当 座 預 金　　500
③ (借) 当 座 預 金　4,000　　(貸) 未　　払　　金　4,000
④ (借) 売　掛　金　　900　　(貸) 当 座 預 金　　900

銀行勘定調整表（両者区分調整法）

○○銀行○○支店	×年×月×日		(単位：円)
当座預金勘定残高	68,300	残高証明書残高	74,800
（加算）		（加算）	
③未渡小切手	4,000	⑤時間外預入	1,100
（減算）		（減算）	
①通信費未記入	500	②未取付小切手	5,000
④誤記入	900		
	70,900		70,900

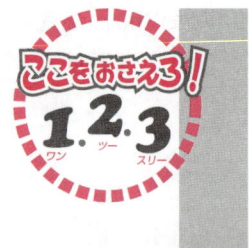

1 修正仕訳が必要なものにはどんなものがある？

2 修正仕訳が不要なものにはどんなものがある？

3 未取付小切手、未渡小切手、未取立小切手の違いは？

➡ トレーニングの基本問題　問題３　へ！

● 満期日を延長できるって？

手形の更改

Day 1 手形

手形 3級の復習

①約束手形

　約束手形を振り出したときは、**支払手形**で処理し、受け取ったときは、**受取手形**で処理します。なお、自分が振り出した手形を受け取ったときは、支払手形の減少として処理します。

取　引

● A商店はB商店から商品8,000円を仕入れ、約束手形を振り出した。

約束手形を振り出した人＝振出人

約束手形を受け取った人＝名宛人（受取人）

手形でね！

まいど〜

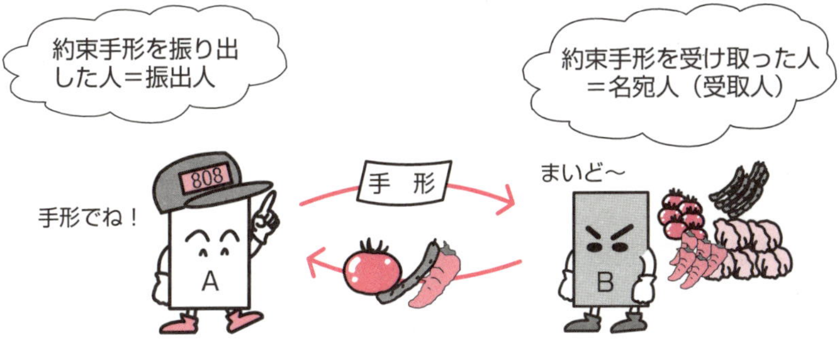

 振出人の仕訳

| （借）仕　　　　入　　8,000 | （貸）支　払　手　形　　8,000 |

 名宛人の仕訳

| （借）受　取　手　形　　8,000 | （貸）売　　　　上　　8,000 |

②為替手形

為替手形の登場人物は、**振出人**、**名宛人**（引受人、支払人）、**指図人**（受取人）の3人です。

取引

● A商店はB商店に対する買掛金8,000円を支払うため、C商店を名宛人とする為替手形を振り出し、C商店の引き受けを得て、B商店に渡した。

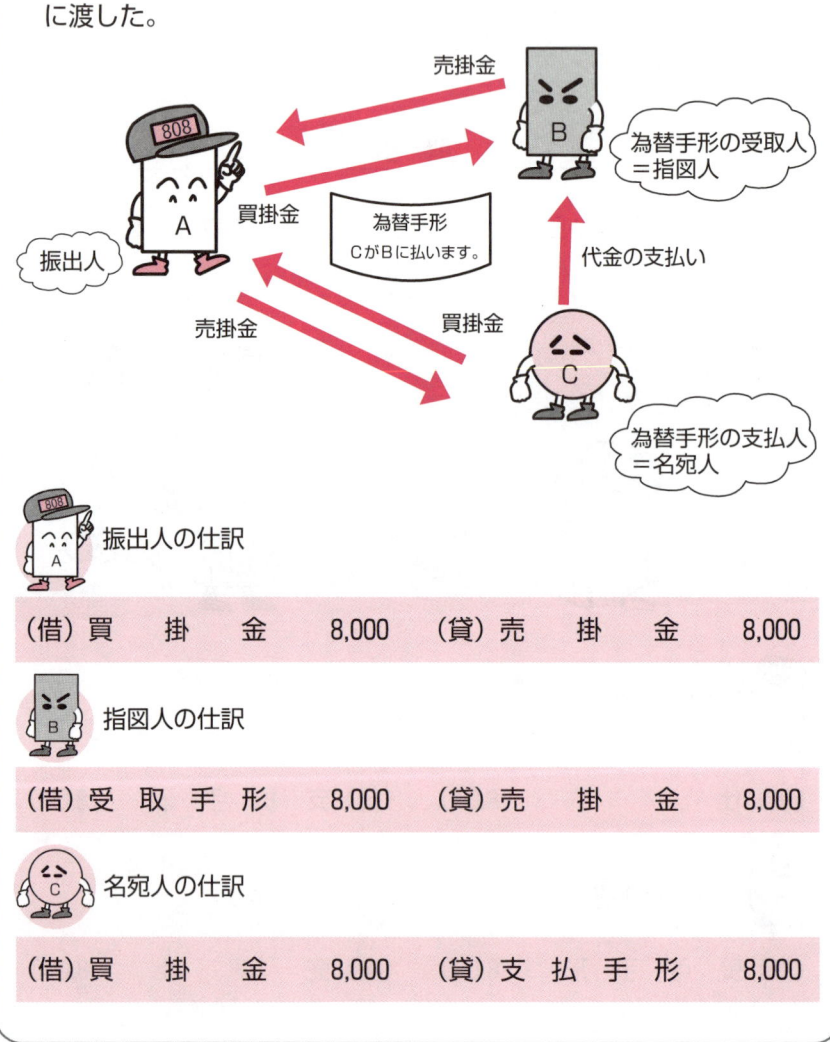

振出人の仕訳

| （借）買　　掛　　金 | 8,000 | （貸）売　　掛　　金 | 8,000 |

指図人の仕訳

| （借）受　取　手　形 | 8,000 | （貸）売　　掛　　金 | 8,000 |

名宛人の仕訳

| （借）買　　掛　　金 | 8,000 | （貸）支　払　手　形 | 8,000 |

手形の更改

　手形の代金は満期日に支払われますが、支払人の依頼により、期日を延長することがあります。このときは、新しい期日を記入した手形が新たに振り出されることになります。この、期日延長のために新しい手形を振り出し、旧手形と交換することを**手形の更改**といいます。

　手形の更改では、支払期日を延長するという意味で、延長した期間に応じた利息を支払うことが一般的です。この利息は、**①手形の金額に含める場合**と、**②現金などで支払う場合**があります。

> **要点　手形の更改と利息の処理**
> 手形の更改…支払人の依頼により、手形の期日を延長すること。利息が加算される
> 利息の処理…手形の金額に含める場合と、現金などで支払う場合がある

取　引

● 当社がＢ社に対して、以前振り出した約束手形30,000円について、3カ月間の期日延長の申し出をし、Ｂ社はこれを承諾した。3カ月延長に伴う利息は300円である。

① 手形の金額に含める場合

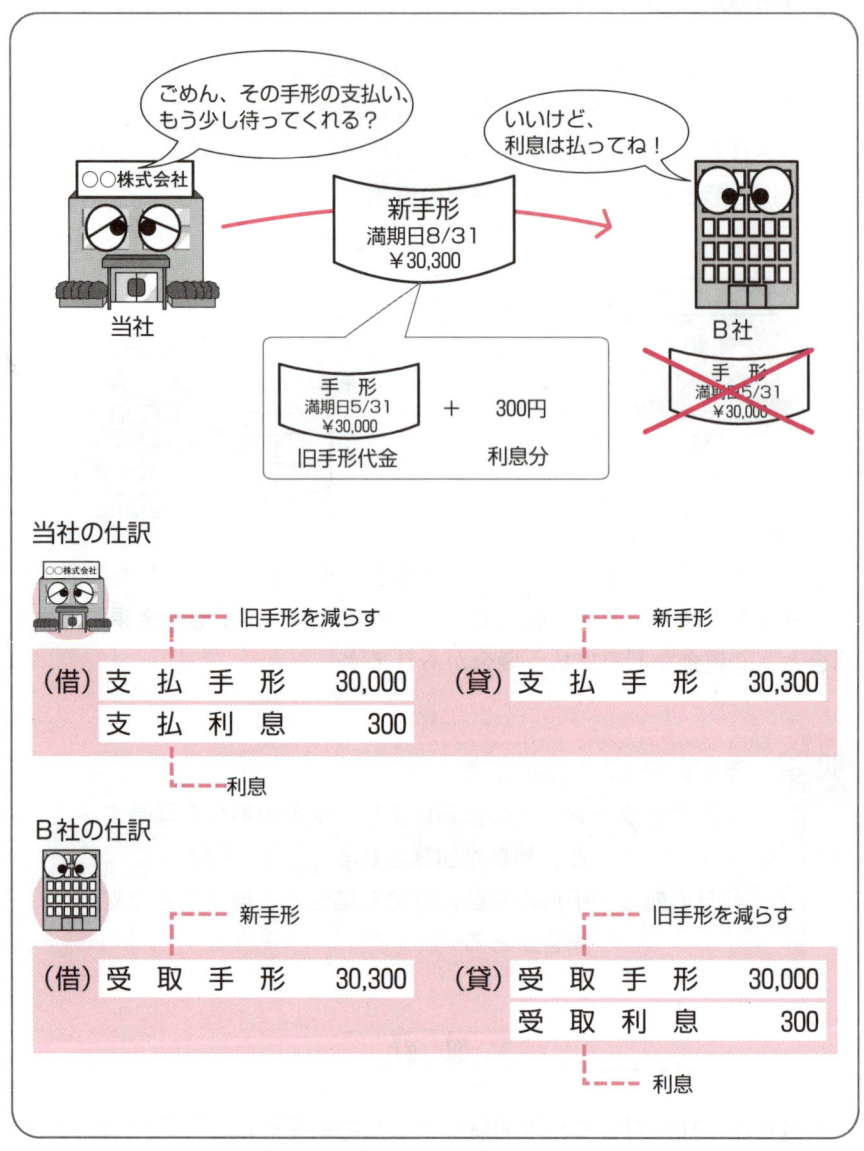

②現金などで支払う場合

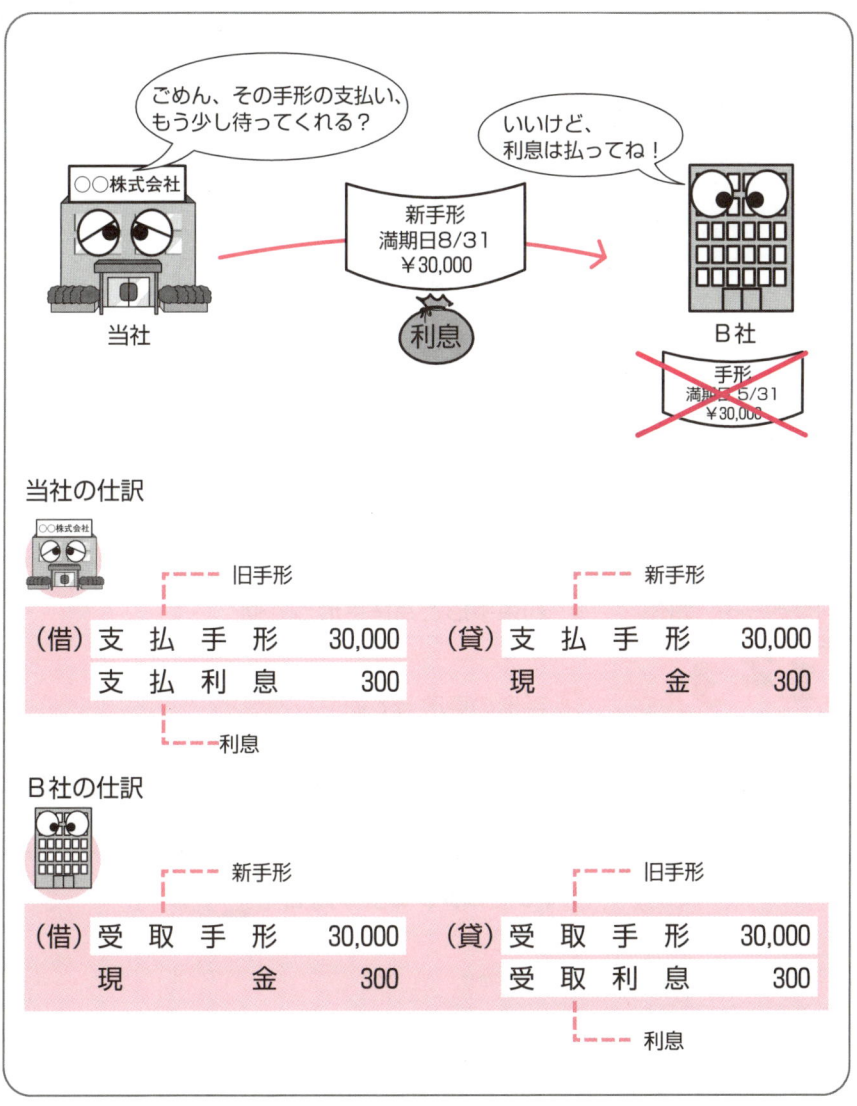

基本問題

次の取引の仕訳をしなさい。

【取引】当社は、以前A社から受け取った約束手形50,000円について、3カ月間の期日延長があったのでこれを引き受けた。3カ月延長に伴う利息は500円であった。

(1) 利息を手形の金額に含める場合。
(2) 利息を現金で受け取る場合。

解答

(1)（借）受 取 手 形　50,500　（貸）受 取 手 形　50,000
　　　　　　　　　　　　　　　　　　受 取 利 息　　　500

(2)（借）受 取 手 形　50,000　（貸）受 取 手 形　50,000
　　　　現　　　金　　　500　　　　受 取 利 息　　　500

1 約束手形と為替手形って何？

2 手形の更改って何？

3 手形の更改における利息の処理方法にはどんなのがある？

→ トレーニングの基本問題　問題4 へ！

4 手形の不渡り
●いつも決済できるとは限りません

手形の不渡りとは

手形の支払期日に手形代金の決済ができなくなることを**手形の不渡り**といいます。

> **要点　手形の不渡り**
> 手形の支払期日に手形代金の決済ができなくなること

受け取っていた手形が不渡りになったときの処理

受け取っていた手形が不渡りになったときは、受取手形を**不渡手形（資産）**に振り替えます。このとき手形の振出人などに対して代金を改めて請求します。これを**償還請求**といいます。この償還請求を行うときに発生した**費用**は、**不渡手形の取得原価に含めます**。

> **超重要　不渡手形の取得原価**
> 不渡手形の取得原価 ＝ 不渡りとなった受取手形の金額 ＋ 償還費用

手形が不渡りになっても、代金を請求する権利は残ることになります。

取引

●受取手形5,000円が不渡りとなったので、振出人に対し償還請求を行った。償還請求に関する費用300円は現金で支払っている。

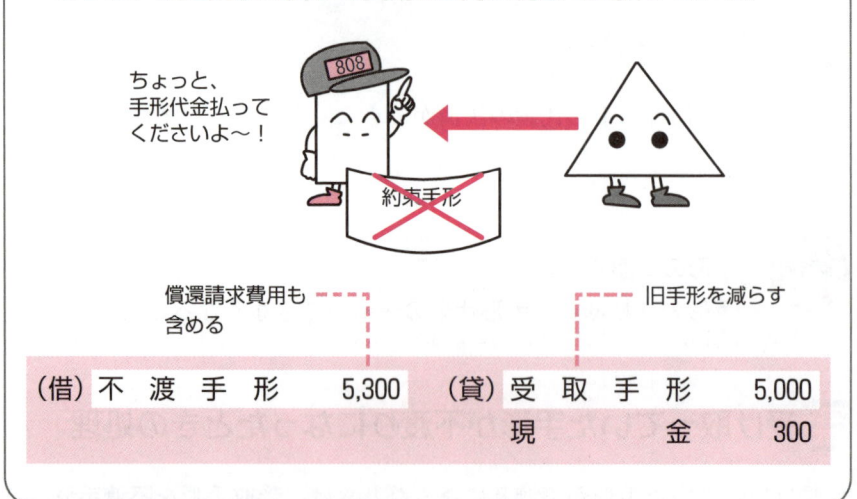

ちょっと、手形代金払ってくださいよ〜！

償還請求費用も含める ----｜　　　　　　　　　｜---- 旧手形を減らす

（借）不　渡　手　形　　5,300	（貸）受　取　手　形　　5,000
	現　　　　金　　　　300

不渡手形が貸し倒れたときの処理

代金の回収ができないと確定したときに、貸倒れの処理を行います。

取引

●不渡手形5,300円が回収不能となったので、貸倒処理することとした。なお、貸倒引当金残高が4,000円ある。

（借）貸 倒 引 当 金　　4,000	（貸）不　渡　手　形　　5,300
貸　倒　損　失　　1,300	

---- 貸倒引当金残高を超える分は貸倒損失で処理

手形の振出人から代金を回収したときの処理

手形の振出人から代金を回収したときは、不渡手形を減らします。

取引

● 振出人より、不渡手形に係る請求代金5,300円と期日以降の法定利息200円を現金で受け取った。

利息付きで返しますよ。

(借) 現 金	5,500	(貸) 不 渡 手 形	5,300
		受 取 利 息	200

基本問題

次の取引の仕訳をしなさい。

(1) 受取手形20,000円が不渡りとなったので、振出人に対して償還請求を行った。償還請求に関する費用200円は現金で支払っている。

(2) 不渡手形20,200円が回収不能となったので、貸倒処理することとした。なお、貸倒引当金残高が15,200円ある。

(3) 償還請求していた不渡手形12,000円について、法定利息400円とともに現金で受け取った。

解答

(1)	(借) 不 渡 手 形	20,200	(貸) 受 取 手 形	20,000
			現 金	200
(2)	(借) 貸 倒 引 当 金	15,200	(貸) 不 渡 手 形	20,200
	貸 倒 損 失	5,000		
(3)	(借) 現 金	12,400	(貸) 不 渡 手 形	12,000
			受 取 利 息	400

Day 1 手形

ここをおさえる！ 1・2・3

1 手形の不渡りって何？

2 償還請求などの費用はどう処理する？

3 不渡手形が貸し倒れたときの処理は？

➡ トレーニングの基本問題 問題5 へ！

5 手形の裏書き

●手形を裏書譲渡したときは偶発債務が生じます

手形の裏書きの偶発債務

　手形の裏書きとは、持っている手形を満期日前にほかの人に渡すことです。このとき、裏書きされた手形を受け取った人は、一番はじめに手形を振り出した人に代金を支払うよう請求することができますが、振出人が支払えなかった場合には、裏書きした人に代金を支払うよう請求します。ですから、手形を裏書譲渡した段階では裏書きした人には支払義務はありませんが、**振出人が支払えなかったときには裏書きした人に支払義務が生じ**ます。

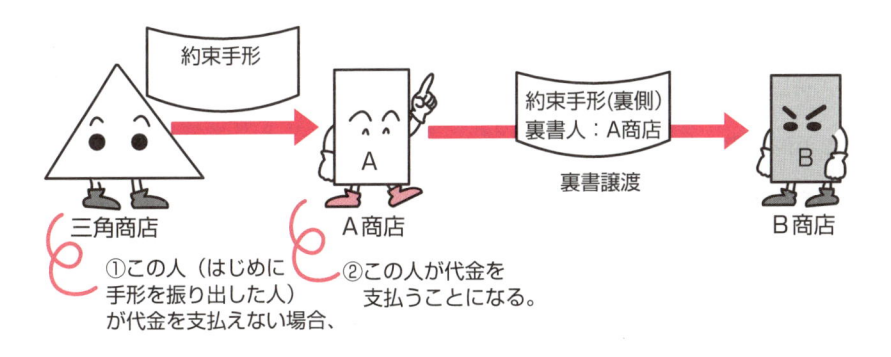

約束手形

三角商店 → A商店 → B商店
約束手形(裏側)
裏書人：A商店
裏書譲渡

①この人（はじめに手形を振り出した人）が代金を支払えない場合、
②この人が代金を支払うことになる。

　このように、ある一定のことがおこった（三角商店が手形代金を支払えなかった）ときに、実際に債務となる（A商店に支払義務が生じる）ものを**偶発債務（ぐうはつさいむ）**といいます。

> **要点　偶発債務**
> ある一定のことがおこったときに、実際に債務となるもの

裏書きにおける偶発債務の処理

手形を裏書譲渡した人は、あとで代金を請求されるかもしれないという偶発債務を負うので、それに備えた処理をする必要があります。

なお、裏書きにおける偶発債務の処理には、**直接減額法（原則的な方法）、評価勘定法、対照勘定法**の3つがあります。ここでは試験で出題される可能性の高い直接減額法について説明します。

①裏書時の偶発債務の処理

手形を裏書譲渡したときは、**手形の偶発債務の時価**を**保証債務**（負債）で処理するとともに**保証債務費用**（費用）を計上します。

取引

● 商品8,000円を仕入れ、その代金として三角商店から受け取った手形を裏書譲渡した。なお、保証債務の時価は手形金額の2％相当分である。

● 手形裏書の仕訳

| （借）仕　　　　入 | 8,000 | （貸）受　取　手　形 | 8,000 |

● 偶発債務の仕訳

| （借）保証債務費用 | 160 | （貸）保　証　債　務 | 160 |

時価で評価
8,000円×2％＝160円

3級で学習した手形の裏書きの仕訳＋偶発債務の仕訳です。

②決済時の処理

裏書手形が無事決済されたときには、負っていた偶発債務（保証債務）がなくなります。なお、いったん計上した費用（保証債務費用）は取り消さずに、**保証債務取崩益**（収益）で処理します。

取引

● 先に裏書きした手形8,000円（保証債務の時価160円）が無事決済された。

（借）保　証　債　務　　160　（貸）保証債務取崩益　　160

いったん計上した費用は取り消さないことに注意しましょう。

要点　手形の裏書き（直接減額法）

①裏書時	（借）仕　入　な　ど　×× （借）保証債務費用　×× 　　　　　　　　　時価		（貸）受　取　手　形　×× （貸）保　証　債　務　×× 　　　　　　　　　時価	
②決済時	（借）保　証　債　務　×× 　　　　　　　　　時価		（貸）保証債務取崩益　×× 　　　　　　　　　時価	

Day 1 手形

裏書きした手形が不渡りになったときの処理

　裏書きした手形が不渡りになったときは、現在手形を持っている人から支払いの請求をされることになります。

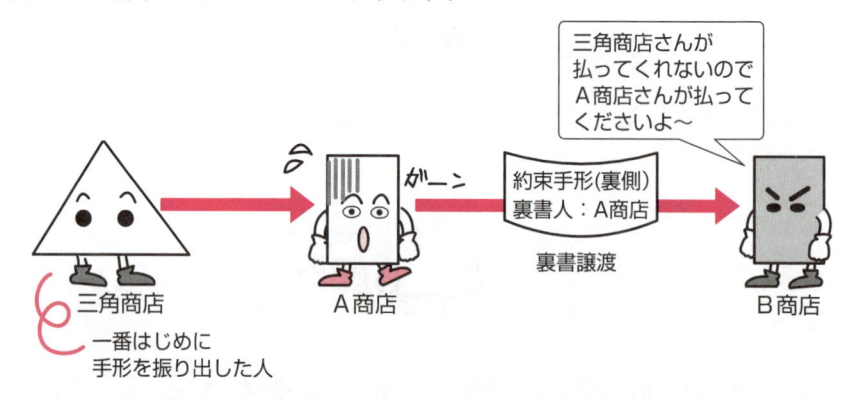

三角商店さんが払ってくれないのでA商店さんが払ってくださいよ〜

三角商店 → A商店 → B商店

約束手形(裏側)
裏書人：A商店
裏書譲渡

三角商店：一番はじめに手形を振り出した人

　この場合、手形金額のほかに不渡りにともなう費用も請求されるので、その**合計金額**を**不渡手形**で**処理**します。また、偶発債務がなくなるので、偶発債務を取り消す処理をします。

請求されてしまったら、もはや偶発債務ではないんですね。

> **要点**
> **裏書きした手形が不渡りになったとき**
> ・現在手形を持っている人からの請求金額（手形金額＋不渡りにともなう費用）を不渡手形で処理
> ・偶発債務を取り消す

取引

● A商店は以前にB商店に裏書譲渡した手形8,000円（保証債務の時価160円）が不渡りとなり、同店から償還請求の諸費用70円とともに請求されたため、延滞利息30円を含めて小切手を振り出して支払った。

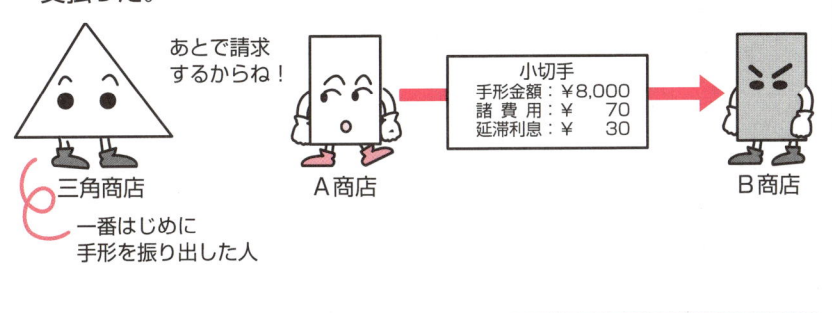

あとで請求するからね！

小切手
手形金額：¥8,000
諸 費 用：¥   70
延滞利息：¥   30

三角商店　　　A商店　　　B商店

一番はじめに手形を振り出した人

| （借）不 渡 手 形 | 8,100 | （貸）当 座 預 金 | 8,100 |

| （借）保 証 債 務 | 160 | （貸）保証債務取崩益 | 160 |

裏書譲渡したときに
（借）仕 入 な ど　8,000　（貸）受 取 手 形　8,000
（借）保証債務費用　　160　（貸）保 証 債 務　　160
と処理しています。

参考までに評価勘定法と対照勘定法について説明します。

参考　評価勘定法

①裏書時の処理

　評価勘定法では、手形の裏書時に受取手形を減らすのではなく、**裏書手形**という評価勘定（受取手形のマイナスを意味する勘定）で処理しておきます。この裏書手形は、「いまいくらが裏書中なのか」を明らかにする勘定です。

Day 1 手形

【取引】商品8,000円を仕入れ、その代金として三角商店から受け取った手形を裏書譲渡した。なお、保証債務の時価は手形金額の2％相当分である。

| (借) | 仕　　　　　入 | 8,000 | (貸) | 裏　書　手　形 | 8,000 |
| (借) | 保証債務費用 | 160 | (貸) | 保　証　債　務 | 160 |

直接、資産を減らさないものには、貸倒引当金や減価償却累計額がありました。これらも評価勘定の仲間です。

②決済時の処理

決済時には、裏書中の手形がなくなるのですから、裏書手形を減らすとともに受取手形を減らします。なお、偶発債務の処理は原則的な方法と同じです。

【取引】先に裏書きした手形8,000円が無事決済された。

| (借) | 裏　書　手　形 | 8,000 | (貸) | 受　取　手　形 | 8,000 |
| (借) | 保　証　債　務 | 160 | (貸) | 保証債務取崩益 | 160 |

参考　対照勘定法

①裏書時の処理

対照勘定法は、原則的な方法の仕訳に追加で**手形裏書義務見返**（借方）、**手形裏書義務**（貸方）という一対の対照勘定の仕訳を行います。この対照勘定は「いまいくらが裏書中なのか」を明らかにする勘定です。

【取引】商品8,000円を仕入れ、その代金として三角商店から受け取った手形を裏書譲渡した。なお、保証債務の時価は手形金額の2％相当分である。

(借)	仕　　　　　入	8,000	(貸)	受　取　手　形	8,000
(借)	保証債務費用	160	(貸)	保　証　債　務	160
(借)	手形裏書義務見返	8,000	(貸)	手形裏書義務	8,000

義務…負債っぽい。だから手形裏書義務は貸方。
その逆側（借方）に見返とつけるだけ。金額は手形金額ね！

②決済時の処理

決済時には、原則的な方法の仕訳に追加で対照勘定の仕訳を消す処理をします。

【取引】先に裏書きした手形8,000円が無事決済された。

| （借）保　証　債　務 | 160 | （貸）保証債務取崩益 | 160 |
| （借）手形裏書義務 | 8,000 | （貸）手形裏書義務見返 | 8,000 |

基本問題

次の取引の仕訳を原則的な方法（直接減額法）で行いなさい。

(1) 買掛金の支払いのために、A商店から受け取った手形10,000円を裏書譲渡した。なお、この裏書に係る保証債務の時価は手形金額の1％とする。

(2) 上記の手形が、無事決済された。

解答

(1) （借）買　掛　　金　10,000　（貸）受　取　手　形　10,000
　　（借）保証債務費用　　100　（貸）保　証　債　務　　100
(2) （借）保　証　債　務　　100　（貸）保証債務取崩益　　100

ここをおさえろ！1・2・3

1 手形の裏書きとは？

2 手形の裏書きにおける偶発債務の処理（原則的な方法）は？

3 手形の裏書きの決済時の処理（原則的な方法）は？

→ トレーニングの基本問題 問題6 へ！

手形の割引き

●手形を割り引いたときも偶発債務が生じます

手形割引の偶発債務

　手形の**割引き**とは、持っている手形を満期日前に銀行に買い取ってもらうことをいいます。このとき、手形を買い取った銀行は手形の振出人に代金を支払うよう請求しますが、振出人が支払えなかった場合には、手形を割り引いた人に代金を支払うよう請求します。ですから、手形を割り引いた段階では割り引いた人には支払義務がありませんが、**振出人が支払えなかったときには、割り引いた人に支払義務が生じます**。これを手形割引の偶発債務といいます。

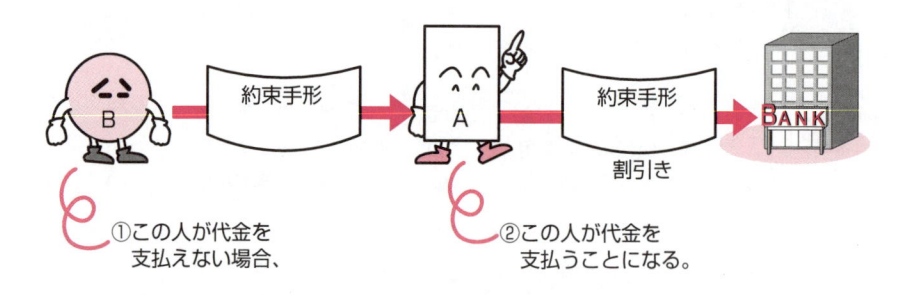

①この人が代金を支払えない場合、
②この人が代金を支払うことになる。

手形割引における偶発債務の処理

　手形を割り引いたときにも偶発債務が生じるので、手形の裏書きと同様、偶発債務の処理が必要となります。
　手形割引における偶発債務の処理には、**直接減額法**（原則的な方法）、**評価勘定法**、**対照勘定法**の3つがありますが、ここでは出題可能性の高い直接減額法について説明します。

①割引時の処理
　手形を割り引いたときは、**手形の偶発債務の時価**を**保証債務**（負債）で処理するとともに**保証債務費用**（費用）を計上します。

取引

● 手形5,000円を割り引き、割引料400円を差し引かれた金額を当座預金とした。この割引きに係る保証債務の時価は300円とする。

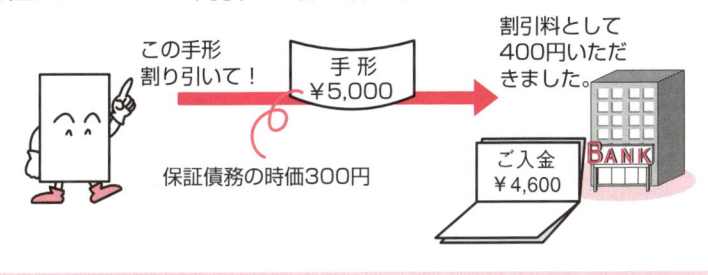

この手形割り引いて！
手形 ¥5,000
保証債務の時価300円
割引料として400円いただきました。
ご入金 ¥4,600
BANK

| （借）当座預金 | 4,600 | （貸）受取手形 | 5,000 |
| 手形売却損 | 400 | | |

| （借）保証債務費用 | 300 | （貸）保証債務 | 300 |

時価

3級で学習した手形の割引きの仕訳＋偶発債務の仕訳です。

② 決済時の処理

割引手形が無事決済されたときには、負っていた偶発債務（保証債務）がなくなります。なお、いったん計上した費用（保証債務費用）は取り消さずに、**保証債務取崩益**（収益）で処理します。

取引

● 先に割り引いた手形5,000円（保証債務の時価300円）が無事決済された。

やれやれ
無事決済された。

(借)保 証 債 務 300	(貸)保証債務取崩益 300	

要点 手形の割引き(直接減額法)

①割引時	(借)当 座 預 金 ×× (貸)受 取 手 形 ×× 　　　手 形 売 却 損 ×× (借)保証債務費用 ×× (貸)保 証 債 務 ×× 　　　　　　　　　時価　　　　　　　　　　　　時価
②決済時	(借)保 証 債 務 ×× (貸)保証債務取崩益 ×× 　　　　　　　　　時価　　　　　　　　　　　　時価

参考までに、評価勘定法と対照勘定法について説明します。

参考 評価勘定法

①割引時の処理

評価勘定法では、手形の割引時に受取手形を減らすのではなく、**割引手形**という評価勘定(受取手形のマイナスを意味する勘定)で処理しておきます。この割引手形は、「いまいくらが割引中なのか」を明らかにする勘定です。

【取引】手形5,000円を割り引き、割引料400円を差し引かれた金額を当座預金とした。この割引きにかかる保証債務の時価は300円とする。

(借)当 座 預 金	4,600	(貸)割 引 手 形	5,000
手 形 売 却 損	400		
(借)保証債務費用	300	(貸)保 証 債 務	300

②決済時の処理

決済時には、割引中の手形がなくなるのですから、割引手形を減らすとともに受取手形を減らします。なお、偶発債務の処理は原則的方法と同じです。

【取引】先に割り引いた手形5,000円が無事決済された。

（借）割　引　手　形	5,000	（貸）受　取　手　形	5,000
（借）保　証　債　務	300	（貸）保証債務取崩益	300

参考　対照勘定法

①割引時の処理

　対照勘定法は、直接減額法の仕訳に追加で**手形割引義務見返**（借方）、**手形割引義務**（貸方）という一対の対照勘定の仕訳を行います。この対照勘定は「いまいくらが割引中なのか」を明らかにする勘定です。

【取引】手形5,000円を割り引き、割引料400円を差し引かれた金額を当座預金とした。この割引きにかかる保証債務の時価は300円とする。

（借）当　座　預　金	4,600	（貸）受　取　手　形	5,000
手　形　売　却　損	400		
（借）保　証　債　務　費　用	300	（貸）保　証　債　務	300
（借）手形割引義務見返	5,000	（貸）手形割引義務	5,000

　　義務…負債っぽい。だから手形割引義務は貸方。
　　その逆側（借方）に見返とつけるだけ。金額は手形金額ね！

②決済時の処理

　決済時には、原則的な方法の仕訳に追加で対照勘定の仕訳を消す処理をします。

【取引】先に割り引いた手形5,000円が無事決済された。

（借）保　証　債　務	300	（貸）保証債務取崩益	300
（借）手形割引義務	5,000	（貸）手形割引義務見返	5,000

基本問題

次の取引の仕訳を原則的な方法（直接減額法）で行いなさい。

(1) 手形10,000円を割り引き、割引料500円を差し引かれた金額を当座預金とした。この割引きに係る保証債務の時価は手形金額の2％とする。

(2) 上記の手形が、無事決済された。

解答

(1) （借）当 座 預 金　9,500　（貸）受 取 手 形　10,000
　　　　手 形 売 却 損　　500
　　（借）保証債務費用　　200　（貸）保 証 債 務　　200
(2) （借）保 証 債 務　　200　（貸）保証債務取崩益　200

ここをおさえろ！ 1・2・3

1 割引料は何勘定で処理する？

2 原則的な方法の割引時の仕訳は？

3 原則的な方法の決済時の仕訳は？

➡ トレーニングの基本問題　問題7 へ！

7 自己受為替手形と自己宛為替手形

● 3級でも学習したけど…難しかったよね！

自己受為替手形とは

自己受為替手形とは、自分が手形代金の受取人となるように振り出した為替手形のことをいいます。つまり、自分で自分が代金を受け取るための手形を振り出すことをいいます。

> **要点　自己受為替手形**
> 自分で「自」分が手形代金の「受」取人となるように振り出す手形

①自己受為替手形を振り出したとき

自己受為替手形を振り出したときは、手形を振り出した側（振出人＝指図人）は受取手形が増えます。一方、引き受けた側、つまり「手形によって代金を支払いますよ」と言った側（名宛人）は、支払手形が増えます。

取引

● A商店は、C商店に対する売掛金8,000円を回収するため、自分を受取人とする為替手形を振り出し、C商店の引き受けを得た。

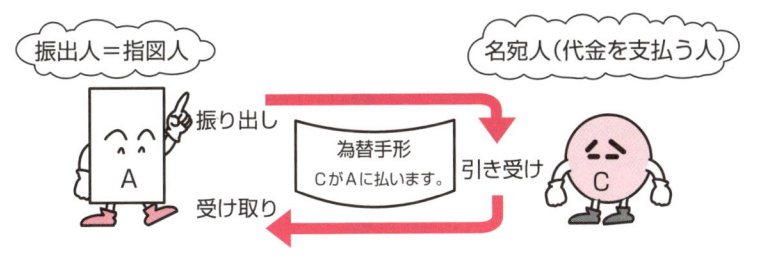

振出人＝指図人　　　　　名宛人（代金を支払う人）

A　振り出し／受け取り　　為替手形　CがAに払います。　引き受け　C

振出人＝指図人の仕訳

（借）受 取 手 形　　8,000　　（貸）売　掛　金　　8,000

名宛人の仕訳

（借）買　掛　金　　8,000　　（貸）支 払 手 形　　8,000

②自己受為替手形が決済されたとき

　自己受為替手形が決済されたときは、手形を振り出した側（振出人＝指図人）は、受取手形が減ります。一方、引き受けた側（名宛人）は、支払手形が減ります。

取　引

●自己受為替手形8,000円が当座預金口座を通じて決済された。

振出人＝指図人の仕訳

（借）当 座 預 金　　8,000　　（貸）受 取 手 形　　8,000

名宛人の仕訳

（借）支 払 手 形　　8,000　　（貸）当 座 預 金　　8,000

自己宛為替手形とは

自己宛為替手形とは、自分が手形代金の支払人となるように振り出した為替手形のことをいいます。つまり、自分で自分が代金を支払うための手形を振り出すことをいいます。

> **要点** 自己宛為替手形
> 自分で「自」分が名「宛」人（手形代金の支払人）となるように振り出す手形

①自己宛為替手形を振り出したとき

自己宛為替手形を振り出したときは、手形を振り出した側（振出人＝名宛人）は支払手形が増えます。一方、手形を受け取った側（指図人）は、受取手形が増えます。

取引

● A商店は、B商店に対する買掛金8,000円を支払うため、自分を名宛人とする為替手形を振り出した。

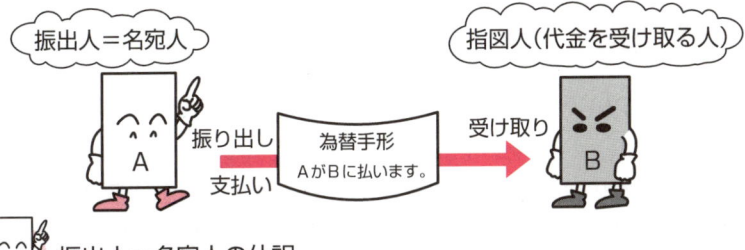

振出人＝名宛人 → 為替手形 AがBに払います。→ 指図人（代金を受け取る人）

振出人＝名宛人の仕訳

| （借）買 掛 金 | 8,000 | （貸）支 払 手 形 | 8,000 |

指図人の仕訳

| （借）受 取 手 形 | 8,000 | （貸）売 掛 金 | 8,000 |

②自己宛為替手形が決済されたとき

自己宛為替手形が決済されたときは、手形を振り出した側（振出人＝名宛人）は、支払手形が減ります。一方、手形を受け取った側（指図人）は、受取手形が減ります。

取　引

●自己宛為替手形8,000円が当座預金口座を通じて決済された。

振出人＝名宛人の仕訳

（借）支　払　手　形　　8,000　　（貸）当　座　預　金　　8,000

指図人の仕訳

（借）当　座　預　金　　8,000　　（貸）受　取　手　形　　8,000

基本問題

次の取引について東京商店、大阪商店、広島商店のそれぞれに必要な仕訳をしなさい。

(1) 東京商店は広島商店に対する売掛金8,000円を回収するため、自分を受取人とする為替手形を振り出し、広島商店の引き受けを得た。
(2) 東京商店は大阪商店に対する買掛金8,000円を支払うため、自分を名宛人とする為替手形を振り出した。

解答
(1) 東京商店：（借）受　取　手　形　8,000　（貸）売　　掛　　金　8,000
　　広島商店：（借）買　　掛　　金　8,000　（貸）支　払　手　形　8,000
(2) 東京商店：（借）買　　掛　　金　8,000　（貸）支　払　手　形　8,000
　　大阪商店：（借）受　取　手　形　8,000　（貸）売　　掛　　金　8,000

ここをおさえろ！ 1・2・3

1 自己宛為替手形と自己受為替手形の登場人物をイメージしてみよう！

2 自己受為替手形を振り出した人は、手形代金を支払う人？ もらう人？

3 自己宛為替手形を振り出した人は、手形代金を支払う人？ もらう人？

➡ **トレーニングの基本問題** 問題8 へ！
　　　　　　本試験レベル 問題1 へ！

Day 1 手形

Day 2

有価証券、固定資産

今日は有価証券と固定資産を学習します。
営業車を買い換えたときや、
建物が火災や地震でなくなったときの処理
などについてもみていきましょう。

8 売買目的有価証券

●3級で学習した売買目的有価証券＋αです

Day2

有価証券とは

有価証券とは「価値の有る証券」、つまり**それ自体を現金に換えること**
ができる証券のことで、たとえば株式（一般にいう株）や社債、国債など
があります。

有価証券の処理

3級では**売買目的有価証券**について学習しましたが、2級ではこのほ
かに**満期保有目的債券**を学習します。
　まずは3級の復習をかねて、売買目的有価証券からみていきましょう。

> **要点**　売買目的有価証券
> 時価の変動によって短期的に儲けを得るために持っている株
> 式・公社債

3級で
学習したぞ！　　売買目的　　　　　　　満期保有　　はじめまして～
　　　　　　　有価証券　　　　　　　目的債券

売買目的、満期保有目的など
有価証券は目的別に分類されるのです。

売買目的有価証券の処理

売買目的有価証券の処理は次のとおりです。

購入時	（借）売買目的有価証券　××　　（貸）現　金　な　ど　×× 付随費用を含める	
配当金の受取時	（借）現　　　　金　××　　（貸）受取配当金　××	
利息の受取時	（借）現　　　　金　××　　（貸）有価証券利息　××	
決算時	帳簿価額＞時価	帳簿価額＜時価
	（借）有価証券評価損　×× 　（貸）売買目的有価証券　××	（借）売買目的有価証券　×× 　（貸）有価証券評価益　××
売却時	帳簿価額＞売却価額	帳簿価額＜売却価額
	（借）現　金　な　ど　×× 　　有価証券売却損　×× 　（貸）売買目的有価証券　××	（借）現　金　な　ど　×× 　（貸）売買目的有価証券　×× 　　　有価証券売却益　××

わからない項目については、
3級のテキストに戻って確認しましょう！

何回かに分けて購入した有価証券を売却した場合

　同じ会社の株式を何回かに分けて購入した場合、売却時の帳簿価額（単価）は通常、**移動平均法**によって計算します。このときの単価を**平均単価**といいます。

$$\text{平均単価（移動平均法）} = \frac{1回目の取得原価＋2回目の取得原価＋\cdots}{1回目の取得株式数＋2回目の取得株式数＋\cdots}$$

つまり、売却時点の帳簿価額を
持っている株式数で割ったのが平均単価！

取 引

●売買目的で、3月1日に@500円で100株取得し、3月10日に@520円で150株取得していたC社株式を1株@515円で100株売却し、代金は現金で受け取った。

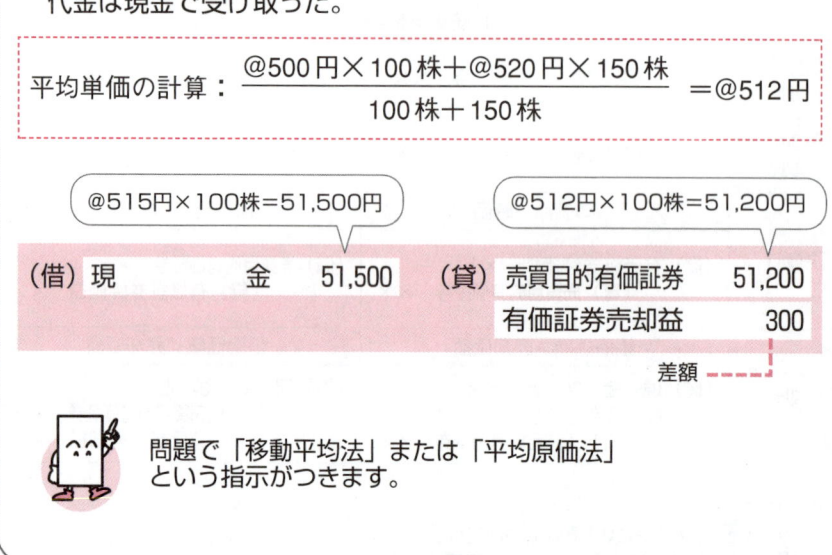

平均単価の計算：$\dfrac{@500円 \times 100株 + @520円 \times 150株}{100株 + 150株} = @512円$

@515円×100株＝51,500円　　@512円×100株＝51,200円

（借）	現　　金	51,500	（貸）	売買目的有価証券	51,200
				有価証券売却益	300

差額

問題で「移動平均法」または「平均原価法」という指示がつきます。

基本問題

次の一連の取引の仕訳をしなさい。なお、有価証券の払出単価の計算は移動平均法によっている。

3月15日　売買目的有価証券を@100円で10株取得し、代金は小切手を振り出して支払った。

3月20日　売買目的有価証券を@120円で15株取得し、代金は小切手を振り出して支払った。

3月25日　売買目的有価証券を@130円で5株売却し、代金は現金で受け取った。

3月31日　決算整理を行う。なお、売買目的有価証券の時価は@135円である。

解答

3/15	（借）売買目的有価証券	1,000	（貸）当 座 預 金	1,000
3/20	（借）売買目的有価証券	1,800	（貸）当 座 預 金	1,800
3/25	（借）現　　　　　金	650	（貸）売買目的有価証券	560*
			有価証券売却益	90

$$*\frac{@100円 \times 10株 + @120円 \times 15株}{10株 + 15株} = @112円$$

@112円 × 5株 ＝ 560円

3/31　（借）売買目的有価証券　460*　（貸）有価証券評価益　460

＊ 10株＋15株－5株＝20株
　（135円－112円）×20株＝460円

Day 2　有価証券

ここをおさえろ！1・2・3

1 配当や社債の利息を受け取ったときの処理は？

2 売買目的有価証券の決算時の処理は？

3 移動平均法とは？

➡ トレーニングの基本問題　問題9　へ！
　　　　本試験レベル　問題2　へ！

9 満期保有目的債券

●株を持つ目的は人それぞれ。売って儲けるためだけじゃない!

Day2

満期保有目的債券とは?

利息を受け取ることを目的として、**満期まで保有する社債など(債券)**を**満期保有目的債券**といいます。

> **要点**
> 満期保有目的債券
> 満期まで保有するつもりで持っている社債など

満期保有目的債券の処理

満期保有目的債券の①**購入時**、②**利息の受取時**、③**決算時**の処理をみていきましょう。

> 満期まで保有することを目的としているので、売買目的有価証券のように売却時の処理は問題にはなりません。

①購入時の処理

売買目的有価証券と同様に、**付随費用も取得原価に含めて処理**します。

取 引

● D社社債を一口@100円につき@94円で100口取得し、手数料100円とともに小切手を振り出して支払った。当社は当該社債を満期まで保有する予定である。

「満期まで保有」より

(借)満期保有目的債券　9,500　　(貸)当 座 預 金　9,500

@94円×100口+100円=9,500円

②利息の受取時の処理

利息を受け取ったときは、売買目的有価証券と同様に**有価証券利息（収益）**で処理します。

③決算時の処理
●原　則

満期保有目的債券の場合、**原則として決算時に時価による評価替えを行いません**。これは売買目的有価証券はすぐに売却するので、現在の価値（時価）で評価しておく必要があるのに対して、満期保有目的債券はそもそも売却を予定していないので、時価で評価する意味がないからです。

●償却原価法

なお、額面金額と取得原価との差額部分が、**金利を調整する**ために生じたものと認められた場合は、**償却原価法**という方法で評価替えを行います。

> 金利の調整と認められるかどうかは問題文に指示されます。

償却原価法とは、たとえば額面金額が1,000,000円、取得原価が998,000円という場合など**額面金額と取得原価が異なるとき、その差額分を取得日から満期日までの間に取得原価に加減して、取得原価を額面金額に近づけていく方法**をいいます。

要点　満期保有目的債券の決算時の処理

原則…評価替えを行わない

償却原価法…額面金額と取得原価が異なるとき、その差額が金利の調整と認められる場合は、（額面金額−取得原価）を取得日から満期日までの間に取得原価に加減して、取得原価を額面金額に近づけていく

取引

● A社社債（額面金額10,000円）を×1年4月1日に額面@100円につき@95円で取得した。同社債の償還期日は×6年3月31日である。額面金額と取得原価の差額は金利の調整と認められるため、決算（×2年3月31日）において償却原価法を適用する。

額面金額10,000円と取得原価9,500円（10,000円×$\frac{@95円}{@100円}$）の差額500円を取得日から満期日までの間の5年間で取得原価に加算して額面金額に近づけていきます。額面金額と取得原価の差額の500円を5年間で調整するので、1年間に100円（500円÷5年）ずつ加算することになります。

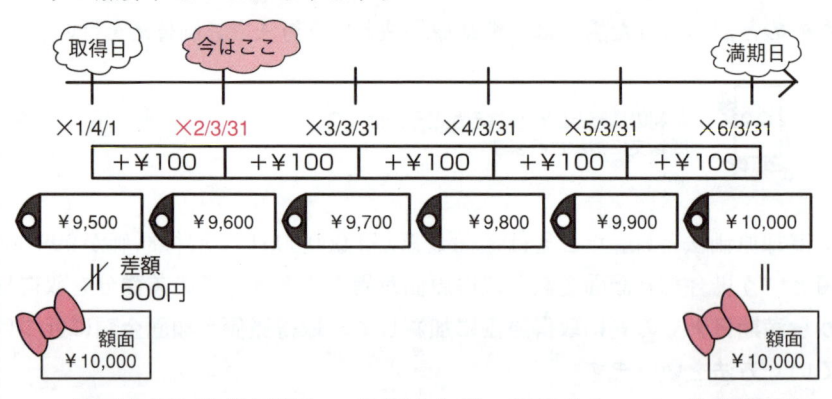

額面金額と取得原価との差額は金利の調整分なので、**有価証券利息（収益）** で処理します。

金利の調整なので有価証券利息で処理

（借）満期保有目的債券　100　（貸）有価証券利息　100

この金額を取得原価に加算します。

なお、満期保有目的債券を期中に取得した場合の償却原価は、月割りで計算します。したがって、仮に前記の取引で決算日が12月31日だった場合、次のように計算します。

$$(10{,}000円 - 9{,}500円) \times \frac{9カ月}{60カ月} = 75円$$

> 分子…×1年4/1から×1年12/31なので9カ月
> 分母…×1年4/1（取得日）から×6年3/31（満期日）なので60カ月

超重要

償却原価法

$$\text{当期分の償却原価} = (\text{額面金額} - \text{取得原価}) \times \frac{\text{当期の所有月数}}{\text{満期までの月数}}$$

基本問題

次の一連の取引の仕訳をしなさい。

(1) 当期首にP社社債（償還期間5年）を一口@100円につき@97円で100口取得し、手数料100円とともに小切手を振り出して支払った。当社は当該債券を満期まで保有する予定である。
(2) 決算をむかえた。上記(1)の社債について額面金額と取得原価の差額は金利の調整と認められるため、償却原価法を適用する。

解答
(1) （借）満期保有目的債券* 9,800 （貸）当座預金 9,800
　　*＠97円×100口＋100円＝9,800円（@98円）
(2) （借）満期保有目的債券* 40 （貸）有価証券利息 40
　　*（＠100円－＠98円）×100口＝200円
　　　200円÷5年＝40円

ここをおさえろ！ 1.2.3

1 満期保有目的債券って何？

2 満期保有目的債券の決算時の処理は？

3 償却原価法ってどんな方法？

➡ トレーニングの基本問題 問題10 へ！

10 端数利息の処理

●利息の計算期間の途中で売買したときの処理は？

端数利息とは？

　前回の利払日（利息の支払日）と次回の利払日の間に公社債を売買した場合、買主は公社債の購入金額に加え、売主に前回の利払日の翌日から売買日までの利息を支払います。この前回の利払日から売買日までの利息を**端数利息**（はすうりそく）といいます。

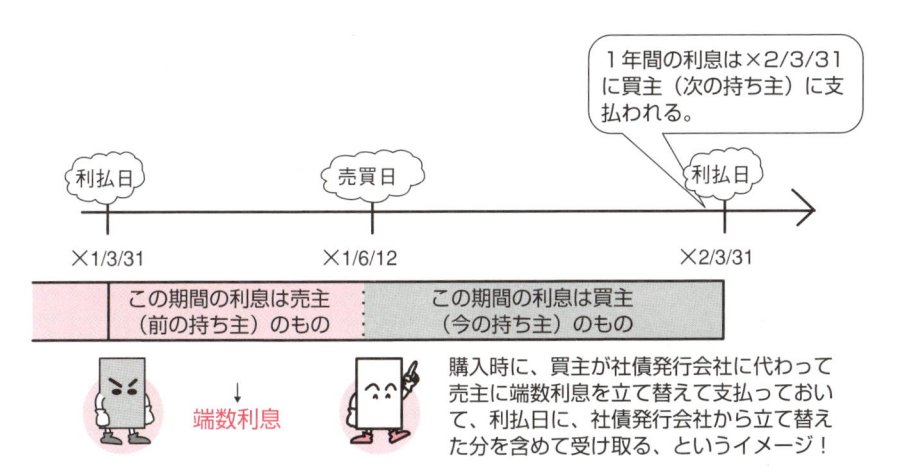

```
利払日          売買日                        利払日
×1/3/31        ×1/6/12                     ×2/3/31
```

1年間の利息は×2/3/31に買主（次の持ち主）に支払われる。

この期間の利息は売主（前の持ち主）のもの　　　この期間の利息は買主（今の持ち主）のもの

→ 端数利息

購入時に、買主が社債発行会社に代わって売主に端数利息を立て替えて支払っておいて、利払日に、社債発行会社から立て替えた分を含めて受け取る、というイメージ！

端数利息の処理

　端数利息は日割りで計算し、購入日に買主が売主に支払います。このとき、**有価証券利息（収益）**で処理します。

①買主の処理

　買主は、端数利息を支払った処理を行います。

取 引

● 6月12日に売買目的でA社社債（額面金額100,000円）を@100円につき@96円で買い入れ、代金は端数利息とともに小切手を振り出して支払った。同社債の利息は年3.65％であり、利払日は3月末日である。

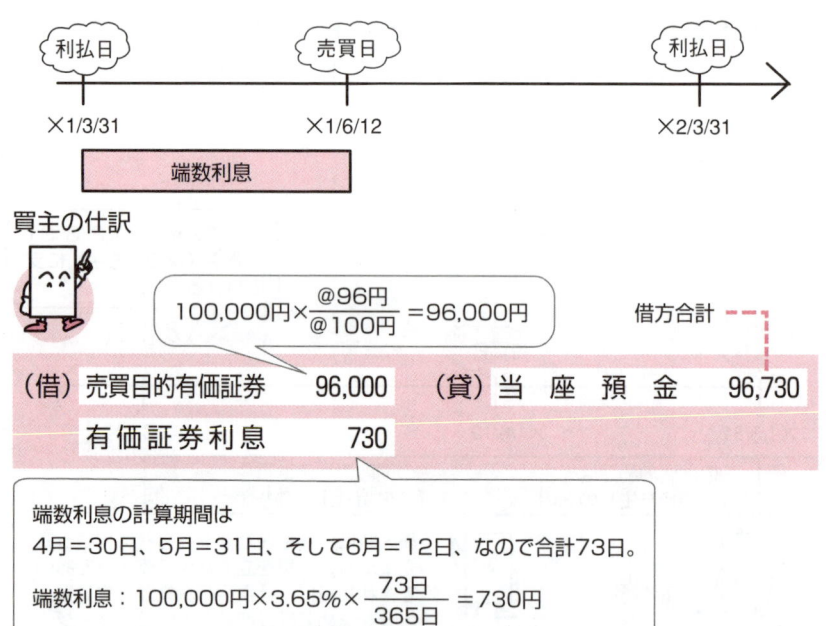

```
  利払日              売買日              利払日
    ├──────────────────┼──────────────────┤
 ×1/3/31           ×1/6/12           ×2/3/31
         端数利息
```

買主の仕訳

$100{,}000円 \times \dfrac{@96円}{@100円} = 96{,}000円$

（借）売買目的有価証券	96,000	（貸）当 座 預 金	96,730
有 価 証 券 利 息	730		

借方合計

端数利息の計算期間は
4月＝30日、5月＝31日、そして6月＝12日、なので合計73日。

端数利息：$100{,}000円 \times 3.65\% \times \dfrac{73日}{365日} = 730円$

②売主の処理

売主は、端数利息を受け取った処理を行います。

取 引

● 6月12日に売買目的で所有していたA社社債（額面金額100,000円、帳簿価額97,000円）を@100円につき@96円で売却し、代金は端数利息とともに小切手で受け取った。同社債の利息は年3.65％であり、利払日は3月末日である。

売主の仕訳

$100,000円 \times \dfrac{@96円}{@100円} + 730円 = 96,730円$

(借)	現　　　　金	96,730	(貸)	売買目的有価証券	97,000
	有価証券売却損	1,000		有価証券利息	730

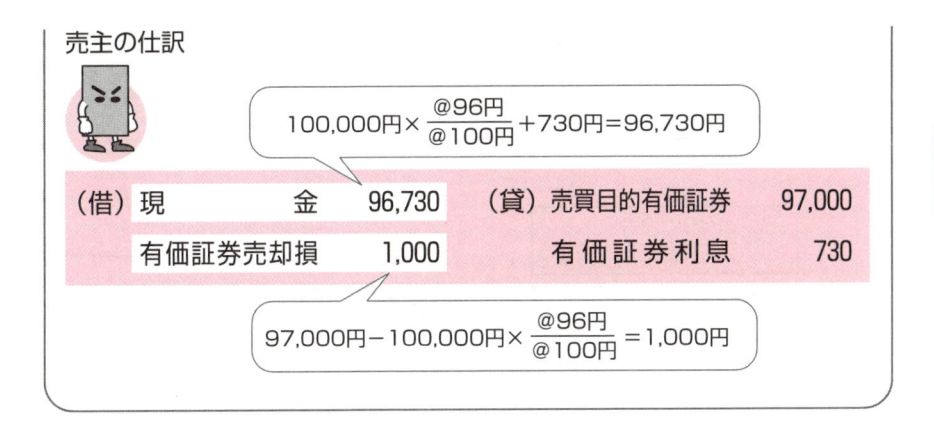

$97,000円 - 100,000円 \times \dfrac{@96円}{@100円} = 1,000円$

③買主が利息を受け取ったときの処理

利払日に利息を受け取ったら、全額を**有価証券利息（収益）**で処理します。

取　引

● ×2年3月31日、A社社債100,000円の利息を現金で受け取った。同社債の利息は年3.65％であり、利払日は3月末日である。

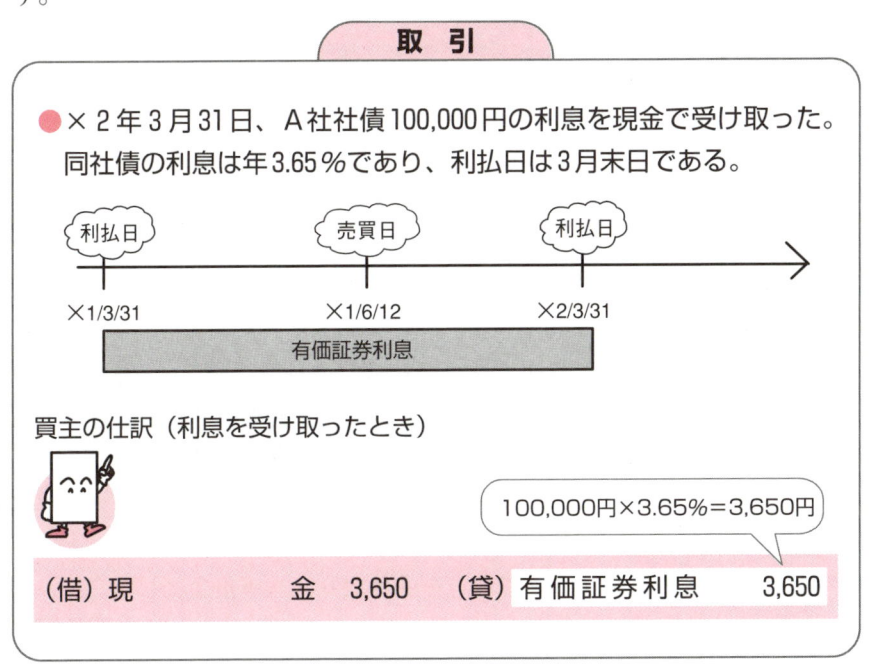

利払日　　　売買日　　　利払日
×1/3/31　　×1/6/12　　×2/3/31
　　　　　有価証券利息

買主の仕訳（利息を受け取ったとき）

$100,000円 \times 3.65\% = 3,650円$

(借)	現　　　金	3,650	(貸)	有価証券利息	3,650

端数利息についてまとめると、次のようになります。

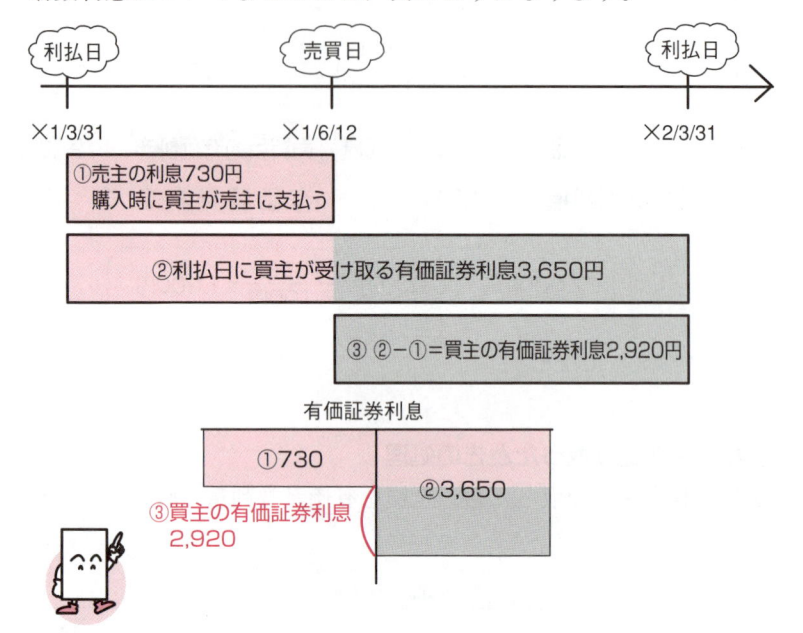

利払日　　　　　　売買日　　　　　　　　　　　　利払日
×1/3/31　　　　　×1/6/12　　　　　　　　　　　×2/3/31

①売主の利息730円
　購入時に買主が売主に支払う

②利払日に買主が受け取る有価証券利息3,650円

③ ②－①＝買主の有価証券利息2,920円

有価証券利息
①730
②3,650
③買主の有価証券利息 2,920

基本問題

次の一連の取引の仕訳をしなさい。

(1) 6月6日

売買目的で熊谷商事株式会社発行の社債（額面100,000円）を額面@100円につき@97円で買い入れ、代金は端数利息とともに小切手を振り出して支払った。同社債の利息は年7.3％で、利払日は3月末日と9月末日である。

(2) 9月30日

上記の社債について利息を受け取り、当座預金とした。

(3) 11月10日

上記の社債を額面@100円につき@99円で売却し、代金は端数利息とともに小切手で受け取った。

解答

(1) （借）売買目的有価証券　97,000*¹　（貸）当　座　預　金　98,340
　　　　有 価 証 券 利 息　　1,340*²

*1　$100,000 円 \times \dfrac{@97 円}{@100 円} = 97,000 円$

*2　$100,000 円 \times 7.3\% \times \dfrac{67 日 (4/1 \sim 6/6)}{365 日} = 1,340 円$

(2) （借）当　座　預　金　3,650*　（貸）有 価 証 券 利 息　3,650

*　$100,000 円 \times 7.3\% \times \dfrac{6 カ月}{12 カ月} = 3,650 円$

(3) （借）現　　　　　金　99,820*²　（貸）売買目的有価証券　97,000
　　　　　　　　　　　　　　　　　　　　有 価 証 券 売 却 益　　2,000
　　　　　　　　　　　　　　　　　　　　有 価 証 券 利 息　　　　820*¹

*1　$100,000 円 \times 7.3\% \times \dfrac{41 日 (10/1 \sim 11/10)}{365 日} = 820 円$

*2　$100,000 円 \times \dfrac{@99 円}{@100 円} = 99,000 円$

　　　99,000 円 ＋ 820 円 ＝ 99,820 円

ここをおさえろ！1・2・3

1 端数利息とは？

2 有価証券を購入したときの端数利息の処理は？

3 有価証券を売却したときの端数利息の処理は？

➡ トレーニングの基本問題　問題11　へ！

11 有形固定資産と減価償却

●固定資産も3級で少し学習しましたね

Day2

有形固定資産とは

　固定資産とは、長期間、営業で使用するために持っている資産のことをいいます。固定資産のうち、建物や備品、車両、土地など形があるものを**有形固定資産**といいます。

> **要点　有形固定資産**
> 形のある固定資産。建物、備品、車両、土地など

　有形固定資産を購入したときは有価証券と同様に、**付随費用も取得原価に含めて処理**します。

> 有形固定資産の取得原価＝購入対価＋付随費用

減価償却とは

　建物や備品などの有形固定資産は長期に使用されるため、老朽化し、毎年価値が少しずつ下がっていきます。この**価値の下がる分を毎年少しずつ費用（減価償却費といいます）にする手続きを減価償却**といいます。
　減価償却の計算については、3級で定額法を学習しました。

> **超重要　定額法による減価償却費**
>
> $$減価償却費 = \frac{取得原価 - 残存価額}{耐用年数}$$

　2級では、**定率法**と**生産高比例法**を学習します。

定率法

定率法とは、固定資産の取得原価から、減価償却累計額を差し引いた残額（これを**未償却残高**といいます）に一定の償却率を掛けて減価償却費を計上する方法をいいます。

> **超重要**
> 定率法による減価償却費
> 減価償却費＝（取得原価－減価償却累計額）×償却率

償却率は問題文に与えられます。

取引

● ×1年度の決算につき、期首に取得した備品5,000円の減価償却を行う。償却方法は定率法、償却率は20％とする（間接法で記帳）。

（借）減 価 償 却 費　1,000　　（貸）備品減価償却累計額　1,000

　　　　5,000円×20％＝1,000円

取引

● ×2年度の決算につき、備品5,000円（減価償却累計額1,000円）の減価償却を行う。償却方法は定率法、償却率は20％とする（間接法で記帳）。

（借）減 価 償 却 費　800　　（貸）備品減価償却累計額　800

　　　　（5,000円－1,000円）×20％＝800円

ちなみに×3年度の減価償却費は
{5,000円－（1,000円＋800円）}×20％＝640円
となりますね〜

このように定率法による減価償却費は、はじめ大きく計上され、年々減っていきます。

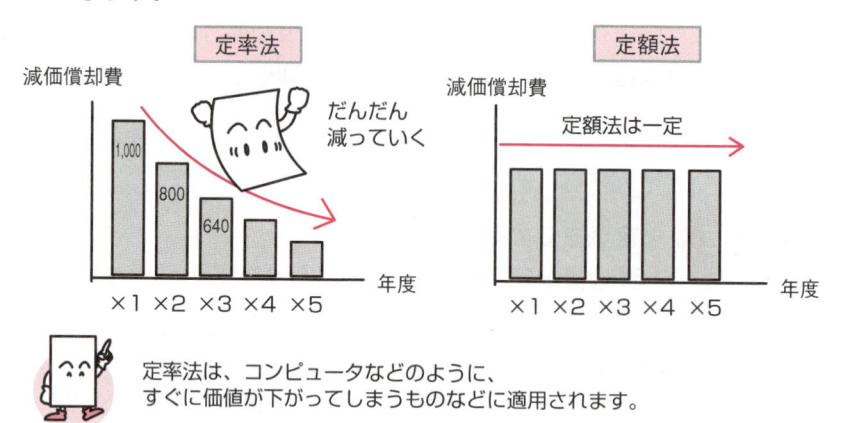

定率法は、コンピュータなどのように、すぐに価値が下がってしまうものなどに適用されます。

生産高比例法

生産高比例法とは、毎期その固定資産を**使った分だけ**減価償却費を計上**する方法**をいいます。

> **超重要**
>
> **生産高比例法による減価償却費**
>
> 減価償却費＝（取得原価－残存価額）× $\dfrac{当期利用量}{総利用可能量}$

取 引

● 決算につき、100,000円の車両について減価償却を行う。見積走行可能距離は30,000km、当期走行距離は500km、残存価額は取得原価の10％、償却方法は生産高比例法による（間接法で記帳）。

当期は500km走ったぜ！

$\dfrac{500km}{30,000km}$

| （借）減価償却費 | 1,500 | （貸）車両減価償却累計額 | 1,500 |

$$(100{,}000円 - 100{,}000円 \times 10\%) \times \frac{500km}{30{,}000km} = 1{,}500円$$

$100{,}000円 \times 0.9 \times \frac{500km}{30{,}000km} = 1{,}500円$　でも計算できますね！

期中に取得した有形固定資産の減価償却費

当期中に取得した有形固定資産の減価償却費は、その有形固定資産を保有した月数分を計上します。

$$当期の減価償却費 = 年間の減価償却費 \times \frac{保有した月数}{12カ月}$$

取引

●当期（会計期間4月1日～3月31日）の10月15日に取得した備品（取得原価50,000円、償却率年20％）について、定率法により減価償却を行う（間接法で記帳）。

| （借）減価償却費 | 5,000 | （貸）備品減価償却累計額 | 5,000 |

$$50{,}000円 \times 20\% \times \frac{6カ月}{12カ月} = 5{,}000円$$

期中に売却した有形固定資産の減価償却費

当期中に売却した有形固定資産の減価償却費は、期首から売却した時点までの月数分を計上します。

取引

● 当期（会計期間4月1日～3月31日）の6月20日に備品（取得原価60,000円、減価償却累計額12,000円）を売却し、代金50,000円は現金で受け取った。なお、当該備品の減価償却方法は定率法（償却率年20％、間接法で記帳）である。

（借）現　　　　　金	50,000	（貸）備　　　　　品	60,000
備品減価償却累計額	12,000	固定資産売却益	4,400
減　価　償　却　費	2,400		

$$(60,000円 - 12,000円) \times 20\% \times \frac{3カ月}{12カ月} = 2,400円$$

差額

参考 有形固定資産の減価償却（残存価額）

　従来、有形固定資産の減価償却における残存価額は、取得原価の10％を前提として計算してきましたが、平成19年度の法人税法の改正により、平成19年4月1日以降に取得する有形固定資産については、残存価額をゼロとして計算する方法に改正されました。

　ただし、税法と会計は別のものなので、会計上は従来どおり、残存価額を取得原価の10％として計算することもできます。

　したがって、試験では問題文の指示にしたがって計算するようにしてください。

【例】 決算につき、期首に取得した建物800円について減価償却（定額法、残存価額はゼロ、耐用年数20年）を行う。なお、記帳方法は間接法によること。

800円÷20年＝40円

（借）減価償却費	40	（貸）建物減価償却累計額	40

　残存価額がゼロなので、取得原価を耐用年数で割ります（取得原価に0.9を掛けません）。なお、定率法の場合は償却率が与えられるので、その償却率で計算するだけです。

基本問題

次の資料により、決算整理仕訳をしなさい。なお、会計期間は×5年4月1日から×6年3月31日である。

【資料】(1) 備品1：取得日：×4年4月1日　取得原価：1,000,000円
　　　　　　　　　減価償却累計額：250,000円
　　　　　　　　　償却方法：定率法　償却率：年25％
　　　(2) 備品2：取得日：×5年10月1日　取得原価：2,000,000円
　　　　　　　　　償却方法：定率法　償却率：年25％
　　　(3) 車　両：取得日：×4年12月1日　取得原価：5,000,000円
　　　　　　　　　償却方法：生産高比例法
　　　　　　　　　見積走行可能距離：150,000km
　　　　　　　　　当期走行距離：12,500km
　　　　　　　　　残存価額：取得原価の10％

解答

(1) （借）減価償却費　187,500　（貸）備品減価償却累計額　187,500＊
　　＊（1,000,000円 − 250,000円）× 25％ ＝ 187,500円

(2) （借）減価償却費　250,000　（貸）備品減価償却累計額　250,000＊
　　＊ $2,000,000 円 \times 25\% \times \dfrac{6 ヵ月(×5/10/1 \sim ×6/3/31)}{12 ヵ月} = 250,000 円$

(3) （借）減価償却費　375,000　（貸）車両減価償却累計額　375,000＊
　　＊ $5,000,000 円 \times 0.9 \times \dfrac{12,500km}{150,000km} = 375,000 円$

ここをおさえろ！ 1・2・3

1 定率法の計算方法は？

2 生産高比例法の計算方法は？

3 期中売却の有形固定資産の処理は？

➡ トレーニングの基本問題　問題12　問題13　へ！

Day 2　固定資産

12 建設仮勘定

●そういえば…作りかけのビルは建物なのかな？

Day2

建設仮勘定とは

　ビルの建設などは長期にわたって行われ、多くの支出をともないます。このような建設中の固定資産にかかわる支出を集めておく勘定を**建設仮勘定（資産）**といいます。

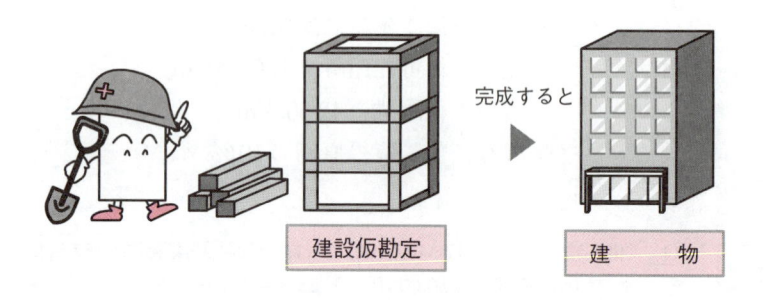

> **要点　建設仮勘定**
> 建設中の固定資産にかかわる支出を集めておく勘定

建設仮勘定の処理

　建設仮勘定について、①**建設代金の支払時**、②**完成・引渡時**の処理をみていきましょう。なお建設仮勘定は、まだ使用されていないので**減価償却は行いません**。

①建設代金の支払時

建設中の固定資産にかかわる支出は**建設仮勘定**で処理します。

取 引

●建物の新築のため、建設会社と500,000円の請負金額で契約し、着手金100,000円を小切手を振り出して支払った。

(借)建 設 仮 勘 定　100,000　(貸)当 座 預 金　100,000

② 完成・引き渡しのとき

建設中であった固定資産が完成し、引き渡しを受けたときは、建設仮勘定を**建物**に振り替えます。

取 引

●建物が完成し、引き渡しを受けたので、契約金額の残額400,000円を小切手を振り出して支払った。

建設仮勘定残高を建物に振り替える

(借)建　　　　　物　500,000　(貸)建 設 仮 勘 定　100,000
　　　　　　　　　　　　　　　　　当 座 預 金　400,000

要点 完成・引渡時の処理
建設仮勘定を固定資産の勘定に振り替える

完成してはじめて建物となります。

基本問題

次の取引の仕訳をしなさい。

(1) ×5年8月1日

本社ビルが完成し、工事代金の残額300,000円を小切手を振り出して支払い、引き渡しを受けた。この建物については完成前に工事代金の一部として200,000円を支払っている。

(2) ×6年3月31日

決算につき(1)の本社ビル(×5年8月1日より使用)について減価償却(定額法、残存価額は取得原価の10％、耐用年数20年)を行う。なお、記帳方法は間接法によること。

解答

(1) (借) 建　　　　物　500,000　　(貸) 建設仮勘定　200,000
　　　　　　　　　　　　　　　　　　当 座 預 金　300,000

(2) (借) 減 価 償 却 費　15,000　　(貸) 建物減価償却累計額　15,000*

＊ 500,000円 × 0.9 ÷ 20年 × $\frac{8カ月}{12カ月}$ = 15,000円

ここをおさえろ！ 1・2・3

1 建設仮勘定とは？

2 固定資産が完成し、引き渡しを受けたときの仕訳は？

3 建設仮勘定の決算時の仕訳は？

→ トレーニングの基本問題 問題14 へ！

13 固定資産の除却・廃棄と買換え

●固定資産を捨てる場合も仕訳が必要！

固定資産の除却・廃棄とは？

いままで利用してきた固定資産が使えなくなり、これを事業用から除くことを**除却**、固定資産を捨てることを**廃棄**といいます。

> **要点　固定資産の除却・廃棄**
> 除却…いままで利用してきた固定資産を事業用から除くこと
> 廃棄…いままで利用してきた固定資産を捨てること

除却
新しいのがあるからもういらない。
でも使えるかもしれないから
倉庫に置いておこう。

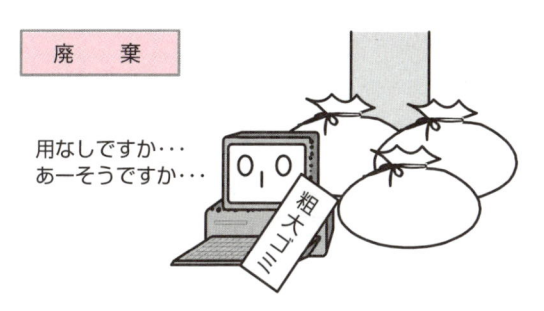

廃棄
用なしですか…
あーそうですか…

除却の処理

除却された固定資産は、廃材などで利用できる場合、その評価額（見積処分価額）を**貯蔵品（資産）**で処理します。評価額と帳簿価額に差額が生じた場合は、**固定資産除却損（費用）**または**固定資産除却益（収益）**で処理します。

取　引

●備品（取得原価200,000円、減価償却累計額150,000円）を耐用年数到来前に除却した。なお、除却時に除却費用5,000円を現金で支払っている。また、この備品の処分価額は15,000円と見積られた。

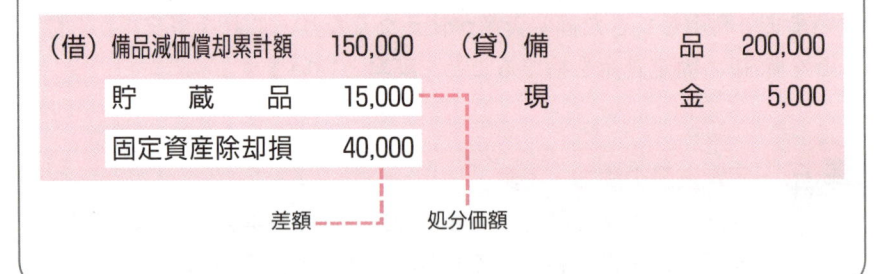

（借）	備品減価償却累計額	150,000	（貸）	備	品	200,000
	貯　　蔵　　品	15,000		現	金	5,000
	固定資産除却損	40,000				

　　　　　　　　　　　　　　差額　　　　処分価額

廃棄の処理

　廃棄の場合は、その固定資産に評価額はありません。したがって**帳簿価額＝固定資産廃棄損（費用）**となります。なお、廃棄費用がかかった場合は固定資産廃棄損に含めて処理します。

取　引

●車両（取得原価500,000円、減価償却累計額405,000円）を廃棄し、廃車費用10,000円を現金で支払った。

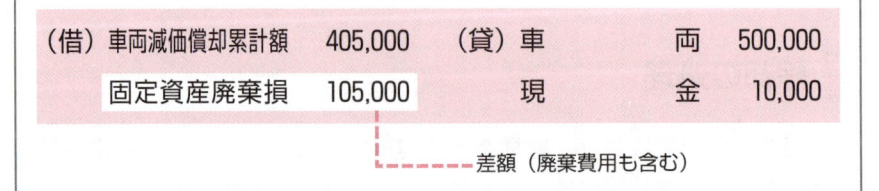

（借）	車両減価償却累計額	405,000	（貸）	車	両	500,000
	固定資産廃棄損	105,000		現	金	10,000

　　　　　　　　　　　　　　　　　　差額（廃棄費用も含む）

固定資産の買換えとは？

　いままで利用してきた固定資産を下取りに出し、新しい固定資産を取得することがあります。これを**固定資産の買換え**といいます。

> **要点**　固定資産の買換え
> いままで利用してきた固定資産を下取りに出し、新しい固定資産を取得すること

下取りに出す
新しい車を買う
○△自動車販売店

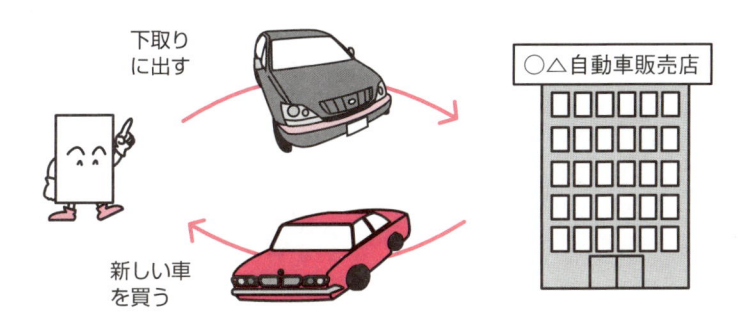

買換えの処理

　固定資産の買換えは、ⓐ**固定資産の売却**とⓑ**新しい固定資産の購入**という2つの取引に分けて考えます。

取引

●車両（取得原価300,000円、減価償却累計額180,000円）を150,000円で下取りに出し、新たに400,000円の車両を購入するとともに、差額の250,000円を現金で支払った。

ⓐ固定資産の売却

下取価額を売却代金と考えて売却の仕訳を行います。

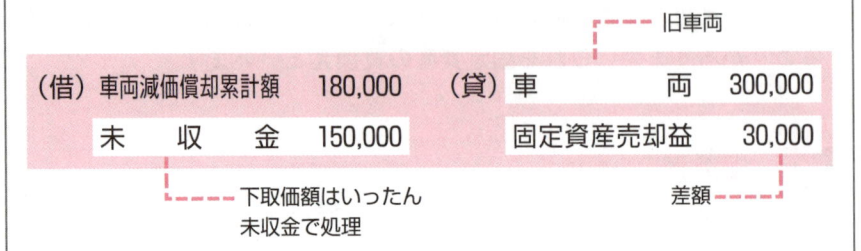

(借)	車両減価償却累計額	180,000	(貸)	車　　　　両	300,000
	未　収　金	150,000		固定資産売却益	30,000

未収金 150,000 ←下取価額はいったん未収金で処理
車両 300,000 ←旧車両
固定資産売却益 30,000 ←差額

ⓑ新しい固定資産の購入

下取価額（未収金）を購入代金に充当します。

(借)	車　　　　両	400,000	(貸)	未　収　金	150,000
				現　　　　金	250,000

車両 400,000 ←新車両
未収金 150,000 ←未収金を減らす

●固定資産の買換えの仕訳

上記ⓐ＋ⓑが買換えの仕訳となります。

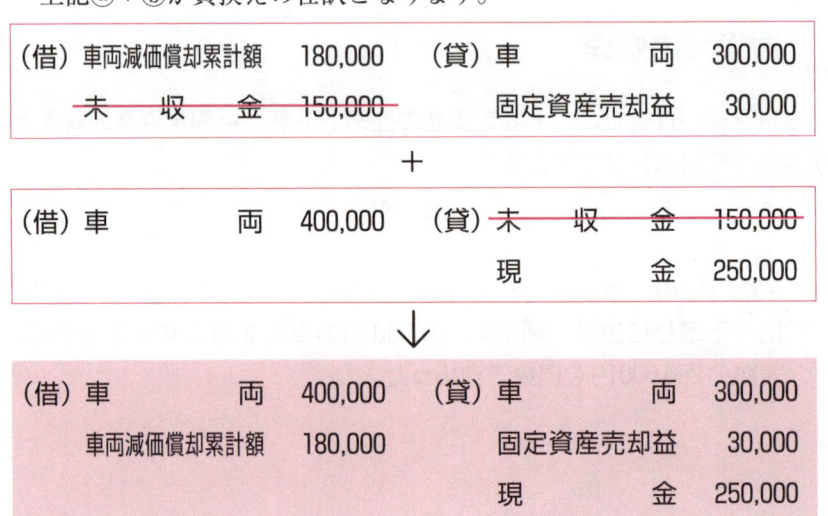

(借)	車両減価償却累計額	180,000	(貸)	車　　　　両	300,000
	~~未　収　金~~	~~150,000~~		固定資産売却益	30,000

＋

(借)	車　　　　両	400,000	(貸)	~~未　収　金~~	~~150,000~~
				現　　　　金	250,000

↓

(借)	車　　　　両	400,000	(貸)	車　　　　両	300,000
	車両減価償却累計額	180,000		固定資産売却益	30,000
				現　　　　金	250,000

基本問題

次の有形固定資産に関する仕訳をしなさい。

(1) 取得原価50,000円の備品（減価償却累計額45,000円）を除却し、除却のための費用3,000円を現金で支払った。なお、除却した備品の処分価額は5,000円と見積られている。

(2) 取得原価20,000円の機械（減価償却累計額18,000円）を廃棄し、廃棄のための費用2,000円を現金で支払った。

(3) 当期首にそれまで使用していた営業用車両（取得原価120,000円）を54,000円で下取りさせて頭金に充当し、新しい営業用車両（150,000円）を購入した。購入価額と下取価額との差額は月末に支払うこととした。なお、車両の減価償却方法は以下のとおりである。

　　償却方法：生産高比例法　残存価額：取得原価の10％
　　見積走行可能距離：80,000km　前期までの走行距離：50,000km

Day 2　固定資産

解答

(1) （借）備品減価償却累計額　45,000　（貸）備　　　　品　50,000
　　　　　貯　蔵　品　　　　　　5,000　　　　現　　　　金　 3,000
　　　　　固定資産除却損　　　　3,000

(2) （借）機械減価償却累計額　18,000　（貸）機　　　　械　20,000
　　　　　固定資産廃棄損　　　　4,000　　　　現　　　　金　 2,000

(3) （借）車　　　　両　　　150,000　（貸）車　　　　両　120,000
　　　　　車両減価償却累計額　67,500＊　　　未　払　金　　96,000
　　　　　　　　　　　　　　　　　　　　　　固定資産売却益　 1,500

＊ 120,000円×0.9× $\dfrac{50,000\text{km}}{80,000\text{km}}$ ＝67,500円

ここをおさえろ！ 1・2・3

1 固定資産の除却の処理は？

2 固定資産の廃棄の処理は？

3 固定資産の買換えの処理は？

➡ トレーニングの基本問題 問題15 へ！

14 固定資産の滅失

●火事や地震で固定資産がなくなったらどうする？　泣く？

Day2

滅失とは？

地震や火災などによって、**固定資産がなくなることを滅失**といいます。

要点
滅失
地震や火災などによって、固定資産がなくなること

滅失の処理

滅失した固定資産に保険契約が付されているかいないかにより、処理が異なります。なお、試験では火災の発生についての出題がほとんどですので、火災による滅失を例にみていきましょう。

(1) 保険契約が付されていない場合

保険契約が付されていない場合は、その固定資産の帳簿価額を全額、**火災損失（費用）** で処理します。

ちなみに、地震による滅失だと地震損失になります。
また、全部まとめて災害損失で処理することもあります。

取引

● 建物（取得価額100,000円、減価償却累計額36,000円）が火災により焼失した。

（借）建物減価償却累計額	36,000	（貸）建　　　物	100,000
火　災　損　失	64,000		

帳簿価額を火災損失で処理

100,000円－36,000円＝64,000円

(2) 保険契約が付されている場合

保険契約が付されている場合、①減失したときと、②保険金が確定したときに処理が必要です。

①減失したとき

保険契約が付されている固定資産が減失したときは、保険金が確定するまで減失した固定資産の帳簿価額を**未決算勘定**（火災の場合は**火災未決算**）で処理します。

取引

● 建物（取得価額100,000円、減価償却累計額36,000円）が火災により焼失した。なお、この建物には80,000円の火災保険がかけられていた。

（借）建物減価償却累計額	36,000	（貸）建　　　物	100,000
火　災　未　決　算	64,000		

保険金が確定するまで火災未決算で処理します。
保険金が全額おりるとは限らないから…

②保険金が確定したとき

保険金が確定したときは、確定した保険金と未決算勘定との差額を**保険差益（収益）**または**火災損失（費用）**で処理します。つまり、確定した保険金の金額が未決算勘定の金額より大きい場合はその差額を**保険差益**で、また、確定した保険金の金額が未決算勘定の金額より小さい場合は**火災損失**で処理します。

取 引

● 上記の火災につき、保険会社から連絡があり、保険金60,000円を支払う旨の通知があった。

通知があっただけなので未収金で処理

（借）未 収 金	60,000	（貸）火 災 未 決 算	64,000
火 災 損 失	4,000		

差額が借方にでたら損失、
貸方にでたら保険差益（収益）です。

要点　固定資産の滅失の処理

(1) 保険契約を付していない場合

滅失時	（借）減価償却累計額　×× 　（貸）固 定 資 産　×× 火 災 損 失　××

(2) 保険契約を付している場合

①滅失時	（借）減価償却累計額　×× 　（貸）固 定 資 産　×× 火 災 未 決 算　××	
②保険金確定時	保険金＞未決算の場合	保険金＜未決算の場合
	（借）未収金など　×× 　（貸）火 災 未 決 算　×× 　　　　保 険 差 益　××	（借）未収金など　×× 　　　火 災 損 失　×× 　（貸）火 災 未 決 算　××

基本問題

次の一連の取引の仕訳をしなさい。

(1) 当期7月31日（会計期間は4月1日から3月31日）に、火災により建物（取得原価120,000円、減価償却累計額54,000円）が全焼した。この建物には火災保険70,000円がかけられていたので、保険会社に保険金の支払いを請求した。なお、建物の減価償却方法は定額法、耐用年数40年、残存価額は取得原価の10％である。

(2) 保険会社から保険金70,000円を支払うとの通知を受けた。

解答

(1) （借）建物減価償却累計額　54,000　（貸）建　　　物　120,000
　　　　減 価 償 却 費　　　　900*
　　　　火 災 未 決 算　　 65,100

$*\ 120{,}000 円 \times 0.9 \div 40 年 \times \dfrac{4 カ月}{12 カ月} = 900 円$

(2) （借）未　収　金　70,000　（貸）火 災 未 決 算　65,100
　　　　　　　　　　　　　　　　　　保 険 差 益　　 4,900

ここをおさえろ！ 1・2・3

1. 固定資産の滅失とは？
2. 固定資産に保険が付されていない場合の滅失の処理は？
3. 固定資産に保険が付されていた場合の滅失の処理は？

➡ トレーニングの基本問題 問題16 へ！

15 資本的支出と収益的支出

●修理とリフォームは処理が違います

Day2

資本的支出と収益的支出とは？

たとえば建物の壁を防火壁にした場合、建物自体の機能を高めたことになります。また、壁のひび割れを直した場合、建物の機能を元に戻したことになります。前者のように固定資産の価値を高めるために支払った金額を**資本的支出**といい、**固定資産の取得原価に加算**します。また、後者のように固定資産の従来の機能を回復させるために支払った金額を**収益的支出**といい、**修繕費（費用）**で処理します。

> **要点　資本的支出と収益的支出**
> 資本的支出…固定資産の価値を高めるために支払った金額
> 　　　　　⇒固定資産の取得原価に加算
> 収益的支出…固定資産の従来の機能を回復するために支払った金額
> 　　　　　⇒修繕費（費用）

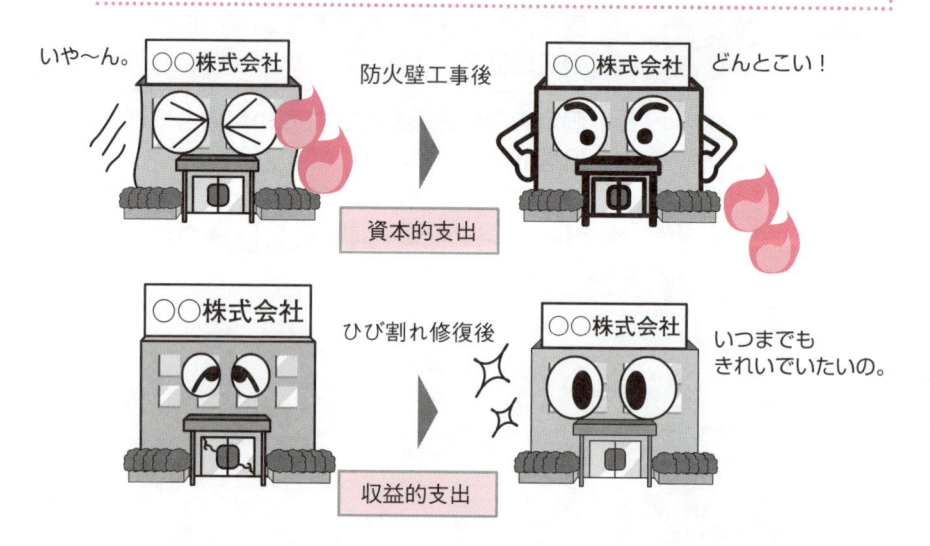

取引

● 建物の定期修繕と改良を行い、代金100,000円を小切手を振り出して支払った。このうち40,000円は改良代（資本的支出）、残りは修繕費とみなされる。

（借）建　　　　物	40,000	（貸）当 座 預 金	100,000
修　繕　費	60,000		

　上記の仕訳からわかるように、資本的支出部分は固定資産の取得原価が増加するので、減価償却の対象になります。

基本問題

次の取引の仕訳をしなさい。

【取引】建物の修繕を行い、200,000円を小切手を振り出して支払った。このうち120,000円は資本的支出と認められる。

解答
（借）建　　　　物	120,000	（貸）当 座 預 金	200,000
修　繕　費	80,000		

ここをおさえろ！1・2・3

1. 資本的支出と収益的支出の違いは？
2. 資本的支出の処理は？
3. 収益的支出の処理は？

➡ トレーニングの基本問題 問題17 へ！

16 無形固定資産

●目に見えないものにも価値があるのです…

Day2

無形固定資産とは？

無形固定資産とは簡単にいうと形のない、長期に保有する資産で、**法律上の権利として認められたもの**と**経済的に価値があるもの**があります。

法律上の権利として認められたものには**著作権**や**特許権**などがあります。また、経済的に価値があるものというのはブランド力や商品開発力、知名度など、ほかの会社に対して優位になるもので、これには**のれん**があります。

> **要点　無形固定資産**
> 形のない、長期に保有する資産
> ・法律上の権利として認められたもの…著作権、特許権など
> ・経済的に価値があるもの…のれん

無形固定資産の処理

無形固定資産の、①**取得時**と②**決算時**の処理をみていきましょう。

①取得時の処理

無形固定資産を取得したときは、取得に要した支出額が取得原価となります。

> **取 引**
>
> ●特許権を取得したが、これに要した費用は70,000円であり、現金を支払っている。また、登録料として、10,000円を小切手を振り出して支払った。

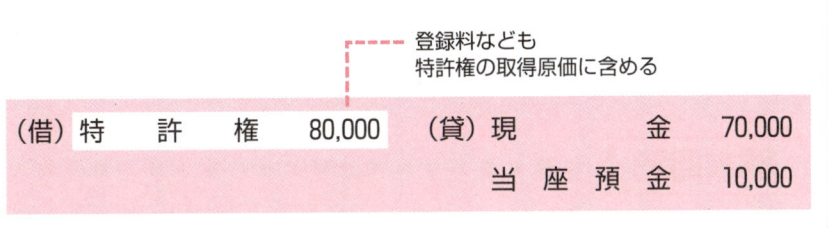

登録料なども
特許権の取得原価に含める

(借)特　許　権	80,000	(貸)現　　　　金	70,000
		当　座　預　金	10,000

②決算時の処理

　無形固定資産の多くは法律上の権利なので、決算時には、**法律で決められた権利の存続期間**にしたがって、償却（費用化）します。また、のれんについては、取得後20年以内に定額法等により規則的に償却します。いずれも**残存価額をゼロ**とし、**直接法**で処理します。

> **取 引**
>
> ●決算において特許権（80,000円）を償却する。償却期間は8年である。

(借)特許権償却	10,000	(貸)特　許　権	10,000

80,000円÷8年＝10,000円

「○○償却」は費用です。
減価償却費みたいなものですね～

● のれん

　ひとことでのれんといっても、のれんのすべてが資産に計上できるわけではありません。のれんとして資産計上できるのは、**有償**（のれんに対応する対価を支払うこと）によってのれんを取得したときだけです。

　のれんの処理は㉚会社の合併と買収で学習します。

基本問題

次の一連の取引の仕訳をしなさい。
(1) 当期首に独自の技術を開発し、特許権を取得した。技術の開発にかかった費用は16,000円であり、登録料1,600円を含めて小切手を振り出して支払った。
(2) 決算において、(1)の特許権を8年で償却する。

解答
(1) （借）特　　許　　権　17,600　（貸）当　座　預　金　17,600
(2) （借）特　許　権　償　却　2,200＊　（貸）特　　許　　権　2,200
　＊17,600円÷8年＝2,200円

ここをおさえる！ 1・2・3

1 無形固定資産って何？

2 無形固定資産の取得時の処理は？

3 のれんって何？

➡ トレーニングの基本問題 問題18 へ！

17 繰延資産と研究開発費

●費用なのに資産として計上できるものもあるんです

繰延資産とは

　会社を設立したり、開業するのにかかった支出は、将来の収益を得るために貢献するものです。したがってこれらの支出は、原則、支出時に費用として処理しますが一定の要件を満たした場合、支出した期に全額を費用としないで、翌期以降に繰り延べる（＝翌期以降の費用とする）ことが認められます。この、翌期以降に費用となる部分は、一時的に資産として計上することになり、これを**繰延資産**といいます。

> **要点　繰延資産**
> 支出した期に全額を費用としないで、翌期以降に繰り延べることが認められた費用

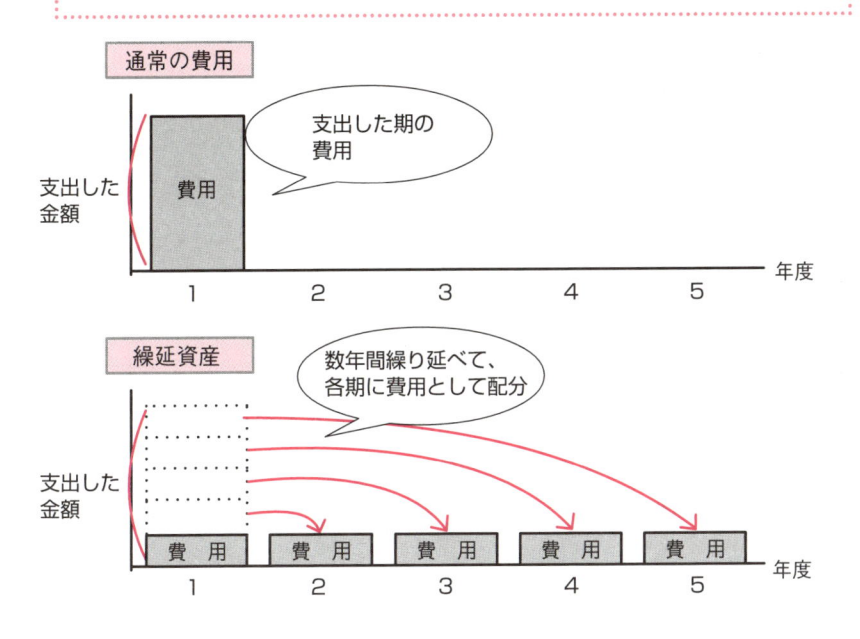

通常の費用
支出した期の費用

繰延資産
数年間繰り延べて、各期に費用として配分

繰延資産の種類

繰延資産として処理できるものは会計基準等で決められたものだけです。2級では以下の5つが出題されます。それぞれについての詳しい処理はあとの項で説明します。

①**創　立　費**：会社を設立するまでに支出した費用（詳細は㉙**株式の発行**参照）
②**開　業　費**：会社を設立したあと、営業を開始するまでに支出した費用
③**株 式 交 付 費**：株式を追加発行（増資）するときに支出した費用（詳細は㉙**株式の発行**参照）
④**社 債 発 行 費**：社債を発行するときに支出した費用（詳細は㊱**社債**参照）
⑤**開　発　費**：新技術の採用、資源の開発、市場の開拓等のために支出した費用

繰延資産の処理

繰延資産について、①費用の支出時と②決算時の処理をみていきましょう。

①費用の支出時の処理
創立費などの費用を支出したときは、その支出した金額で処理します。

取　引

●創立費50,000円と開業費30,000円を現金で支出した。

（借）創　立　費	50,000	（貸）現　　　金	80,000
開　業　費	30,000		

②**決算時の処理**

繰延資産として処理する場合、決算において**残存価額をゼロ**とした**定額法**により、会計基準等が規定した償却期間内に償却（費用化）します。なお、記帳方法は**直接法**です。

> **超重要**
>
> **繰延資産の償却期間**
> 創　立　費…5年以内に定額法により償却
> 開　業　費…5年以内に定額法により償却
> 株式交付費…3年以内に定額法により償却
> 社債発行費…社債の償還期間内に利息法または定額法により償却
> 開　発　費…5年以内に定額法により償却

「〇〇費」と3文字のものは5年！

社債発行費の償却は、原則として利息法ですが、2級では定額法のみ理解しておけば十分です。

また、期中に支出した場合は、月割で償却計算を行います。

取引

●決算において、繰延資産に計上することとした創立費50,000円（×1年4月1日支出）と開業費30,000円（×1年6月1日支出）を定額法（5年間）により月割償却する。なお、当期は×1年4月1日から×2年3月31日までである。

$$50,000円 \times \frac{12カ月}{12カ月 \times 5年} = 10,000円$$

（借）創 立 費 償 却　10,000　（貸）創　立　費　10,000

（借）開 業 費 償 却　5,000　（貸）開　業　費　5,000

$$30,000円 \times \frac{10カ月（×1年6/1～×2年3/31）}{12カ月 \times 5年} = 5,000円$$

研究開発費の処理

研究開発を目的とした支出は、**支出した期に、全額を研究開発費（費用）として処理**します。

取引

● 研究開発の目的で、材料10,000円と実験器具20,000円を購入し、小切手を振り出して支払った。なお、これらの支出はすべて当期の費用として処理することとした。

（借）研 究 開 発 費　30,000　（貸）当 座 預 金　30,000

問題に「研究開発目的で…」という指示があったら、研究開発費で処理します。

基本問題

次の一連の取引の仕訳をしなさい。なお、会計期間は×1年4月1日から×2年3月31日までである

(1) ×1年4月1日　会社設立に際して、定款認証費用120,000円を現金で支払った。
(2) ×1年7月1日　開業の準備費用として広告宣伝費180,000円を小切手を振り出して支払った。
(3) ×2年3月31日　初年度の決算にあたり、会計基準等が規定する最長期間で定額法により月割償却する。

解答
(1) （借）創　立　費　120,000　（貸）現　　　金　120,000
(2) （借）開　業　費　180,000　（貸）当 座 預 金　180,000
(3) （借）創 立 費 償 却　24,000　（貸）創　立　費　24,000 [*1]
　　（借）開 業 費 償 却　27,000　（貸）開　業　費　27,000 [*2]

*1　120,000円×$\dfrac{12\text{カ月}}{12\text{カ月}\times 5\text{年}}$＝24,000円

*2　180,000円×$\dfrac{9\text{カ月（×1年7/1～×2年3/31）}}{12\text{カ月}\times 5\text{年}}$＝27,000円

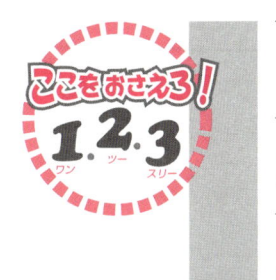

1 繰延資産って何？

2 決算において5年で償却される繰延資産は？

3 決算において3年で償却される繰延資産は？

➡ トレーニングの基本問題 問題19 へ！
　　　　　　本試験レベル 問題3 へ！

Day 3

一般商品売買、特殊商品売買

商品を売って代金を分割で受け取る場合や、
先に予約金を受け取っている場合など、
ちょっと変わった商品売買形態の処理を学習します。
商品を売っている会社の立場になって、
考えてみてくださいね。

18 三分法の基本処理

●まずは3級の復習から！

三分法

　三分法とは、商品売買を**仕入勘定・売上勘定・繰越商品勘定**の3つの勘定を使って処理する方法をいいます。

返品・値引き

　いったん仕入れた（売り上げた）商品を返す（返される）ことを**仕入戻し**（**売上戻り**）、仕入れた商品の代金を一部引き下げてもらう（売り上げた商品の代金を一部引き下げる）ことを**仕入値引**（**売上値引**）といいます。

　返品・値引きの処理は次のとおりです。

	仕入戻し・値引	売上戻り・値引
仕入（売上）時	（借）仕　　　入　×× 　　（貸）買　掛　金　××	（借）売　掛　金　×× 　　（貸）売　　　上　××
返品・値引時	（借）買　掛　金　×× 　　（貸）仕　　　入　××	（借）売　　　上　×× 　　（貸）売　掛　金　××

　三分法も返品・値引きも
　3級で学習しましたよね！

仕入諸掛り・販売諸掛り

　仕入に関して発生した費用を**仕入諸掛り**、販売に関して発生した費用を**販売諸掛り**といいます。

仕入諸掛り、販売諸掛りの処理は次のとおりです。

	仕入諸掛り	販売諸掛り
自分負担	(借)仕　　　入　×× 　　　(貸)買掛金など　×× ＊仕入に含めて処理	(借)売掛金など　×× 　　　発　送　費　×× 　　　　(貸)売　　　上　×× 　　　　　　現　金　など　×× ＊発送費（費用）で処理
相手負担	(借)仕　　　入　×× 　　　立　替　金　×× 　　　　(貸)買掛金など　×× ＊立替金（資産）で処理	(借)売　掛　金　×× 　　　　(貸)売　　　上　×× 　　　　　　現　金　など　×× ＊売掛金に含めて処理するか 　立替金（資産）で処理

Day 3　一般商品売買

ここをおさえろ！1・2・3

1 三分法とは？

2 返品・値引きの処理は？

3 自分負担の仕入諸掛り、相手負担の販売諸掛りの処理は？

19 割引きと割り戻し

●文字は似てるが意味はゼンゼン違う！

Day3

仕入割引・売上割引とは？

割引きとは、簡単にいえば、「期限よりも早くお金を支払ってくれたので代金をおまけしましょう」というものです。これは、そもそも掛代金の中に、代金を後払いすることによって発生する（はずの）利息分が含められているため、支払期日より前に代金を決済する場合には、その利息分が安くなるということなのです。

> **要点**
>
> **割引き**
> 決済期日よりも前に決済した場合に、その利息分を掛代金から減らすこと

（3月末が期日だけど今日払う〜）
（早く払ってくれたから利息分は少し免除するよ！）

○○株式会社 → C株式会社
3/20
仕入先

割引きの処理

仕入側は、買掛金を早く支払うことにより、利息分を割り引いて（免除して）もらえます。この割引分は**仕入割引**（**収益**）で処理します。一方、売上側は売掛金を早く支払ってもらうことにより、利息分を割り引くことになります。この割引分は**売上割引**（**費用**）で処理します。

> **要点** 割引きの処理
> 仕入割引…収益で処理
> 売上割引…費用で処理

取引

● 仕入先C社に対する買掛金10,000円につき、200円の割引きを受け、差額は小切手を振り出して支払った。

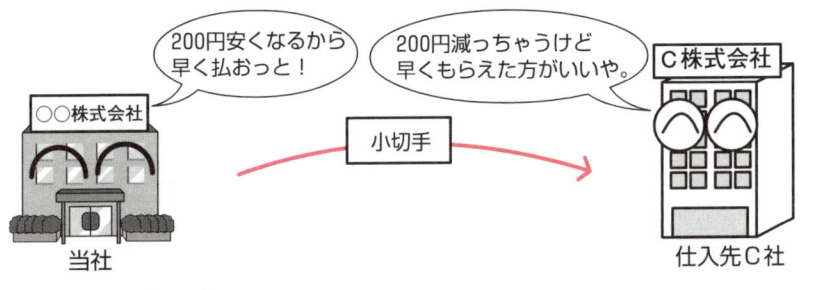

「200円安くなるから早く払おっと！」
「200円減っちゃうけど早くもらえた方がいいや。」

当社 → 小切手 → 仕入先C社

当社（仕入側）の仕訳

費用っぽいけど収益

（借）買　掛　金	10,000	（貸）仕　入　割　引	200
		当　座　預　金	9,800

C社からみると売上割引となります。

C社（売上側）の仕訳

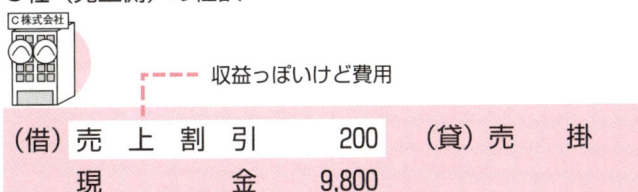

収益っぽいけど費用

（借）売　上　割　引	200	（貸）売　掛　金	10,000
現　　　　金	9,800		

Day 3 一般商品売買

仕入割戻し・売上割戻しとは？

　一度にたくさんの商品を仕入れてくれたお客さんに、いくらか代金をおまけすることがあります（俗にいうリベートです）。これを**割り戻し**といい、仕入側では**仕入割戻し**、売上側では**売上割戻し**といいます。なお、割り戻しがあった場合は、**値引きと同様の処理**をします。

> **要点　割り戻し**
> たくさんの商品を買ってくれたお客さんに対して、おまけとして代金を安くすること。値引きと同様の処理を行う

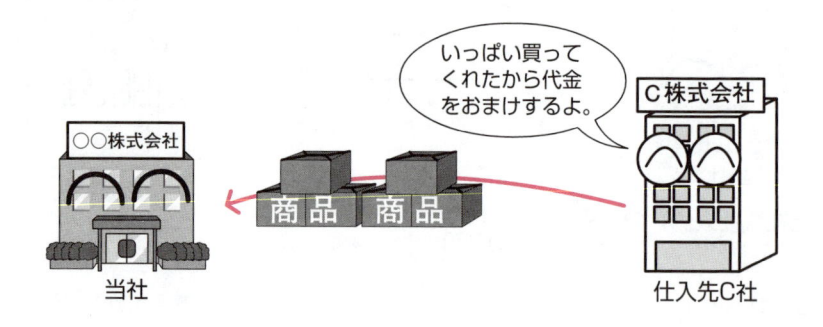

いっぱい買ってくれたから代金をおまけするよ。

当社　←　商品　商品　←　仕入先C社（C株式会社）

値引きはキズモノを安くすること、割り戻しはたくさん買ってくれた人へのおまけ！

取引

● 仕入先C社に対する買掛金10,000円につき、300円の割り戻しを受け、差額は小切手を振り出して支払った。

当社（仕入側）の仕訳

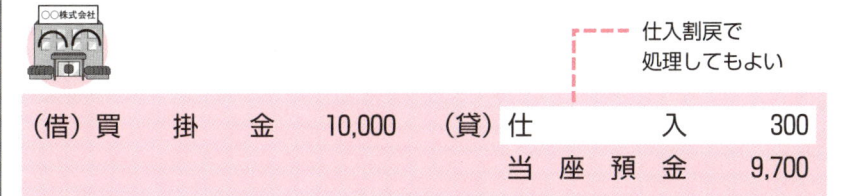

仕入割戻で処理してもよい

（借）買　　掛　　金　10,000　（貸）仕　　　　入　　　300
　　　　　　　　　　　　　　　　　　当　座　預　金　9,700

C社（売上側）の仕訳

売上割戻で処理してもよい

（借）売　　　　上　　　300　（貸）売　　掛　　金　10,000
　　　現　　　　金　9,700

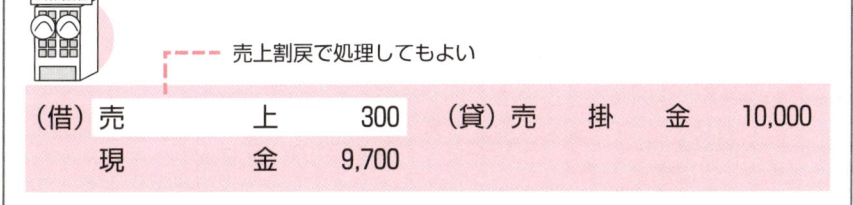

基本問題

次の取引の仕訳をしなさい。

(1) 得意先A社に対する売掛金5,000円につき、500円の割引きを行い、差額については小切手を受け取った。

(2) B社より、商品10,000円を「20日以内に支払えば代金の2％を割り引く」という条件で、掛けで仕入れた。

(3) 上記(2)につき、条件の期間内に掛け代金を現金で支払ったため、割引きの適用を受けた。

(4) 得意先A社に対する売掛金5,000円につき、500円の割り戻しを行い、差額は現金で受け取った。

解答

(1) （借）現　　　　金　4,500　（貸）売　掛　　金　5,000
　　　売　上　割　引　　500
(2) （借）仕　　　　入　10,000　（貸）買　掛　　金　10,000＊
　　＊仕入れた時点では割引きの適用はありません
(3) （借）買　掛　　金　10,000　（貸）仕　入　割　引　　200＊
　　　　　　　　　　　　　　　　　現　　　　金　9,800
　　＊掛け代金の決済時に割引きの適用があります
　　　10,000円×2％＝200円
(4) （借）売　　　　上　　500　（貸）売　掛　　金　5,000
　　　現　　　　金　4,500

ここをおさえる！ 1・2・3

1 割引きって何？

2 割り戻しって何？

3 仕入割引・売上割引の仕訳は？

➡ トレーニングの基本問題 問題20 へ！

20 売上原価の計算と商品の期末評価

●商品管理をキチンとしても商品の数があわないこともあるんです

売上原価の計算

当期に販売した商品に対応する費用（仕入額）を**売上原価**といいます。売上原価は次の計算式で求めます。

売上原価＝期首商品棚卸高＋当期商品仕入高－期末商品棚卸高

なお、売上原価の計算を仕入勘定（三分法）で行う場合の勘定の流れと決算整理仕訳は次のとおりです。

【資料】期首商品棚卸高　100円　　当期商品仕入高　500円
　　　　期末商品棚卸高　200円

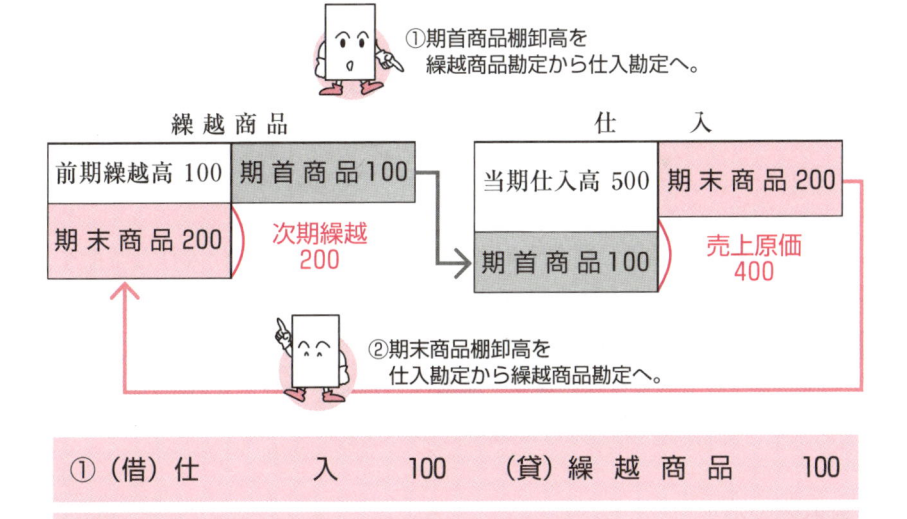

①期首商品棚卸高を
繰越商品勘定から仕入勘定へ。

繰 越 商 品
| 前期繰越高 100 | 期首商品 100 |
| 期末商品 200 | 次期繰越 200 |

仕　　入
| 当期仕入高 500 | 期末商品 200 |
| 期首商品 100 | 売上原価 400 |

②期末商品棚卸高を
仕入勘定から繰越商品勘定へ。

① （借）仕　　　　入　　100　　（貸）繰 越 商 品　　100
② （借）繰 越 商 品　　200　　（貸）仕　　　　入　　200

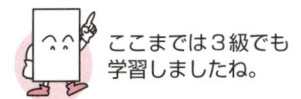

ここまでは3級でも学習しましたね。

なお、売上原価の計算に必要な**期末商品棚卸高は、商品1個あたりの単価に数量を掛けて計算**します。

商品有高帳

期中の商品の受け入れ、払い出しの管理を**商品有高帳**を使って行っている場合、商品有高帳から期末商品棚卸高がわかります。

商品有高帳については3級で学習しました。

商品有高帳
Tシャツ

先入先出法

日付		摘要	受入			払出			残高		
			数量	単価	金額	数量	単価	金額	数量	単価	金額
10	1	前月繰越	10	9,000	90,000				10	9,000	90,000
	2	仕入	25	9,000	225,000				35	9,000	315,000
	12	売上				15	9,000	135,000	20	9,000	180,000
	19	仕入	40	11,000	440,000				40	11,000	440,000
	25	売上				20	9,000	180,000			
						30	11,000	330,000	10	11,000	110,000

期末の残高欄の数値が期末商品棚卸高です。

商品有高帳は商品別に作成されますが、同じ商品でも仕入れた時期や仕入先の違いから仕入単価が異なることがあります。したがって、商品を売り上げたとき、どの仕入単価のものが売り上げた商品に対応するもの（払出単価）なのかを決めなければなりません。払出単価の主な決定方法として、①**先入先出法**、②**後入先出法**、③**移動平均法**、④**総平均法**などがあります。

①先入先出法

先入先出法とは、先に仕入れたものから先に払い出されると仮定して払出単価を決定する方法をいいます。

先入先出法は3級で学習しました。

②後入先出法

後入先出法とは、**後に仕入れたものから先に払い出される**と仮定して払出単価を決める方法をいいます。

先入先出法の逆ですね。

③移動平均法

移動平均法とは、**商品を仕入れるたびに、平均単価を計算**して、それを払出単価とする方法をいいます。

移動平均法も３級で学習しました。

④総平均法

総平均法とは、**一定期間に仕入れた商品の金額と数量の合計から平均単価を計算**して、それを払出単価とする方法をいいます。

$$平均単価 = \frac{期首商品棚卸高＋当期商品仕入高}{期首商品数量＋当期商品仕入数量}$$

参考 商品有高帳（後入先出法）の記入

後入先出法には、払い出しのつど、払出単価を計算する方法（**そのつど後入先出法**）と、一定期間が終了した時点で払出単価を計算する方法（**期別後入先出法・月別後入先出法**）がありますが、ここでは、そのつど後入先出法による商品有高帳の作成をみてみましょう。

【取引】６月の商品の受け入れ・払い出しの記録は次のとおりである。そのつど後入先出法によって商品有高帳を作成しなさい。なお、売価はすべて@50円である。

〔資料〕６月１日　前月繰越　20個（@20円）
　　　　　５日　仕　　入　15個（@18円）
　　　　　12日　売　　上　16個
　　　　　20日　仕　　入　18個（@22円）
　　　　　25日　売　　上　23個

後入先出法　　　　　　　　商　品　有　高　帳　　　　　後から仕入れたものから先に払い出したと仮定

日付		摘要	受入			払出			残高		
			数量	単価	金額	数量	単価	金額	数量	単価	金額
6	1	前月繰越	20	20	400				20	20	400
	5	仕入	15	18	270				15	18	270
	12	売上				15	18	270			
						1	20	20	19	20	380
	20	仕入	18	22	396				18	22	396
	25	売上				18	22	396			
						5	20	100	14	20	280
	30	次月繰越				14	20	280			
			53	−	1,066	53	−	1,066			
7	1	前月繰越	14	20	280				14	20	280

19個−5個＝14個

棚卸減耗費とは？

商品有高帳の期末商品数量は、帳簿上、あるべき数量です。ところが、実際に倉庫で商品の数量を数えてみたら、帳簿上の数量（**帳簿棚卸数量**）と実際の数量（**実地棚卸数量**）とが違っていた、ということがあります。

> きちんと記帳していても、盗難や紛失によって数が減っていることがあります。

このとき、帳簿上の数量と実際の数量との差を**棚卸減耗**といいます。

要点
棚卸減耗
帳簿上の数量と実際の数量との差

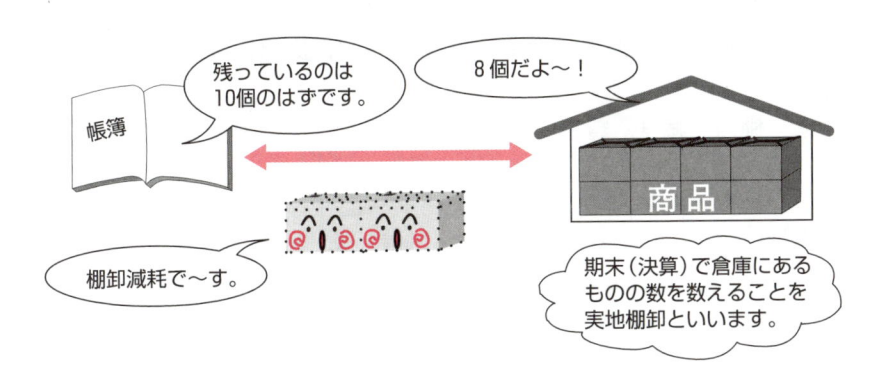

> 帳簿 残っているのは10個のはずです。
> 8個だよ〜！
> 棚卸減耗で〜す。
> 期末（決算）で倉庫にあるものの数を数えることを実地棚卸といいます。

棚卸減耗が生じたときはその金額を計算し、**棚卸減耗費（費用）** で処理します。

> 棚卸減耗費＝1個あたり原価×（帳簿数量－実際数量）

取引

● 期末の帳簿数量は10個（@100円）であったが、実際に倉庫にあったのは8個であった。

> @100円×（10個－8個）＝200円

| （借）棚 卸 減 耗 費 | 200 | （貸）繰 越 商 品 | 200 |

> （借）仕　　入　（貸）繰越商品
> （借）繰越商品　（貸）仕　　入
> のあとに行うので、貸方は「繰越商品」となります。

なお、棚卸減耗費は**売上原価に含める場合**と**含めない場合**があり、**売上原価に含める場合**は、上記の仕訳のあと、棚卸減耗費を**仕入**（または**売上原価**）に振り替えます。

> 売上原価に含めない場合は、
> 仕入（または売上原価）に振り替えません。

●棚卸減耗費を売上原価に含める場合（売上原価は仕入勘定で算定）

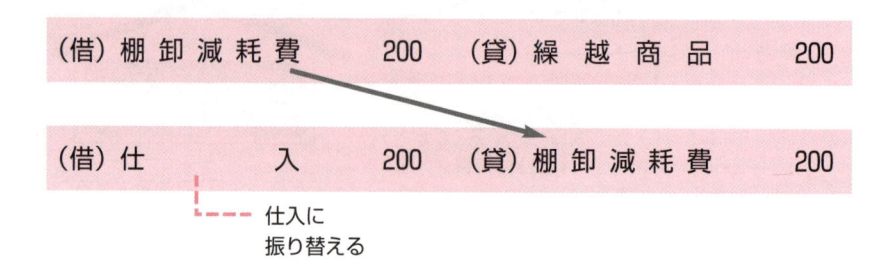

| （借）棚 卸 減 耗 費 | 200 | （貸）繰 越 商 品 | 200 |

| （借）仕　　　　　入 | 200 | （貸）棚 卸 減 耗 費 | 200 |

仕入に振り替える

商品評価損とは？

　期末商品は原則として**原価（取得原価）**で評価します。
　しかし、期末における商品の**時価（正味売却価額）**が原価よりも下がったときは**時価（正味売却価額）**で評価しなければなりません。
　なお、正味売却価額とは、売価からアフターコスト（見積販売直接経費）を差し引いた金額をいいます。

　　特に指示がない場合は、時価＝正味売却価額で考えましょう。

　商品の時価（正味売却価額）が原価よりも下がった場合、原価と時価（正味売却価額）との差額、つまり価値が下がった分は**商品評価損（費用）**で処理します。

要点　期末商品の評価
原価 ≦ 時価（正味売却価額）…原価で評価
原価 ＞ 時価（正味売却価額）…時価（正味売却価額）で評価

　　結局、原価と時価の低い方で評価する（低価法）ことになります。

商品評価損＝（1個あたり原価－1個あたり時価）×実際数量
　　　　　　　　　　　　　　　　　正味売却価額

なお、**商品評価損は売上原価に含める**ので、いったん商品評価損を計上したあと、**仕入**（または売上原価）に振り替えます。

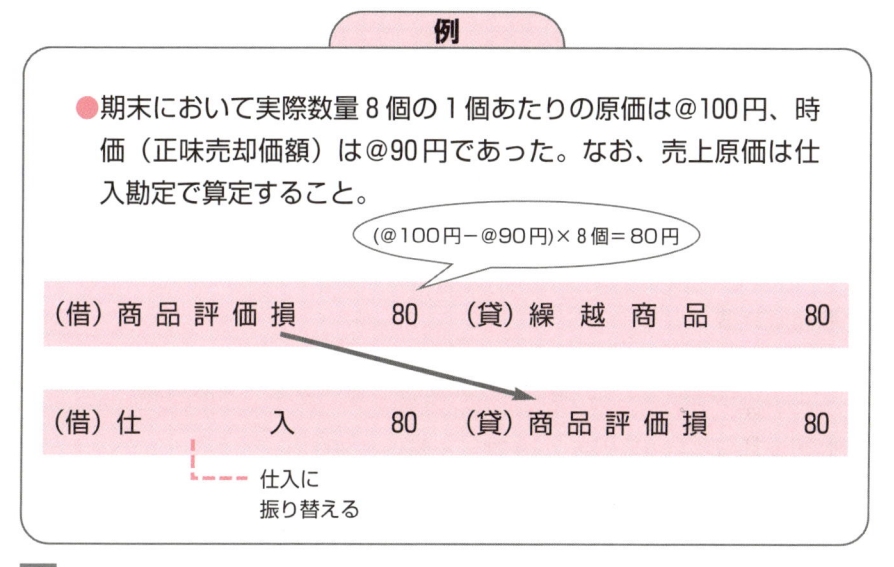

例

● 期末において実際数量8個の1個あたりの原価は@100円、時価（正味売却価額）は@90円であった。なお、売上原価は仕入勘定で算定すること。

(@100円－@90円)×8個＝80円

| （借）商品評価損 | 80 | （貸）繰越商品 | 80 |

| （借）仕入 | 80 | （貸）商品評価損 | 80 |

仕入に振り替える

ボックス図を使うとカンタン！

棚卸減耗費、商品評価損はボックス図を書くと簡単に計算できます。

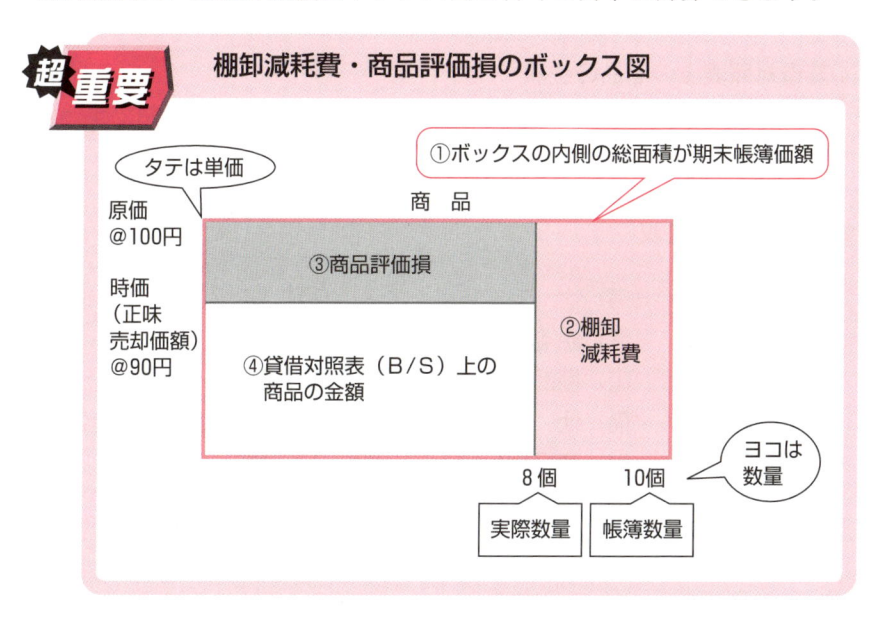

超重要　棚卸減耗費・商品評価損のボックス図

タテは単価

原価 @100円
時価（正味売却価額）@90円

商　品

①ボックスの内側の総面積が期末帳簿価額
③商品評価損
②棚卸減耗費
④貸借対照表（B/S）上の商品の金額

8個　10個
実際数量　帳簿数量

ヨコは数量

Day 3　一般商品売買

面積を求める要領で！

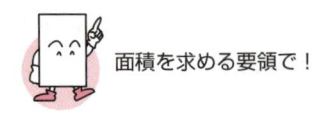

①期末帳簿価額

ボックスの内側の総面積が期末帳簿価額になります。

> 期末帳簿価額＝1個あたり原価×帳簿数量

期末帳簿価額：＠100円×10個＝1,000円

②棚卸減耗費

> 棚卸減耗費＝1個あたり原価×（帳簿数量－実際数量）

棚卸減耗費：＠100円×（10個－8個）＝200円

③商品評価損

> 商品評価損＝（1個あたり原価－1個あたり時価）×実際数量
> 　　　　　　　　　　　　　　　　　正味売却価額

商品評価損：（＠100円－＠90円）×8個＝80円

④貸借対照表上の商品の金額

①から②と③を差し引いたものが貸借対照表上の商品の金額です。

1,000円－200円－80円＝720円

●決算における仕訳

期　首　分：	（借）仕　　　　入　　××	（貸）繰　越　商　品　　××
①期　末　分：	（借）繰　越　商　品　1,000	（貸）仕　　　　入　1,000
②棚卸減耗費：	（借）棚　卸　減　耗　費　　200	（貸）繰　越　商　品　　200
棚卸減耗費を売上原価に含める場合 →	（借）仕　　　　入　　200	（貸）棚　卸　減　耗　費　　200
③商品評価損：	（借）商　品　評　価　損　　80	（貸）繰　越　商　品　　80
	（借）仕　　　　入　　80	（貸）商　品　評　価　損　　80

基本問題

次の資料にもとづいて、カッコの中に金額を記入しなさい。

【資料】 帳簿棚卸高　100個　原価　　　　　　　　　　@100円
　　　　 実地棚卸高　 90個　時価（正味売却価額）　@ 90円

棚卸減耗費　　　　　（　　　　　）円
商品評価損　　　　　（　　　　　）円
貸借対照表上の商品　（　　　　　）円

解答

棚卸減耗費　　　　　（　1,000　）円
商品評価損　　　　　（　　900　）円
貸借対照表上の商品　（　8,100　）円

```
                            期末帳簿価額
                            @100円×100個＝10,000円

原価      ┌─────────────────────┬──────────┐
@100円    │     商品評価損      │          │
          │ (@100円－@90円)×90個 │ 棚卸減耗費 │
時価      │     ＝900円         │          │
（正味売   ├─────────────────────┤ @100円×  │
却価額）  │ 貸借対照表上の商品の金額 │(100個－90個)│
@90円    │ 10,000円－1,000円－900円│ ＝1,000円 │
          │ ＝8,100円            │          │
          └─────────────────────┴──────────┘
                              90個        100個
```

ここをおさえる！ 1・2・3

1 棚卸減耗費って何？

2 時価（正味売却価額）で評価するのはどんなとき？

3 商品評価損って何？

→ トレーニングの基本問題 問題21 へ！

Day 3 一般商品売買

21 予約販売

●人気のゲームソフト、予約して買ってる？

▤ 特殊商品販売とは？

　いままで学習してきた商品売買は、商品をお客さんに渡すのと引き換えに現金や売掛金を受け取るような形態のものでした。

　このように商品を渡すのと、現金または売掛金や受取手形など、現金と同等に扱われるもの（**現金同等物**といいます）を受け取るのが同時である商品売買形態を**一般商品売買**といいます。

　これから学習するのは、商品を渡すのと現金または現金同等物を受け取るのが同時ではない商品売買形態で、これを**特殊商品売買**といいます。

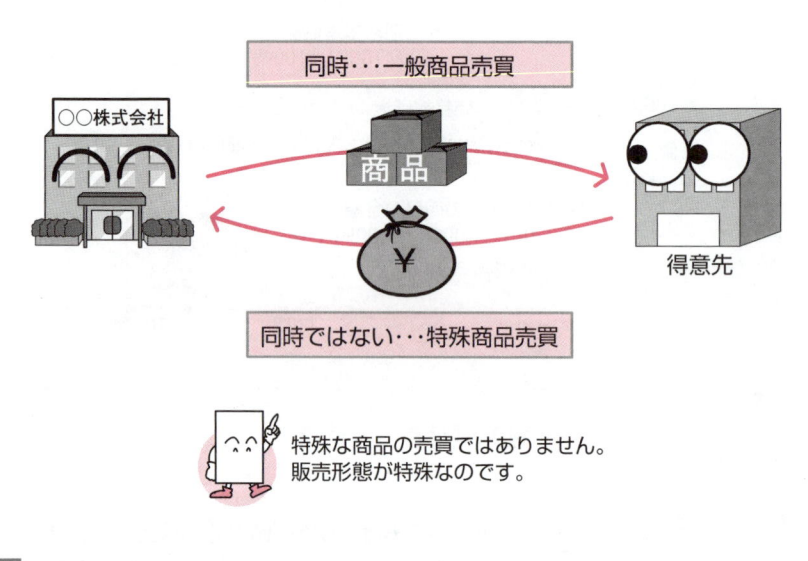

同時・・・一般商品売買

○○株式会社　　商品　　得意先

同時ではない・・・特殊商品売買

> 特殊な商品の売買ではありません。
> 販売形態が特殊なのです。

▤ 予約販売とは？

　予約販売とは商品の注文を受けたときに、代金の一部または全部を受け取り、後日予約者に商品を渡す販売形態のことをいいます。

> **要点** 予約販売
> 商品の注文を受けたときに代金を受け取り、後日予約者に商品を渡す販売形態

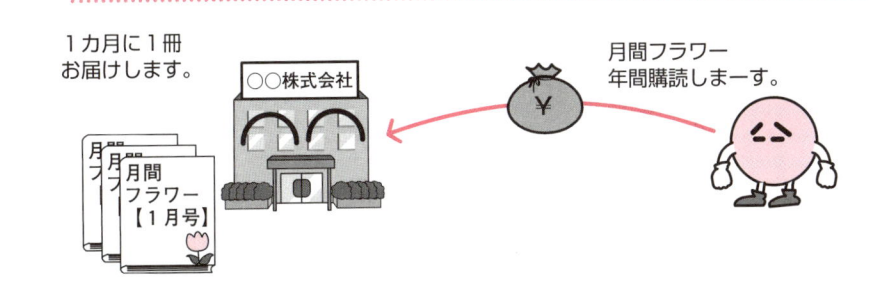

予約販売の処理

予約販売について、①予約金の受取時と②商品の引渡時の処理をみていきましょう。

①予約金の受取時

予約金を受け取ったときは、先にお金を受け取っているので**前受金**で処理します。

取 引

- 商品（雑誌「月間フラワー」）の予約を受け、それと同時に予約金として現金12,000円（12カ月分）を受け取った。

（借）現　　　　金　12,000　（貸）前　受　金　12,000

まだ商品を渡していないので、売上を計上できないことに注意してください。

②商品の引渡時

商品を引き渡したときは、**売上**で処理します。

取　引

● 雑誌「月間フラワー1月号」（1,000円）を引き渡した。

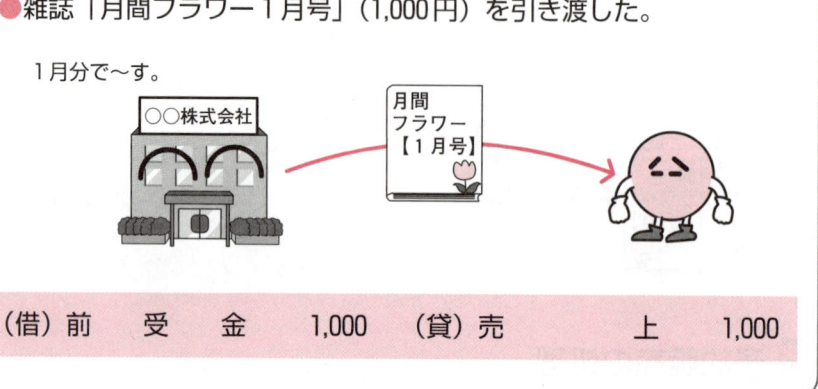

1月分で〜す。

（借）前　受　金　　1,000　　（貸）売　　　　上　　1,000

商品の引き渡しと代金（売掛金・受取手形を含む）の受け取りの2つの要件がそろわないと売上を計上できません。

要点　予約販売の処理

①予約時	（借）現金など ××	（貸）前 受 金 ××
②商品引渡時	（借）前 受 金 ××	（貸）売　　上 ××

基本問題

次の一連の取引の仕訳をしなさい。

(1) 月刊誌の年間購読（年間12冊、1冊@1,000円）の予約を募集したところ、10名からの予約があり、年間購読料を現金で受け取った。

(2) 1月分を予約者に送付した。

解答

(1) （借）現　　　　　金　120,000　　（貸）前　受　　金　120,000 *
　　＊@1,000円×12冊×10名＝120,000円

(2) （借）前　受　　金　 10,000 *　　（貸）売　　　　上　 10,000
　　＊@1,000円×10名＝10,000円

ここをおさえろ！ 1.2.3

1 予約販売って何？

2 予約金の受取時の処理は？

3 商品の引渡時の処理は？

➡ トレーニングの基本問題 問題22 へ！

Day 3 特殊商品売買

22 未着品売買

●船便だと届くのが遅いのよね〜

Day3

未着品売買とは？

　未着品売買とは、注文した商品が到着する前に、その商品をほかに転売することをいいます。

　船便などで商品が輸送される場合、その引換証として、運送会社から貨物代表証券が発行されます。商品を注文した側は貨物代表証券と引き換えに商品を受け取りますが、この貨物代表証券は、商品の到着前にほかに転売することができるのです。

> **要点　未着品売買**
> 商品の到着を待たずに、貨物代表証券を転売する販売形態

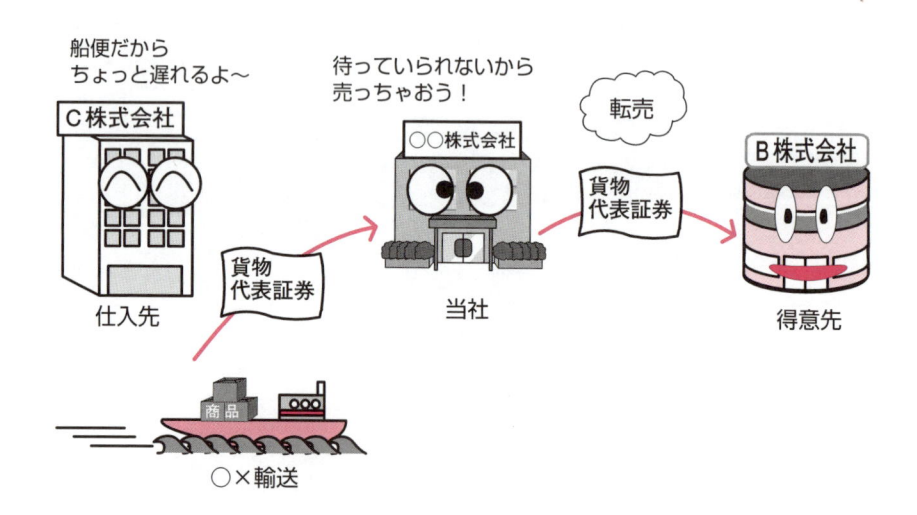

船便だからちょっと遅れるよ〜
C株式会社
仕入先

貨物代表証券

○×輸送

待っていられないから売っちゃおう！
○○株式会社
当社

転売
貨物代表証券

B株式会社
得意先

未着品売買の処理

未着品売買では、(1) 貨物代表証券を転売する前に商品が到着した場合と、(2) 商品が到着する前に貨物代表証券を転売した場合の処理が問題になります。

(1) 貨物代表証券を転売する前に商品が到着した場合

この場合には、①貨物代表証券の受取時と②商品の到着時の処理があります。

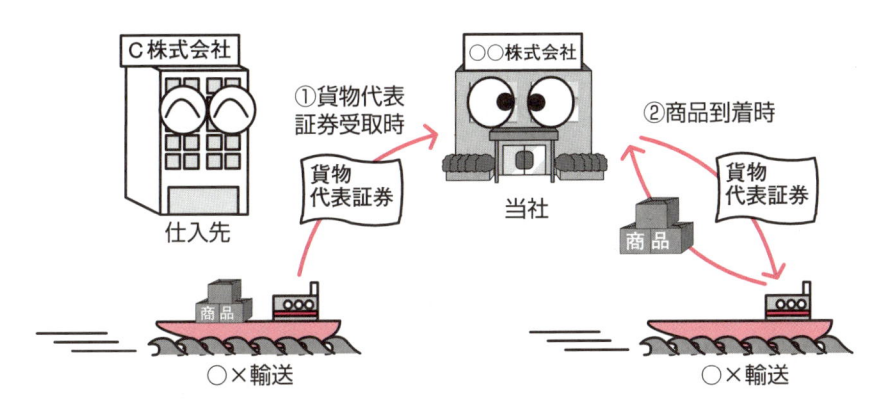

①貨物代表証券の受取時

貨物代表証券を受け取ったときは、通常の商品仕入れと異なり、**未着品（資産）**で処理します。

取引

●商品30,000円を注文し、貨物代表証券を受け取り、代金は掛けとした。

（借）未　着　品　30,000　　（貸）買　掛　金　30,000

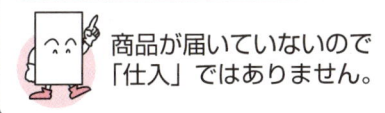

> 商品が届いていないので「仕入」ではありません。

②商品の到着時

貨物代表証券と引き換えに商品を引き取った場合は、通常の商品を仕入れたのと変わりません。したがって**未着品から仕入に振り替えます**。なお、引き取りの際に新たに発生した費用などの付随費用は仕入に含めます。

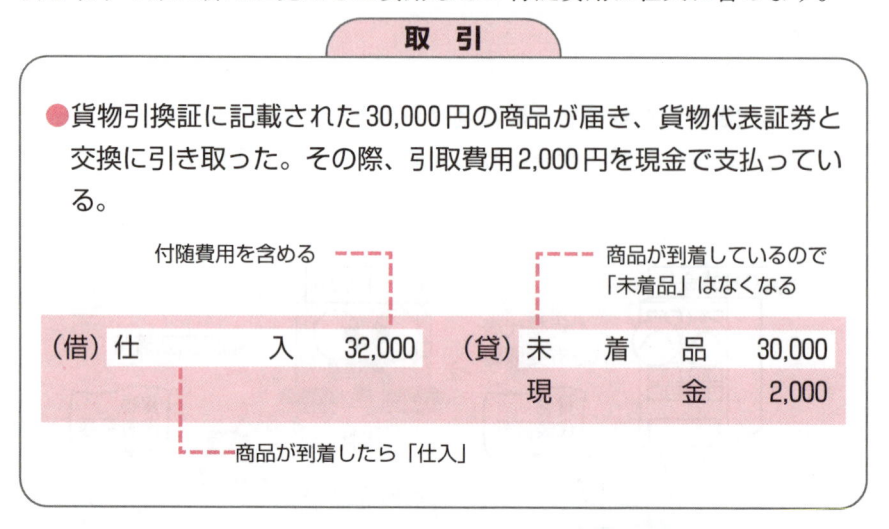

取引

●貨物引換証に記載された30,000円の商品が届き、貨物代表証券と交換に引き取った。その際、引取費用2,000円を現金で支払っている。

付随費用を含める → 仕入
商品が到着しているので「未着品」はなくなる

(借)	仕 入	32,000	(貸)	未 着 品	30,000
				現 金	2,000

商品が到着したら「仕入」

---

(2) 商品が到着する前に貨物代表証券を転売した場合

この場合には、①**貨物代表証券の受取時**と②**貨物代表証券の転売時**の処理があります。

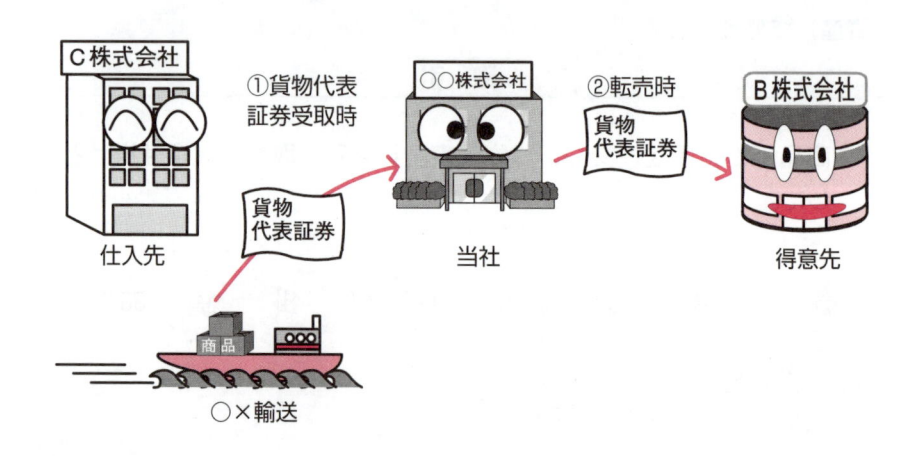

①貨物代表証券の受取時

　貨物代表証券を受け取ったときは、(1)の場合と同様に**未着品（資産）**で処理します。

取引

● 商品30,000円を注文し、貨物代表証券を受け取り、代金は掛けとした。

（借）未　着　品	30,000	（貸）買　掛　金	30,000

商品が届いていないので「仕入」ではありません。

②貨物代表証券の転売時

　貨物代表証券を転売したときは、通常の商品の売上と区別して、**未着品売上（収益）**で処理します。また未着品売上に対応する**売上原価を未着品から仕入に振り替えます**。

取引

● 貨物代表証券30,000円を45,000円で転売し、代金は掛けとした。なお、これにともなう売上原価を仕入勘定へ振り替える。

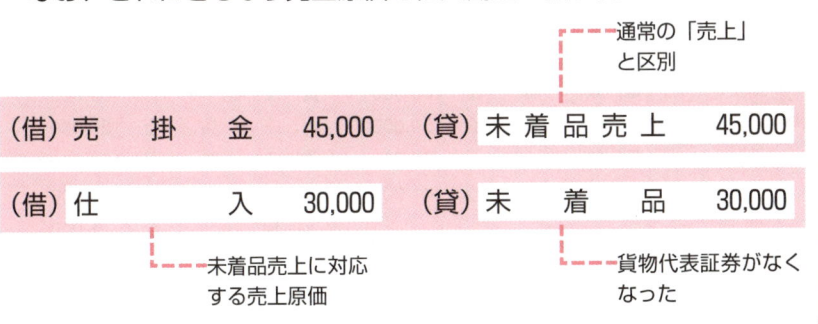

（借）売　掛　金	45,000	（貸）未 着 品 売 上	45,000
（借）仕　　　入	30,000	（貸）未　着　品	30,000

　　　　　　　　　　未着品売上に対応　　　　　　　　　貨物代表証券がなく
　　　　　　　　　　する売上原価　　　　　　　　　　　なった

通常の「売上」と区別

　なお、売上のつど、仕入に振り替える処理を行わず、期末において一括して振り替える処理もあります。

Day 3　特殊商品売買

> **要点　未着品売買の処理**
>
> (1) 貨物代表証券を転売する前に商品が到着した場合
>
> | ①貨物代表証券の受取時 | (借) 未　着　品　×× | (貸) 買　掛　金　×× |
> |---|---|---|
> | ②商品の到着時 | (借) 仕　　　　入　×× | (貸) 未　着　品　××
現　金　な　ど　×× |
>
> (2) 商品が到着する前に貨物代表証券を転売した場合
>
> | ①貨物代表証券の受取時 | (借) 未　着　品　×× | (貸) 買　掛　金　×× |
> |---|---|---|
> | ②貨物代表証券の転売時 | (借) 売　掛　金　××
(借) 仕　　　　入　×× | (貸) 未着品売上　××
(貸) 未　着　品　×× |

基本問題

次の一連の取引の仕訳をしなさい。なお、当社では未着品の販売のつど、その売上原価を仕入勘定に振り替える処理を採用している。

(1) 注文していた商品の貨物代表証券160,000円を受け取り、代金は約束手形を振り出して支払った。

(2) (1)の貨物代表証券160,000円のうち、120,000円を150,000円で転売し、代金は掛けとした。

(3) 残りの40,000円につき現品を引き取ったが、その際、引取費用1,000円を現金で支払った。

解答

(1)	(借) 未　着　品　160,000	(貸) 支　払　手　形　160,000
(2)	(借) 売　掛　金　150,000	(貸) 未　着　品　売　上　150,000
	(借) 仕　　　　入　120,000	(貸) 未　　着　　品　120,000
(3)	(借) 仕　　　　入　 41,000	(貸) 未　　着　　品　 40,000
		現　　　　　金　　1,000

ここを おさえろ！

1 未着品売買って何？

2 貨物代表証券を転売する前に商品が到着した場合の処理は？

3 商品が到着する前に貨物代表証券を転売した場合の処理は？

➡ **トレーニングの基本問題 問題23 へ！**

Day **3** 特殊商品売買

23 委託販売

●営業はおたくに任せた！　ウチの商品、売ってくれ！

委託販売とは？

　商品は通常、自分（当社）が販売するものですが、自分の代わりに他人に販売してもらうことがあります。このような商品販売形態を**委託販売**または**積送品販売**といいます。
　このとき、販売をお願いする側を**委託者**、逆に販売の依頼を受けた側を**受託者**（販売代理人）といいます。

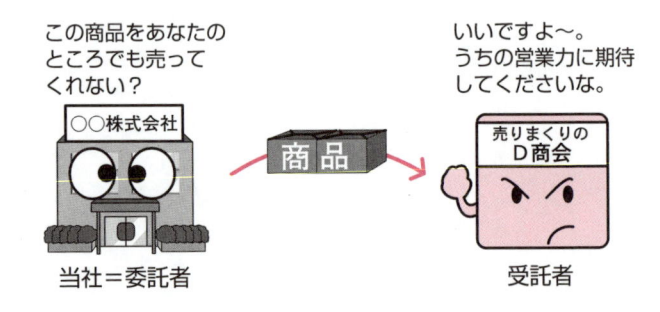

> この商品をあなたのところでも売ってくれない？
> ○○株式会社
> 当社＝委託者
>
> 商品
>
> いいですよ〜。うちの営業力に期待してくださいな。
> 売りまくりのD商会
> 受託者

> **要点　委託販売**
> 自分の代わりに他人に商品を販売してもらう販売形態

委託販売の処理

委託販売の流れにそって、処理をみていきましょう。

①**商品を受託者に送ったとき（積送時）**
　委託販売において商品を受託者に送ることを**積送**、送った商品のことを**積送品**といいます。

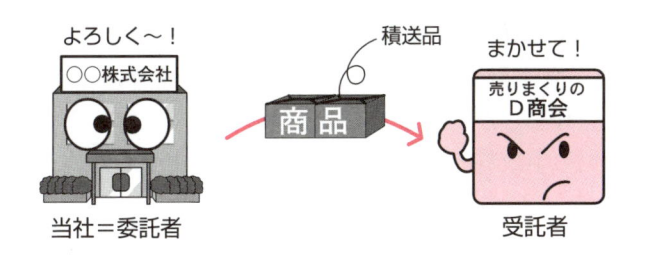

積送時は、受託者に商品を送っただけで販売したわけではないので、売上は計上しません。この時点では、**積送した商品の原価を仕入から積送品（資産）に振り替える**処理をします。なお、積送に際して別途費用が発生した場合は、積送品の原価に含めます。

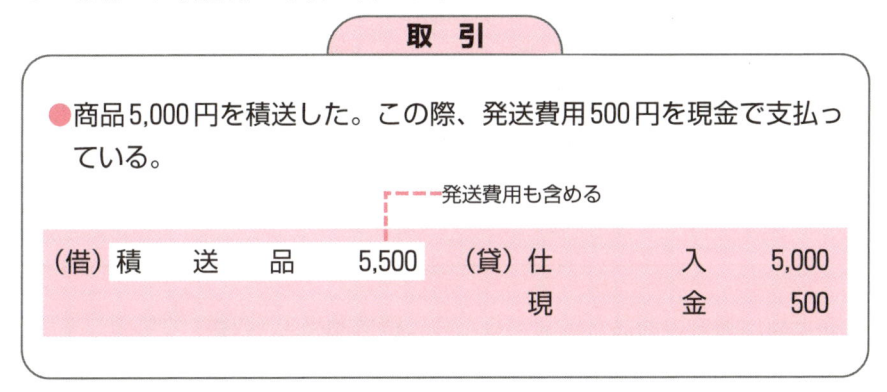

取引

●商品5,000円を積送した。この際、発送費用500円を現金で支払っている。

発送費用も含める

（借）積　送　品	5,500	（貸）仕　　入	5,000
		現　　金	500

②受託者の商品販売時

受託者が商品を販売したときに、委託者は売上げの処理を行います。ただし、受託者から売上げのつど**仕切精算書（売上計算書）**が送られてくる場合には、仕切精算書が届いたときに売上げの処理を行うこともできます。

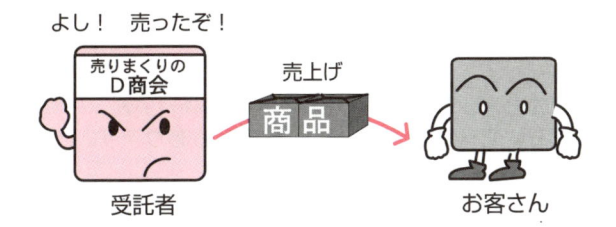

処理については③仕切精算書の受取時で説明します。

③仕切精算書（売上計算書）の受取時

　仕切精算書（売上計算書）とは、受託者が委託者に「これだけの期間にこれだけ売れました。そしてこれだけの費用を立て替えてます。さらに私（受託者）の手数料としてこれだけいただきます」という内容の計算書です。

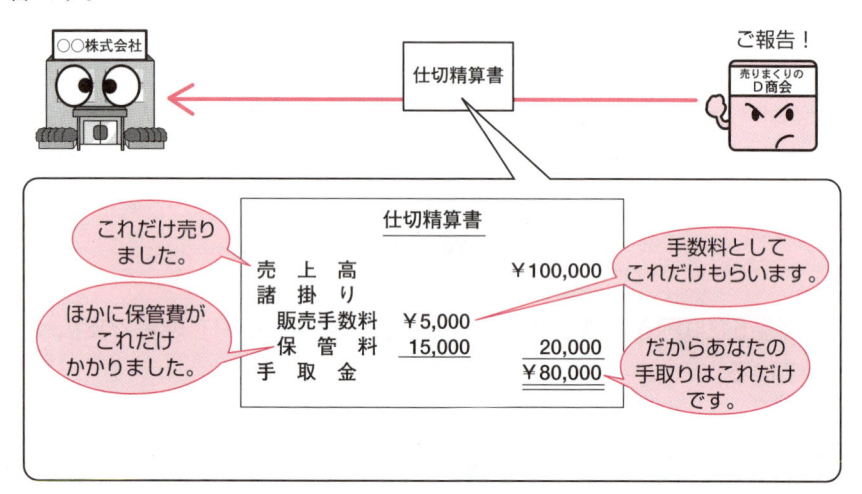

```
           仕切精算書
  売 上 高              ¥100,000
  諸  掛  り
   販売手数料  ¥5,000
   保 管 料   15,000    20,000
  手 取 金              ¥80,000
```

- これだけ売りました。
- ほかに保管費がこれだけかかりました。
- 手数料としてこれだけもらいます。
- だからあなたの手取りはこれだけです。

　売上高は通常の商品と区別するために**積送品売上（収益）**で処理します。また、受託者が立て替えた費用や受託者への手数料は**積送諸掛（費用）**で処理します。

　さらに、委託者が受け取れる金額（手取金）については、**積送売掛金（資産）**または**委託販売**（委託者の、受託者に対する債権債務を一括して処理する勘定）で処理します。

　そして、積送品売上に対応する**売上原価を積送品勘定から仕入勘定に振り替えます**。

　売上げのつど、仕入に振り替える処理を行わず、期末において一括して振り替えることもあります。

取 引

●受託者より以下の内容の仕切精算書が送付されてきた（売り上げた積送品の原価は60,000円であった）。なお、受託者が売り上げた金額をもって売上に計上する。

```
          仕切精算書

  売 上 高              ¥100,000
  諸 掛 り
    販売手数料   ¥5,000
    保 管 料    15,000    20,000
  手 取 金              ¥80,000
```

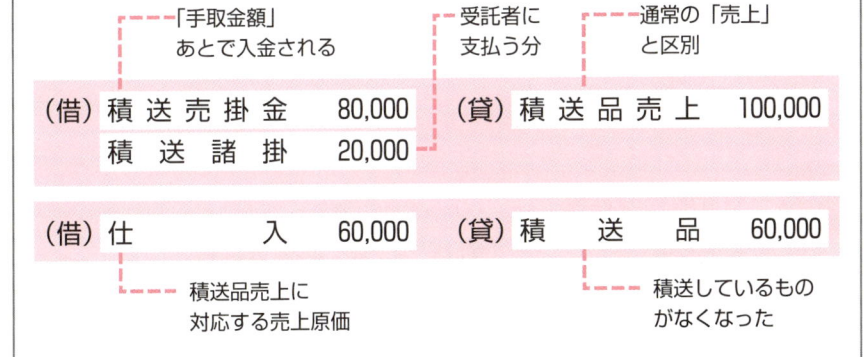

- 「手取金額」あとで入金される
- 受託者に支払う分
- 通常の「売上」と区別

（借）積 送 売 掛 金	80,000	（貸）積 送 品 売 上	100,000
積 送 諸 掛	20,000		

（借）仕 入	60,000	（貸）積 送 品	60,000

- 積送品売上に対応する売上原価
- 積送しているものがなくなった

なお、積送諸掛と積送品売上を相殺して処理することもあります。

100,000円−20,000円＝80,000円

（借）積 送 売 掛 金	80,000	（貸）積 送 品 売 上	80,000

（借）仕 入	60,000	（貸）積 送 品	60,000

勘定科目一覧に「積送諸掛」がなかったり、「手取金額をもって売上とする」という指示があったら、こちらの方法で！

④受託者から手取金を受け取ったとき

受託者から手取金を受け取ったときは、その金額に相当する積送売掛金（または委託販売）を減らします。

取 引

● 受託者より、委託販売に係る売上の手取金 80,000 円が送られてきた。

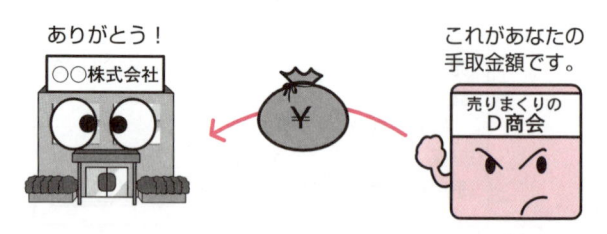

（借）現　　　金　　80,000　　（貸）積 送 売 掛 金　　80,000

要点　委託販売の処理

①積送時	（借）積　送　品　××	（貸）仕　　　入　××
		現 金 な ど　××
②受託者の売上時または ③仕切精算書の受取時	（借）積送売掛金　×× 　　　積 送 諸 掛　××	（貸）積送品売上　××
	（借）仕　　　入　××	（貸）積　送　品　××
④代金の受取時	（借）現 金 な ど　××	（貸）積送売掛金　××

基本問題

次の一連の取引の仕訳をしなさい。なお、当社では仕切精算書の到着時に手取金額をもって売上を計上し、委託販売のつど、その売上原価を仕入勘定に振り替える処理を採用している。

(1) 当社は委託販売のため商品450,000円を大阪商会に積送し、発送費用5,000円は現金で支払った。
(2) 大阪商会は受託品のすべてを600,000円で販売した。
(3) 大阪商会から次の仕切精算書が送られてきた。

	仕切精算書	（単位：円）
売 上 高		600,000
諸 掛 り		
引 取 費	7,500	
販売手数料	30,000	37,500
手 取 金		562,500

(4) 大阪商会から手取金562,500円が現金で送られてきた。

解答

(1)（借）積　送　品　　455,000　（貸）仕　　　　入　450,000
　　　　　　　　　　　　　　　　　　　現　　　　金　　5,000
(2) 仕訳なし
(3)（借）積 送 売 掛 金　562,500　（貸）積 送 品 売 上　562,500
　 （借）仕　　　　入　455,000　（貸）積　送　品　455,000
(4)（借）現　　　　金　562,500　（貸）積 送 売 掛 金　562,500

ここをおさえろ！ 1・2・3

1 積送時の仕訳は？

2 仕切精算書が販売のつど送られてくる場合の仕切精算書受取時の仕訳は？

3 受託者から手取金の入金があったときの仕訳は？

→ トレーニングの基本問題 問題24 へ！

Day 3 特殊商品売買

24 受託販売

●おたくの商品、ウチが売りますよ！

Day3

受託販売とは？

受託販売とは、委託販売を受託者の側からみたもので、他人の商品を販売する形態をいいます。なお、受託を受けた商品を**受託品**といいます。

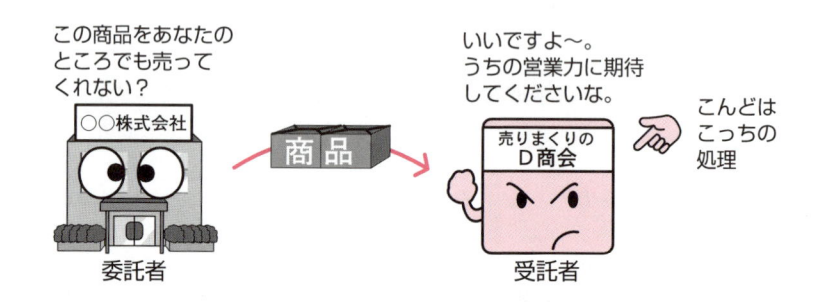

> **要点** 受託販売
> 他人の商品を販売する販売形態

受託販売の処理

受託販売の流れにそって、処理をみていきましょう。

①商品の受取時

受託販売において委託者から商品を受け取っても、自分の商品を仕入れたわけではないのでなんの処理もしません。ただし、商品を引き取るときに引取費や保管料などを支払ったら、あとで委託者に請求するため、**受託販売**（受託者の、委託者に対する債権債務を一括して処理する勘定）で処理します。

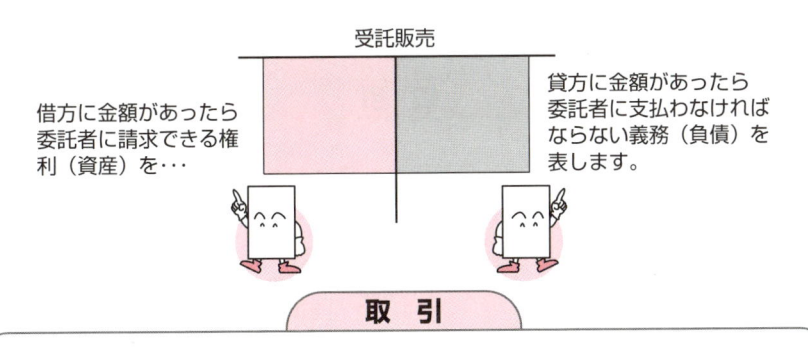

```
                        受託販売
借方に金額があったら                   貸方に金額があったら
委託者に請求できる権                   委託者に支払わなければ
利（資産）を…                        ならない義務（負債）を
                                    表します。
```

取 引

●委託された商品（指値100,000円）を引き取り、その際に倉庫の保管料として15,000円を現金で支払った。

（借）受 託 販 売　15,000　（貸）現　　　　金　15,000

まだ売ったわけではないので、指値100,000円については処理しません。

指値（さしね）…この金額で売ってくださいという金額

②商品の販売時

　委託された商品の販売代金は、委託者のものを預かっているだけなので**受託販売（貸方）**で処理します。

取 引

●委託された商品（指値100,000円）をすべて販売し、代金は現金で受け取った。

（借）現　　　　金　100,000　（貸）受 託 販 売　100,000

貸方の受託販売は代金を支払わなければならない義務を意味します。

③仕切精算書の送付時

　仕切精算書を送付したときには、**受取手数料（収益）**を計上します。な

お、手数料を受け取る権利が生じるので、**借方は受託販売**で処理します。

取 引

●委託者に対して下記の仕切精算書を発送した。

```
        仕切精算書
  売　上　高           ¥100,000
  諸　掛　り
    販売手数料  ¥5,000
    保　管　料   15,000    20,000
  手　取　金           ¥ 80,000
```

保管料は①商品の受取時にすでに処理しているので、ここでは手数料の処理だけ行います。

（借）受　託　販　売　　5,000　（貸）受　取　手　数　料　　5,000

受託販売手数料とすることもあります。

④**委託者に手取金を支払ったとき**
　委託者に対して**販売代金**を支払ったときは、預かっていた委託者のお金を返したことになるので、**受託販売（借方）** で処理します。

取 引

●委託者に手取金80,000円を当座預金で支払った。

（借）受　託　販　売　 80,000　（貸）当　座　預　金　 80,000

```
          受託販売
  ① 15,000  │ ②100,000
  ③  5,000  │
  ④ 80,000  │
```

①～④を受託販売勘定に記入するとこのようになります。

要点　受託販売の処理

①商品の受取時	（借）受 託 販 売 ×× （貸）現 金 な ど ××
②商品の販売時	（借）現 金 な ど ×× （貸）受 託 販 売 ××
③仕切精算書送付時	（借）受 託 販 売 ×× （貸）受 取 手 数 料 ××
④手取金の支払時	（借）受 託 販 売 ×× （貸）当 座 預 金 な ど ××

基本問題

次の一連の取引の仕訳をしなさい。

(1) 大阪商会は東京商会より販売を委託され、商品450,000円を引き取った。なお、引取費用7,500円は現金で支払った。
(2) 大阪商会は受託品のすべてを600,000円で販売し、代金は現金で受け取った。
(3) 大阪商会は次の仕切精算書を東京商会に送付した。

	仕切精算書	（単位：円）
売 上 高		600,000
諸 掛 り		
引 取 費	7,500	
販売手数料	30,000	37,500
手 取 金		562,500

(4) 大阪商会は東京商会に手取金562,500円を現金で送金した。

解答
(1)（借）受 託 販 売　　7,500　（貸）現　　　　金　　7,500
(2)（借）現　　　　金　600,000　（貸）受 託 販 売　600,000
(3)（借）受 託 販 売　 30,000　（貸）受 取 手 数 料　 30,000
(4)（借）受 託 販 売　562,500　（貸）現　　　　金　562,500

ここをおさえる！ 1・2・3

1 委託された商品を販売したときの仕訳は？

2 仕切精算書を送付したときの仕訳は？

3 委託者に手取金を送付したときの仕訳は？

➡ トレーニングの基本問題 問題25 へ！

25 試用販売

Day3

●まずはお試しを！

試用販売とは？

　試用販売とは、お客さんに商品を試しに使ってもらい、後日、お客さんから買取りの意思表示を受けたときに、売上を計上する販売形態をいいます。

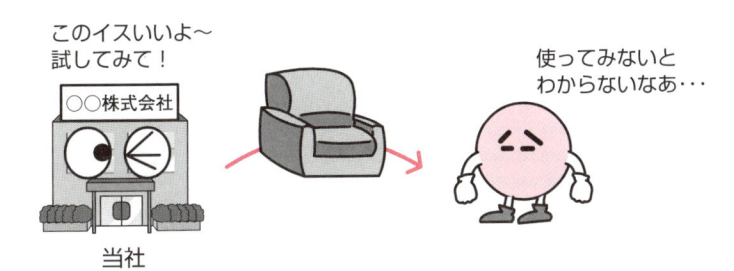

> **要点　試用販売**
> 商品を試しに使ってもらい、後日、買取りの意思表示を受けたときに売上を計上する販売形態

試用販売の処理

　試用販売について、①商品の試送時、②買取りか返品かの意思表示を受けたときの処理をみていきましょう。
　また、試用販売の処理方法としては、対照勘定法と手許商品区分法の2つがありますが、試験では対照勘定法が多く出題されるので、対照勘定法の処理方法により、説明していきます。
　対照勘定法では、試用販売契約と試用仮売上という対照勘定（対の勘定）を使って処理します。

対照勘定

生まれるときも、
なくなるときも
必ずペアなんだ！

試用販売契約　試用仮売上

①**商品の試送時**

商品を試しに使ってもらうために送ることを**試送**といいます。

商品を試送した段階では、買い取ってもらえるかどうかが不明のため、売上は計上できません。試送品があるという事実だけを対照勘定を使って処理します。

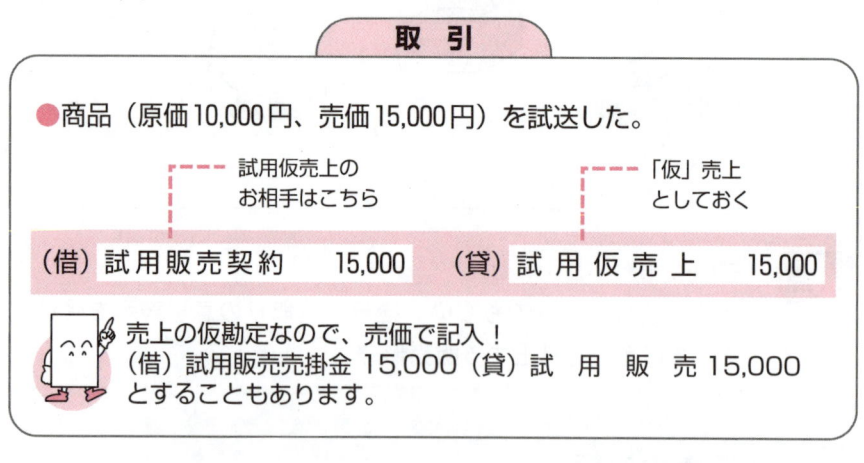

取 引

●商品（原価10,000円、売価15,000円）を試送した。

試用仮売上の　　　　　　　　　　　　　　「仮」売上
お相手はこちら　　　　　　　　　　　　　としておく

（借）試 用 販 売 契 約　　15,000　　（貸）試 用 仮 売 上　　15,000

売上の仮勘定なので、売価で記入！
（借）試用販売売掛金 15,000 （貸）試 用 販 売 15,000
とすることもあります。

②**買取りか返品かの意思表示を受けたとき**

（a）**買取りの意思表示を受けたとき**

買取りの意思表示を受けたときは、売上（**試用品売上**）を計上するとともに、対照勘定を取り消します。

取引

● ①の取引の商品（原価10,000円、売価15,000円）について買取りの意思表示を受けた。

まいど〜

○○株式会社
当社

これいいね、買うよ！
お金はあとで払う。

売上の処理
（借）売　掛　金　　15,000　　（貸）試 用 品 売 上　　15,000

対照勘定の取り消し
（借）試 用 仮 売 上　　15,000　　（貸）試用販売契約　　15,000

（b）返品されたとき

商品が返品されたときは対照勘定を取り消します。

取引

● ①の取引の商品（原価10,000円、売価15,000円）が返品された。

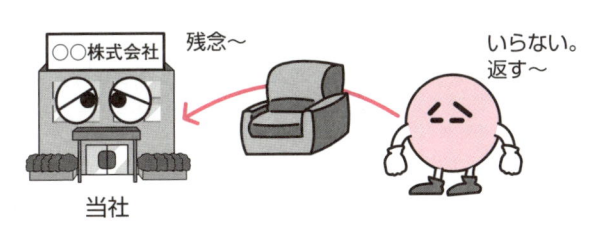

残念〜

○○株式会社
当社

いらない。
返す〜

対照勘定の取り消し
（借）試 用 仮 売 上　　15,000　　（貸）試用販売契約　　15,000

Day 3 特殊商品売買

要点 試用販売（対照勘定法）の処理

① 試送時	（借）試用販売契約 ×× （貸）試用仮売上 ××
② (a) 買取りの意思表示の時	（借）売　掛　金 ×× （貸）試用品売上 ×× （借）試用仮売上 ×× （貸）試用販売契約 ××
② (b) 返品時	（借）試用仮売上 ×× （貸）試用販売契約 ××

参考 手許商品区分法による試用販売の処理

　手許商品区分法とは、商品を試送したときにいったん仕入から試用品に振り替え、買取りの意思表示を受けたときに売上を計上する方法です。
　なお、売上原価分について、売上のつど、試用品から仕入に振り替える方法と、期末において一括して試用品から仕入に振り替える方法の2つがあります。

①商品の試送時
　【取引】商品（原価10,000円、売価15,000円）を試送した。

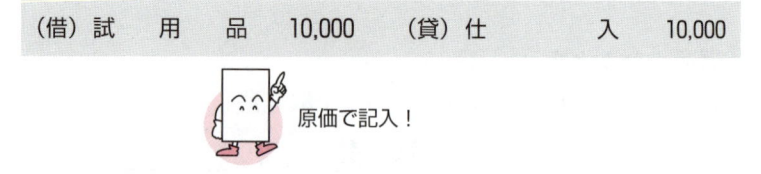

　　（借）試　用　品　 10,000　　（貸）仕　　　　入　 10,000

　　　　　原価で記入！

②買取りか返品かの意思表示を受けたとき
　(a) 買取りの意思表示を受けたとき
　【取引】上記①の商品（原価10,000円、売価15,000円）につき、すべて買取りの意思表示を受けた。なお、これにともなう売上原価を仕入勘定へ振り替える。

　　　　売上の処理
　　（借）売　掛　　金　 15,000　　（貸）試 用 品 売 上　 15,000
　　（借）仕　　　　入　 10,000　　（貸）試　 用　 品　 10,000
　　　　売上に対応する原価の振り替え

(b) 返品されたとき

商品の返品を受けたときは、①の仕訳を取り消します。

【取引】前記①の商品（原価10,000円、売価15,000円）が返品された。

| （借）仕　　　　入 | 10,000 | （貸）試　用　品 | 10,000 |

基本問題

次の一連の取引を対照勘定法により仕訳しなさい。
(1) 得意先へ試用販売のため商品（原価40,000円、売価50,000円）を発送した。
(2) 得意先から上記のうち、5分の4を買い取る旨の連絡があった。
(3) 得意先から上記商品の残りが返送された。

解答

(1) （借）試用販売契約　50,000　（貸）試用仮売上　50,000
(2) （借）売　掛　金　　40,000　（貸）試用品売上　40,000
　　（借）試用仮売上　　40,000　（貸）試用販売契約　40,000
(3) （借）試用仮売上　　10,000　（貸）試用販売契約　10,000

ここをおさえろ！1・2・3

1 商品を試送したときの仕訳は？

2 商品の買取りの意思表示を受けたときの仕訳は？

3 商品が返品されたときの仕訳は？

→ トレーニングの基本問題 問題26 へ！

Day 3 特殊商品売買

26 割賦販売

●支払いは分割で！

Day3

割賦販売とは？

割賦販売とは、商品代金を分割で受け取る販売形態をいいます。

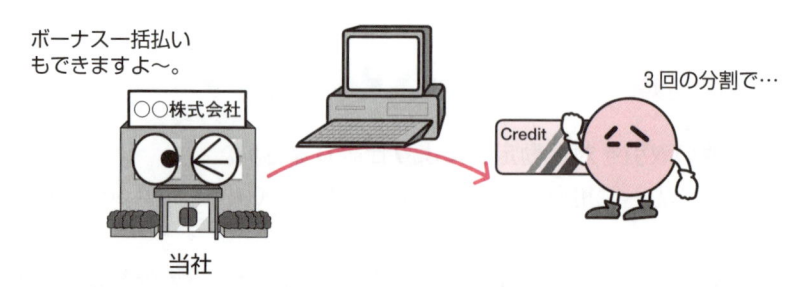

> **要点　割賦販売**
> 商品代金を分割で受け取る販売形態

販売基準と回収基準

　割賦販売における売上の処理は、原則として通常の商品と同様に商品を渡した時点で行います（**販売基準**）。しかし、割賦販売は代金の回収が長期間にわたるうえ、分割払いなので、途中で代金を回収できなくなる可能性もあります。そこで、売上の計上を慎重に行うため、販売代金を回収したときに売上の処理を行うこと（**回収基準**）も認められています。

> **要点　割賦販売の処理**
> 販売基準（原則）…商品を渡したときに売上（収益）の処理を行う
> 回収基準（例外）…販売代金を回収したときに売上（収益）の処理を行う

商品の引渡時

販売基準だと売上は300,000円。
回収基準だと売上は0円。

代金の回収時

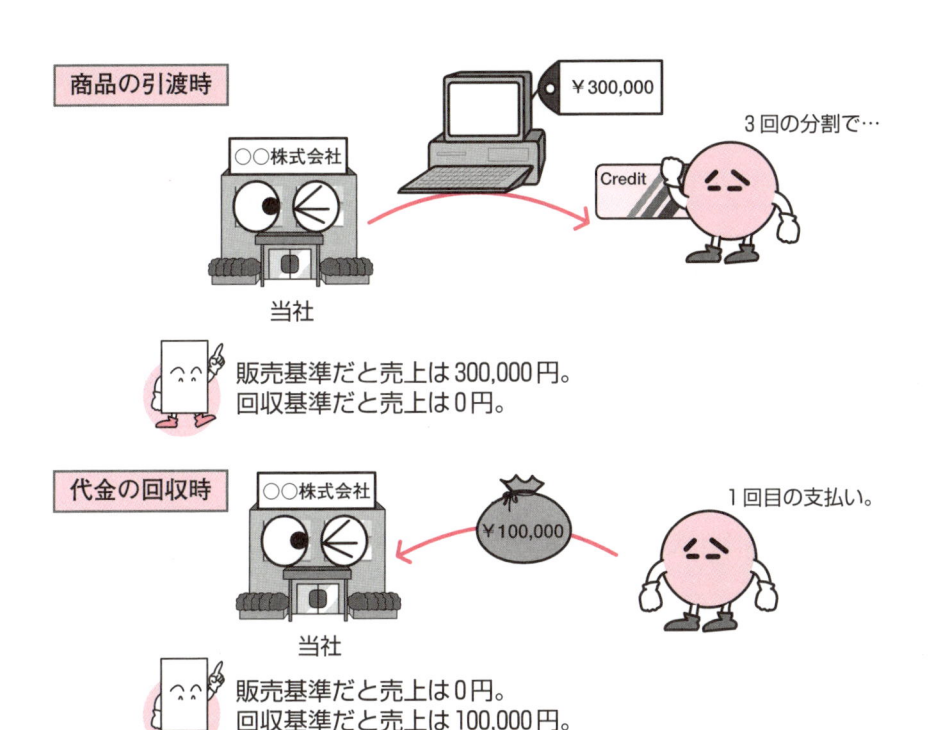

1回目の支払い。

販売基準だと売上は0円。
回収基準だと売上は100,000円。

販売基準による処理

①商品の引渡時

販売基準では、お客さんに商品を渡したときに売上の処理をします。なお、通常の売上と区別して、売上ではなく**割賦売上（収益）**、売掛金ではなく**割賦売掛金（資産）**で処理します。

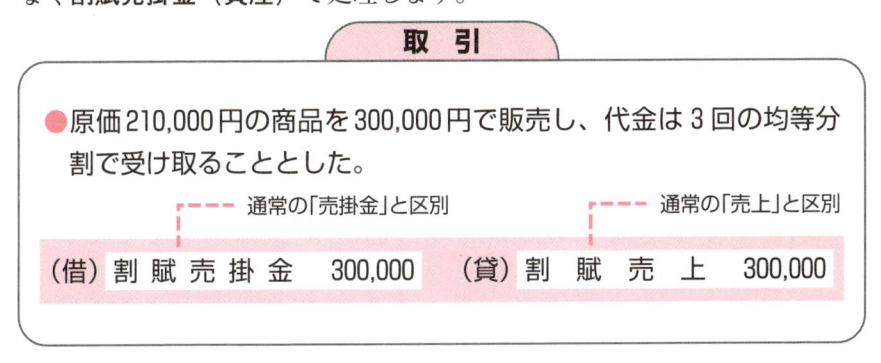

取引

●原価210,000円の商品を300,000円で販売し、代金は3回の均等分割で受け取ることとした。

通常の「売掛金」と区別　　　　　　通常の「売上」と区別

（借）割 賦 売 掛 金　300,000　（貸）割 賦 売 上　300,000

②代金の回収時

代金の回収時には、割賦売掛金を減らします。

> **取引**
>
> ●かねて割賦販売していた商品の代金のうち、1回目の代金100,000円を現金で回収した。
>
> (借)現　　　　金　100,000　　(貸)割 賦 売 掛 金　100,000

③決算時

販売基準では、決算時に行う処理はありません。

> **取引**
>
> ●決算をむかえた。
>
> 仕訳なし

回収基準による処理

回収基準による処理には**対照勘定法**と**未実現利益控除法**の2つの処理方法がありますが、ここでは対照勘定法の処理について説明します。

対照勘定法は、**割賦販売契約**と**割賦仮売上**という対照勘定（対の勘定）を使って処理する方法をいいます。

> **要点　対照勘定法**
> 割賦販売契約と割賦仮売上を使って処理する方法

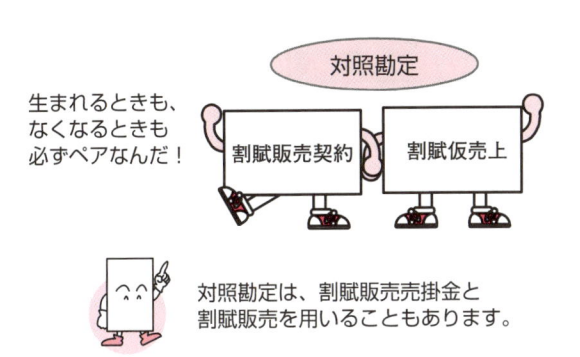

対照勘定

生まれるときも、なくなるときも必ずペアなんだ！

割賦販売契約 ／ 割賦仮売上

対照勘定は、割賦販売売掛金と割賦販売を用いることもあります。

①商品の引渡時

　商品の引渡時には、まだ代金を回収していないので、売上を計上しません。割賦販売があったという事実だけを対照勘定を使って処理します。

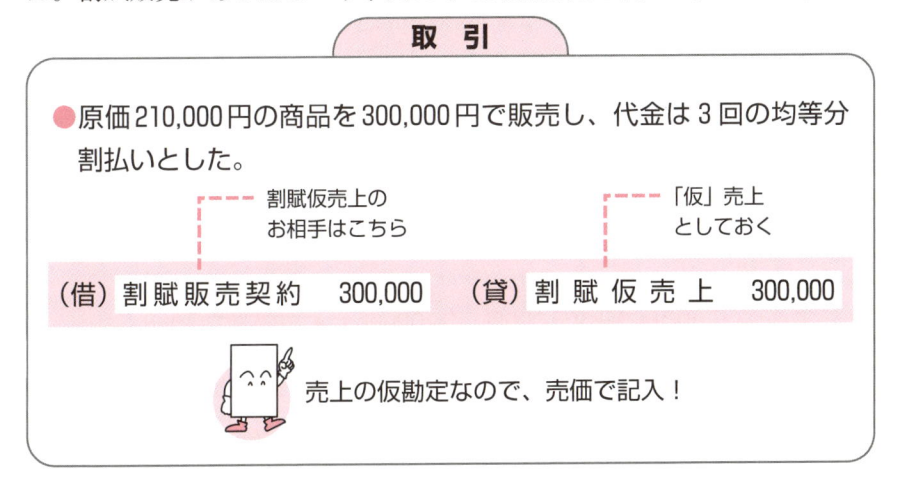

取　引

●原価210,000円の商品を300,000円で販売し、代金は3回の均等分割払いとした。

割賦仮売上のお相手はこちら　　　　「仮」売上としておく

（借）割賦販売契約　300,000　　（貸）割 賦 仮 売 上　300,000

売上の仮勘定なので、売価で記入！

②代金の回収時

　代金を回収したときには、回収した金額分の売上を計上するとともに対照勘定を取り消します。

取引

● かねて割賦で販売していた商品の代金のうち、1回目の代金 100,000円を現金で回収した。

売上の処理
(借)現　　　　金　100,000　　(貸)割　賦　売　上　100,000

(借)割 賦 仮 売 上　100,000　　(貸)割 賦 販 売 契 約　100,000
対照勘定の取り消し

③決算時

決算時には、まだ回収していない商品代金の原価を仕入から繰越商品へ振り替え、次期に繰り越します。

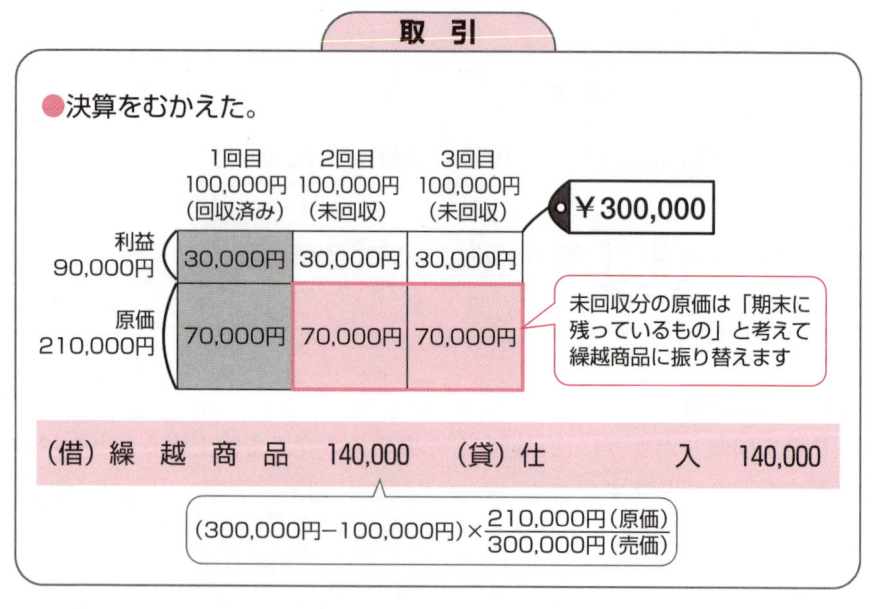

取引

● 決算をむかえた。

	1回目 100,000円 (回収済み)	2回目 100,000円 (未回収)	3回目 100,000円 (未回収)	¥300,000
利益 90,000円	30,000円	30,000円	30,000円	
原価 210,000円	70,000円	70,000円	70,000円	

未回収分の原価は「期末に残っているもの」と考えて繰越商品に振り替えます

(借)繰 越 商 品　140,000　　(貸)仕　　　　入　140,000

$(300,000円 - 100,000円) \times \dfrac{210,000円（原価）}{300,000円（売価）}$

決算時の処理はあまり出題されていませんので、「難しいなぁ」と思う方は、あとで学習しましょう。

要点　割賦販売の処理

●販売基準による処理

①商品引渡時	（借）割賦売掛金　××	（貸）割賦売上　××
②代金回収時	（借）現　　　金　××	（貸）割賦売掛金　××
③決算時	仕訳なし	

●回収基準による処理（対照勘定法）

①商品引渡時	（借）割賦販売契約　××	（貸）割賦仮売上　××
②代金回収時	（借）現　　　金　×× （借）割賦仮売上　××	（貸）割賦売上　×× （貸）割賦販売契約　××
③決算時	（借）繰越商品　××	（貸）仕　　入　××

参考　回収基準―未実現利益控除法による処理

未実現利益控除法とは、商品を渡したときに販売基準と同様に売上を計上しておき、そのあと未回収分の代金に含まれる利益部分を控除する方法をいいます。

　試験ではほとんど出題されません。

①**商品の引渡時**

商品の引渡時には販売基準と同様、割賦売上を計上します。

【取引】原価210,000円の商品を300,000円で販売し、代金は3回の均等分割払いとした。

（借）割賦売掛金　300,000　　（貸）割賦売上　300,000

　販売基準と同じ！

②**代金の回収時**

代金を回収したときには、回収した分の割賦売掛金を減らします。

【取引】かねて割賦販売していた商品の代金のうち、1回目の代金100,000円を現金で回収した。

（借）現　　　　金　100,000　　（貸）割 賦 売 掛 金　100,000

販売基準と同じ！

③決算時
　商品を引き渡したときに割賦売上を計上していますが、この中にはまだ代金を回収していないものがあります。そこで、決算において未回収額に含まれる利益を次期に繰り延べます。
　このとき、繰延割賦売上利益控除（費用）と繰延割賦売上利益（資産のマイナスを表す勘定）で処理します。

【取引】決算をむかえた。

	1回目 100,000円 （回収済み）	2回目 100,000円 （未回収）	3回目 100,000円 （未回収）
利益 90,000円	30,000円	30,000円	30,000円
原価 210,000円	70,000円	70,000円	70,000円

¥300,000

この分は次期の分として繰り延べます

（借）繰延割賦売上利益控除　60,000　　（貸）繰延割賦売上利益　60,000

「利益」を「控除（差し引く）」…
だから「費用」！

基本問題

次の一連の取引の仕訳を（1）販売基準、（2）回収基準（対照勘定法）、によって示しなさい。
　①商品（原価300,000円、売価400,000円）を割賦販売した。
　②割賦代金100,000円を現金で受け取った。

解　答

(1) 販売基準
① （借）割 賦 売 掛 金　400,000　（貸）割 賦 売 上　400,000
② （借）現　　　　　金　100,000　（貸）割 賦 売 掛 金　100,000
(2) 回収基準（対照勘定法）
① （借）割 賦 販 売 契 約　400,000　（貸）割 賦 仮 売 上　400,000
② （借）現　　　　　金　100,000　（貸）割 賦 売 上　100,000
　（借）割 賦 仮 売 上　100,000　（貸）割 賦 販 売 契 約　100,000

ここをおさえろ！ 1・2・3

1 販売基準と回収基準って何？

2 販売基準の処理は？

3 回収基準（対照勘定法）の処理は？

➡ **トレーニングの基本問題 問題27 へ！**

27 荷為替手形

●お金が早くほしいときの手段です

Day3

荷為替手形とは

荷為替手形（荷為替）とは、遠隔地間の商品売買において、売主が商品代金を早期に回収する目的で自分を受取人として発行する為替手形（自己受為替手形）のことをいいます。

> **要点　荷為替手形**
> 遠隔地間の商品売買において、売主が商品代金を早期に回収する目的で発行する自己受為替手形

荷為替手形の流れ

①貨物代表証券の受け取り

売主（当社）は、商品を売り上げ、運送会社に発送を依頼し、貨物代表証券を受け取ります。

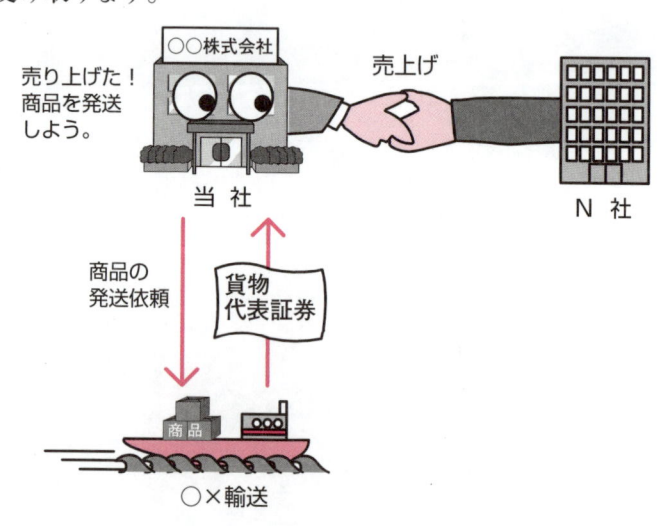

②荷為替の取り組み

　遠隔地間の商品売買では、商品の到着に時間がかかり、代金の受け取りも遅れます。そこで、売主側は受け取った貨物代表証券を担保にして、自己が受取人、買主（N社）が名宛人となる為替手形を作り、この手形を銀行で割り引くことにより、商品代金を早期に回収することができるのです。この一連の手続きを、**荷為替の取り組み**といいます。

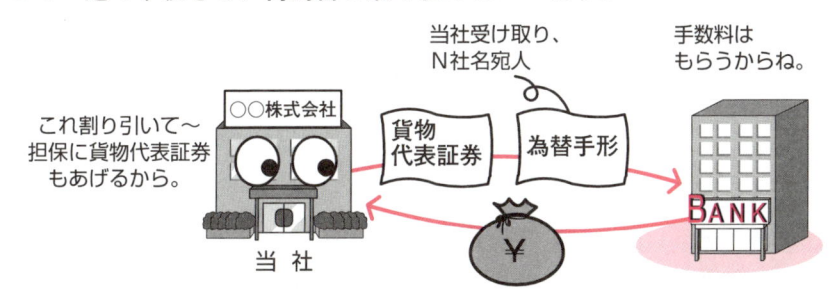

③荷為替の引き受け

　銀行は売主（当社）から受け取った荷為替手形を、買主（N社）に呈示し、買主（N社）がその手形を引き受けたら、貨物代表証券を渡します。

④商品の受け取り

　買主（N社）は運送会社に貨物代表証券を渡し、商品を受け取ります。

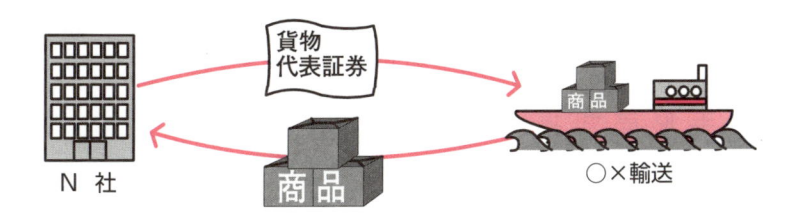

荷為替手形の処理

①売主が荷為替を取り組んだときと、②買主が荷為替を引き受けたときの処理についてみていきましょう。

①売主が荷為替を取り組んだとき

荷為替を取り組んだときには、ⓐ**自己受為替手形の振り出し**とⓑ**手形の割引き**の処理に分けて考えます。また、売上金額と荷為替の差額はあとで買主から受け取れるため、**売掛金**で処理します。

取引

● 当社（売主）はＮ社へ商品450,000円を船便で発送し、その際、取引銀行で額面200,000円の荷為替を取り組み、割引料5,000円を差し引かれ、手取金は当座預金とした。

荷為替の取組時（売主）の仕訳

ⓐ自己受為替手形の振り出し

（借）売　掛　金	250,000	（貸）売　　　　上	450,000
受　取　手　形	~~200,000~~		

＋

ⓑ手形の割引き

（借）当　座　預　金	195,000	（貸）~~受　取　手　形~~	~~200,000~~
手　形　売　却　損	5,000		

↓

● 荷為替の取組時（売主）の仕訳（ⓐ＋ⓑ）

（借）売　掛　金	250,000	（貸）売　　　上	450,000
当　座　預　金	195,000		
手　形　売　却　損	5,000		

②買主が荷為替を引き受けたとき

荷為替を引き受けたときには、為替手形の引き受けの処理をします。また、商品代金と荷為替の差額はあとで売主に支払わなければならないため、**買掛金**で処理します。

取引

- N社（買主）は銀行から前記の荷為替手形200,000円について、引き受けを求められたので、これを引き受け、貨物代表証券を受け取った（商品450,000円はいまだ到着していない）。

荷為替の引受時（買主）の仕訳

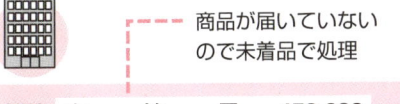

商品が届いていないので未着品で処理

（借）未　着　品	450,000	（貸）支　払　手　形	200,000
		買　掛　金	250,000

なお、買主が運送会社より商品を受け取ったときは、未着品から仕入に振り替えます。

委託販売における荷為替手形

委託販売においても荷為替を取り組むことがあります。

委託販売の場合、商品を積送した時点では販売が確定したわけではないので、売上は計上しません。そのため、荷為替の取り組みを行ったときは代金を前受けしたことになるので、**前受金（負債）**で処理します。

要点　委託販売における荷為替手形
商品を積送した時点では売上は計上しない
⇒前受金（負債）で処理

> **取引**
>
> ●委託販売のためにアメリカにある委託先P社に商品（原価300,000円、売価450,000円）を積送し、その際に、取引銀行で額面200,000円の荷為替を取り組み、5,000円を差し引かれた金額を当座預金に預け入れた。
>
> | （借）積　送　品 | 300,000 | （貸）仕　　　　入 | 300,000 |
> |---|---|---|---|
> | （借）当 座 預 金 | 195,000 | （貸）前　受　金 | 200,000 |
> | 　　　手 形 売 却 損 | 5,000 | | |
>
> 商品を積送した時点では前受金で処理

受託販売における荷為替手形

受託者が荷為替を引き受けたときは、受託品の売上代金を前払いしたことになります。ただし、前払金（資産）ではなく、**受託販売**（委託者に対する債権債務を一括して処理する勘定）で処理します。

> **要点　受託販売における荷為替の引き受け**
> 受託販売（借方）で処理

> **取引**
>
> ●受託販売の商品を受け取り、荷為替手形200,000円を引き受けた。
>
> | （借）受　託　販　売 | 200,000 | （貸）支　払　手　形 | 200,000 |
> |---|---|---|---|

基本問題

次の一連の取引の仕訳をしなさい。

(1) 当社は、得意先A社に商品50,000円を船便で発送し、その際、取引銀行で額面20,000円の荷為替を取り組み、割引料1,000円を差し引かれた手取金は当座預金とした。

(2) A社は取引銀行より20,000円の為替手形の呈示があったのでこれを引き受け、貨物代表証券を受け取った（商品50,000円はいまだ到着していない）。

(3) 当社は委託販売のため、B社に商品（原価60,000円、売価100,000円）を船便で発送し、その際、取引銀行で額面50,000円の荷為替を取り組み、割引料2,000円を差し引かれた手取金は当座預金とした。

(4) 受託者であるB社は、取引銀行より、50,000円の為替手形の呈示があったのでこれを引き受け、貨物代表証券を受け取った。

解答

		借方		貸方	
(1)	（借）売　掛　金	30,000	（貸）売　　　上	50,000
	当 座 預 金	19,000		
	手 形 売 却 損	1,000		
(2)	（借）未　着　品	50,000	（貸）支 払 手 形	20,000
			買　掛　金	30,000
(3)	（借）積　送　品	60,000	（貸）仕　　　入	60,000
	（借）当 座 預 金	48,000	（貸）前　受　金	50,000
	手 形 売 却 損	2,000		
(4)	（借）受 託 販 売	50,000	（貸）支 払 手 形	50,000

ここをおさえる！ 1・2・3

1 荷為替って何？

2 荷為替の取組時の処理は？

3 荷為替の引受時の処理は？

➡ **トレーニングの基本問題 問題28 へ！**
　　　　　　　本試験レベル 問題4 へ！

Day 4

株式の発行、合併・買収、剰余金の配当・処分、損失処理、株主資本等変動計算書

株式を発行したときや、
ほかの会社を合併または買収したときの処理など、
株式会社特有の処理について学習します。
スケールの大きな話なので、
興味深いと思いますよ！

28 株式会社とは

● そもそも株式会社って何？

Day4

株式会社とは？

3級では、お店の店主が資本を出資してお店を経営するといった個人商店が対象でしたが、2級では株式会社が対象となります。

会社の活動規模を大きくしようとすると、多額の資本（元手）が必要になりますが、多額の資本を1人で用意するのは大変です。そこで、会社は株式（いわゆる株）を発行し、その株式をほかの会社や個人など多くの人に買ってもらって元手を集めるのです。

このように、株式を発行して資本を調達する会社を**株式会社**といいます。なお、株式を買ってくれた人（出資者）を**株主**といいます。

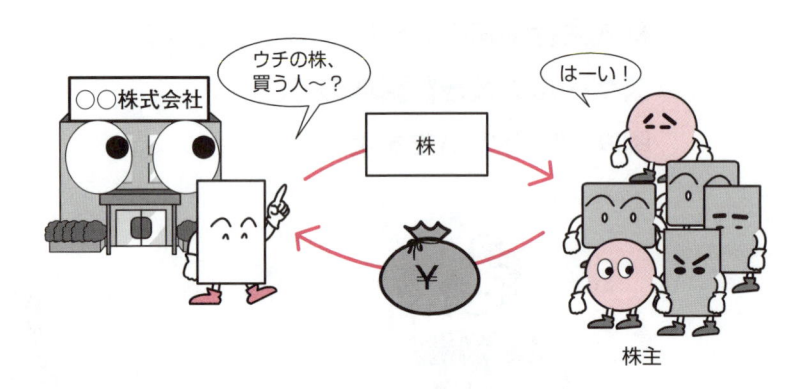

個人商店は出資者である店主がお店の経営を行います。これに対して、株式会社では出資者（**株主**）は全国に何千人何万人といますし、また会社を経営する能力のある人が株主になるわけではないので、会社の経営は経営の専門家である経営者（**取締役**）が行います。

> **要点** 個人商店と株式会社の違い
> 個人商店…店主が出資者＝経営者
> 株式会社…株主が出資者≠経営者

　株式会社のように出資者と経営者が異なる場合、出資者のお金を出資者のために使わず、経営者が自分たちの都合のいいように使ってしまうおそれがあります。
　そこで株式会社では、一定のことがらについては経営者（**取締役会**）が決定できますが、重要事項については株主（**株主総会**）が決定しなければならないという決まりが設けられています。

> 配当金の決定などは、株主の関心が高いことなので、株主総会で決定します。

株式会社の特徴と会社法

　個人商店では、お店にある財産で借金を返せなくなったら出資者である店主が借金を返さなければなりません。
　一方、株式会社では、会社にある財産で借金が返せなくなった場合でも、出資者である株主は出資した金額以上を負担する必要はありません。

> 「出資額以上の負担があるかもしれない」と思ったら、怖くて株を買えないですよね！

　また、債権者（お金を貸している人）にとっては、会社の資本以上の金額は返してもらえなくなってしまうので、債権者も保護する必要があります。債権者を保護するための法律として**会社法**があり、株式会社は会社法の定めにしたがって、手続きや会計処理を行うことになっています。

> ここまでの内容は試験には出ません。
> 大筋をつかんでおきましょう。

Day 4 株式の発行

29 株式の発行

●株を発行する側の立場になって考えよう！

Day4

純資産の部の構成

株式会社では、純資産の部を次のように区分しています。一つ一つの科目についてはあとでみていきます。

純資産の部（株主資本）	資本金 株式会社が最低限維持しなければならない会社財産		
	資本剰余金 株主から払い込まれた金額のうち資本金以外のもの	資本準備金 株式の発行など、資本金を増加させる取引があったとき、資本金としなかった部分 （株式払込剰余金など）	
		その他資本剰余金 株主からの払込金額のうち、資本金と資本準備金以外のもの	
	利益剰余金 会社の利益から生じたもの	利益準備金 会社の利益のうち会社法によって積み立てが強制されているもの	
		その他利益剰余金 利益準備金以外の利益剰余金	任意積立金 会社の利益のうち会社が何かの目的のために任意に積み立てたもの
			繰越利益剰余金 剰余金のうち、その使い道が決定していないもの

なお、上記科目はすべて純資産の部の科目なので、増えたら貸方、減ったら借方に記入します。

貸借対照表

資　産	負　債
	純資産

純資産：増えたら貸方、減ったら借方

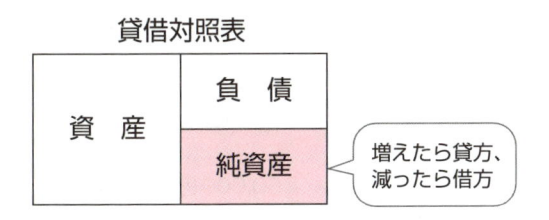

会社設立時における株式発行の処理

株式を発行したときは、払込金額のうち、いくらを資本金とするのかが問題となります。資本金の額の処理には、①**原則的な処理**と、②**容認される処理**があります。

①原則的な処理

原則的な処理では、株式の**払込金額**（1株あたりの払込金額×株式数）**の全額**を**資本金**として処理します。

払込金額＝1株あたりの払込金額×株式数

取　引

●株式10株を1株あたり@60,000円で発行し、払込金額は当座預金とした。なお、資本金の額は会社法が定める原則的な金額とする。

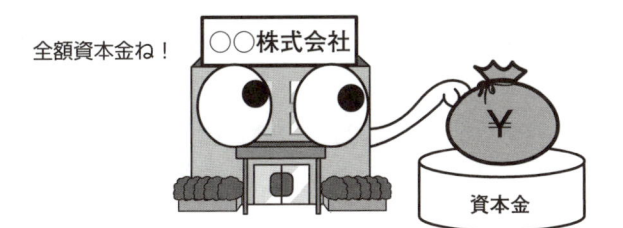

全額資本金ね！
○○株式会社
¥
資本金

| （借）当　座　預　金　600,000 | （貸）資　本　金　600,000 |

全額資本金で処理

@60,000円×10株
＝600,000円

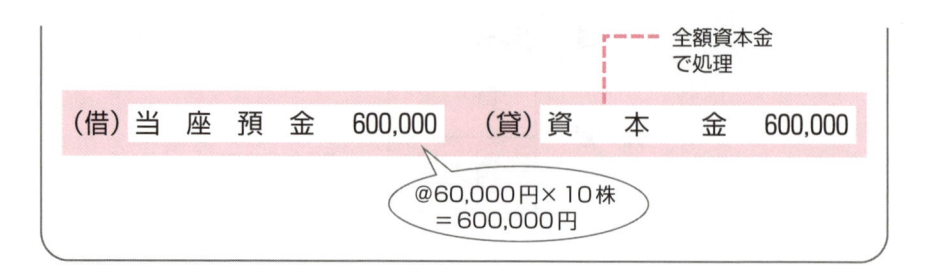

②容認される処理

払込金額の2分の1を超えない額を資本準備金とし、それ以外を資本金として処理することが認められています。

容認の場合は問題文に記載されています。
問題文に記載がない場合は、原則的な処理で行います。

取　引

● 株式10株を1株あたり@60,000円で発行し、払込金額は当座預金とした。なお、資本金の額は会社法で認められる最低額とする。

会社法で認められる最低額とは、払込金額の2分の1です。

最低半分を資本金にすればいいのね。

資本金　　株式払込剰余金

| （借）当　座　預　金　600,000 | （貸）資　本　金　　　　300,000 |
| | 　　　株式払込剰余金　300,000 |

@60,000円×$\frac{1}{2}$×10株
＝300,000円

超重要

株式を発行したときの資本金の額
原則…払込金額の全額
容認…最低でも払込金額の2分の1（残りは株式払込剰余金で処理）

設立時における株式の発行費用

会社設立時の場合、株式を発行するのにかかった費用は**創立費**として処理します。創立費は繰延資産として処理することが認められており、繰延資産として処理した場合は、**会社設立後5年以内**に、定額法により償却を行うことになります（⓱**繰延資産**と**研究開発費**参照）。

> 株式の発行費用だけでなく、
> 会社設立にかかった費用はすべて創立費で処理します。

要点　株式発行費用（設立時）
創立費で処理。原則は支出した期の費用。ただし、繰延資産として処理する場合は、設立後5年以内に定額法により償却

取　引

●会社設立（期首）にあたり、株式発行費用300,000円を現金で支払った。なお、これは繰延資産として処理する。

（借）創　立　費　300,000　（貸）現　　　金　300,000

取　引

●決算となり、上記創立費を償却期間5年の定額法により月割償却する。

(借)創立費償却　60,000　　(貸)創　立　費　60,000

$300,000円 \times \dfrac{12カ月}{12カ月 \times 5年} = 60,000円$

増資時における株式発行の処理

増資とは会社を設立したあとに、新たに株式を発行して資本を調達することをいいます。増資の流れと処理をみていきましょう。

Step 1　株主の募集と申し込み

会社が株主を募集すると、応募者は申し込みを行います。このとき、会社は申し込んだ証拠として、応募者から証拠金を受け取ります。

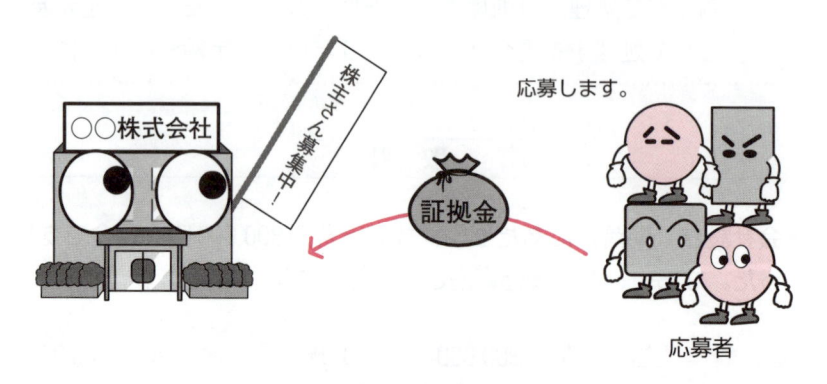

この証拠金はあとで返すこともあるので、一種の預り金と考え、**新株式申込証拠金**で処理します。なお、払い込まれた金額は当座預金などとは分けて**別段預金（資産）**で処理します。

取引

- 株式10株を1株あたり@50,000円で発行することとなり、そのすべての申し込みを受け、別段預金とした。

(借) 別 段 預 金　500,000　　(貸) 新株式申込証拠金　500,000

＠50,000円×10株
＝500,000円

Step 2　株式の割り当て

会社は、**払込期日**までに応募者の中からだれに株式を割り当てるかを決め、株式を割り当てます。

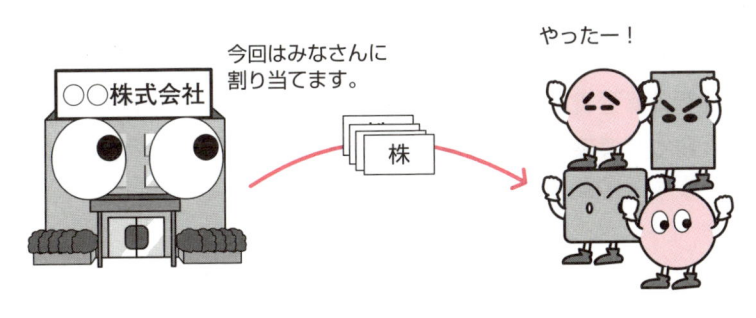

今回はみなさんに割り当てます。

やったー！

申込者数が多いと、この時点でお金を返すこともあります。

払込期日に株主（出資者）が決まるので、このとき**新株式申込証拠金を資本金に振り替える**とともに、**別段預金を当座預金に振り替えます**。

なお、資本金の額は設立時と同じで、**原則として払込金額の全額**、**容認として払込金額のうち最低2分の1以上**です。

> **取 引**
>
> ●払込期日となり、払い込まれた金額（500,000円）を全額当座預金とした。なお、資本金の額は会社法で認められる最低額とする。
>
> （借）当 座 預 金　500,000　　（貸）別 段 預 金　500,000
>
> （借）新株式申込証拠金　500,000　　（貸）資　本　金　250,000
> 　　　　　　　　　　　　　　　　　　　　　　株式払込剰余金　250,000
>
> $500,000円 \times \frac{1}{2} = 250,000円$

増資時における株式の発行費用

新株発行時（増資時）に生じる費用は、**株式交付費**として処理します。株式交付費は繰延資産として処理することが認められており、株式交付費を繰延資産として処理した場合、**新株発行後3年以内**に、定額法により償却を行います（**⑰ 繰延資産と研究開発費**参照）。

> **要点　株式発行費用（増資時）**
>
> 株式交付費として処理。原則は支出した期の費用。ただし、繰延資産として処理する場合、新株発行後3年以内に定額法により償却を行う

> **取 引**
>
> ●×1年11月1日　新株発行にあたり、株式発行費用180,000円を現金で支払った。なお、これは繰延資産として処理する。
>
> （借）株 式 交 付 費　180,000　　（貸）現　　　金　180,000

取 引

●決算となり、上記株式交付費を償却期間3年の定額法により月割償却する。なお、当期の会計期間は×1年4月1日から×2年3月31日までである。

（借）株式交付費償却　25,000　　（貸）株式交付費　25,000

$$180,000円 \times \frac{5カ月（\times1年11/1～\times2年3/31）}{12カ月 \times 3年} = 25,000円$$

基本問題

次の一連の取引の仕訳をしなさい（会計期間：×1年4月1日～×2年3月31日）。

(1) ×1年4月1日　増資のため、株式20株を1株あたり@10,000円で発行することとなり、そのすべての申し込みを受け、別段預金とした。

(2) ×1年6月1日　払込期日となり、払い込まれた金額を全額当座預金とした。なお、資本金の額は会社法で認められる最低限度額とする。また、株式発行費用9,000円を現金で支払った。なお、これは繰延資産として処理する。

(3) ×2年3月31日　決算となり、上記株式交付費を3年間で定額法により月割償却する。

解答

(1) （借）別　段　預　金　200,000　（貸）新株式申込証拠金　200,000

(2) （借）当　座　預　金　200,000　（貸）別　段　預　金　200,000
　　（借）新株式申込証拠金　200,000　（貸）資　本　金　100,000*
　　　　　　　　　　　　　　　　　　　　　　株式払込剰余金　100,000
　　（借）株　式　交　付　費　9,000　（貸）現　　　　金　9,000

$$* \ 200,000円 \times \frac{1}{2} = 100,000円$$

(3) （借）株式交付費償却　2,500*　（貸）株　式　交　付　費　2,500

$$* \ 9,000円 \times \frac{10カ月（\times1年6/1～\times2年3/31）}{12カ月 \times 3年} = 2,500円$$

ここをおさえる！ 1・2・3

1 株式を発行したときの原則的な処理は？

2 株式を発行したときの容認される処理は？

3 設立時と新株発行時の株式の発行に関して生じた費用はどう処理する？

➡ **トレーニングの基本問題**
　　問題29　問題30　問題31 へ！

30 会社の合併と買収
● 2つ以上の会社が合体することです

合併とは？

合併とは、いくつかの会社が1つの会社になることをいいます。合併は、会社の競争力を強くしたり、市場占有率（シェア）を拡大したりするためなどの目的で行われます。

合併の方法

合併の方法には、**新設合併**と**吸収合併**の2種類があります。

A社とB社が合併する場合、A社もB社もいったん解散して新しく会社を設立する形態の合併を**新設合併**といいます。

これに対して、B社が解散してA社に吸収される形態の合併を**吸収合併**といいます。吸収合併においてA社のように存続する会社を**合併会社**、B社のように解散し、吸収される会社を**被合併会社**といいます。

> 日本では吸収合併による合併のケースがほとんどです。
> また、試験でも吸収合併について出題されますので、
> ここでは、吸収合併についてみていきます。

要点　合併の方法

新設合併…合併するすべての会社がいったん解散して、新しく会社を設立する形態の合併

吸収合併…合併において1つの会社（合併会社）が存続し、ほかの会社（被合併会社）は解散して合併会社に吸収される形態の合併

合併の会計処理

合併の考え方には、「取得」と「持分の結合」の2種類があります。

A社とB社が合併する場合、A社がB社を支配することを目的として合併することを取得による合併といいます。

これに対して、A社とB社が、お互いを支配することを目的としないで、対等な立場で統合することを持分の結合による合併といいます。

> 日商2級では、取得による会計処理について出題されますので、ここでは取得による会計処理についてみていきます。

取得による合併の会計処理

取得による合併は**パーチェス法**により処理します。パーチェス法とは、被合併会社の資産と負債を合併時の時価で取得したと想定し、その対価として株式を発行する方法です。

> 「パーチェス」とは、日本語で「購入する」という意味です。

> **要点** 吸収合併の処理
> 被合併会社の資産（時価）・負債（時価）の受け入れ＋新株発行の処理

取引

● 吸収合併に際して、株式10株（発行時の時価＠4,000円）を発行し、全額を資本金とする。なお、この合併は「取得」と判定され、合併により受け入れた諸資産は100,000円、諸負債は60,000円であった。

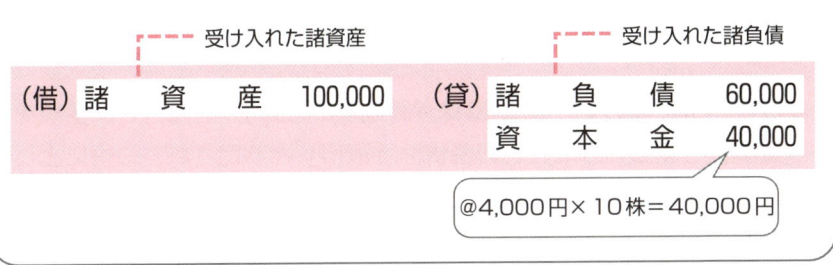

受け入れた諸資産　　　　　　　　受け入れた諸負債

（借）諸　資　産　100,000　　（貸）諸　負　債　60,000
　　　　　　　　　　　　　　　　　　資　本　金　40,000

＠4,000円×10株＝40,000円

上記の例では、受け入れた純資産（資産－負債）と増加する資本金等（対価として交付した株式の金額）が同じですが、受け入れた純資産と対価として交付した株式の金額に差が生じることがあります。

受け入れた純資産よりも増加した資本金等が大きい場合（仕訳で借方＜貸方となる場合）、その差額は**のれん（資産）**で処理します。逆に**受け入れた純資産よりも増加資本金等が小さい場合**（仕訳で借方＞貸方となる場合）、その差額は**負ののれん（負債）**で処理します。

試験では、「負ののれん」が勘定科目欄になかったら「のれん」で処理して下さい。

要点 受入純資産≠増加資本金等の場合の処理

受入純資産＜増加資本金等
⇒差額はのれん（資産）

受入純資産＞増加資本金等
⇒差額は負ののれん（負債）

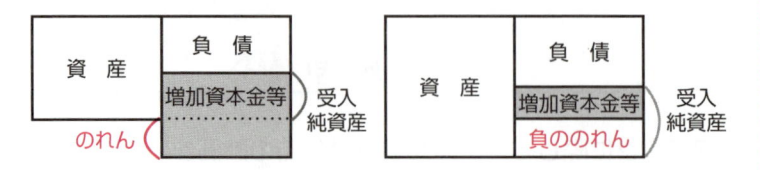

取引

● 吸収合併に際して、株式10株（時価@5,000円）を発行し、全額を資本金とする。なお、この合併は「取得」と判定され、合併により受け入れた諸資産は100,000円、諸負債は60,000円であった。

@5,000円×10株＝50,000円

（借）諸　資　産	100,000	（貸）諸　負　債	60,000
の　れ　ん	10,000	資　本　金	50,000

貸借差額

取引

● 吸収合併に際して、株式6株（時価@6,000円）を発行し、全額を資本金とする。なお、この合併は「取得」と判定され、合併により受け入れた諸資産は100,000円、諸負債は60,000円であった。

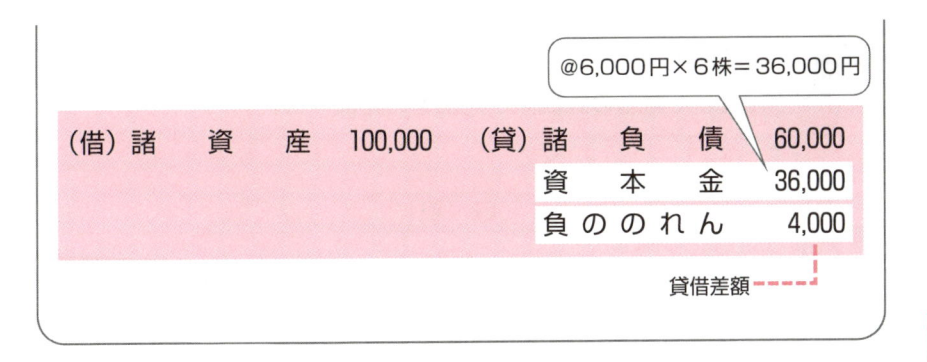

```
（借）諸   資   産  100,000  （貸）諸   負   債   60,000
                              資     本     金   36,000
                              負 の の れ ん        4,000
```

@6,000円×6株＝36,000円

貸借差額

買収とは？

買収とは、他社の支店や事業部門などを譲り受け、対価として現金などを支払うことをいいます。

> **要点　買収**
> 営業の全部または一部を譲り受け、対価として現金などを支払うこと

つまり、支店や事業部門をキャッシュで買うことです。
合併では、対価として株式が発行されましたね。

買収の処理

基本的に買収の処理は合併と変わりません。ただし、対価が現金などで支払われるので、現金などが減少します。また、譲り受ける営業には、単に財産だけでなく得意先やブランドなども含まれるので、通常、買収した財産の評価額よりも高い対価が支払われます。

買収した財産の評価額と対価との差額は、のれんで処理します。

> **要点** 買収の処理
> 買収した財産の評価額と対価との差額⇒のれん

取引

● 当期首にABC社（諸資産30,000円、諸負債20,000円）を12,000円で買収し、小切手を振り出して支払った。

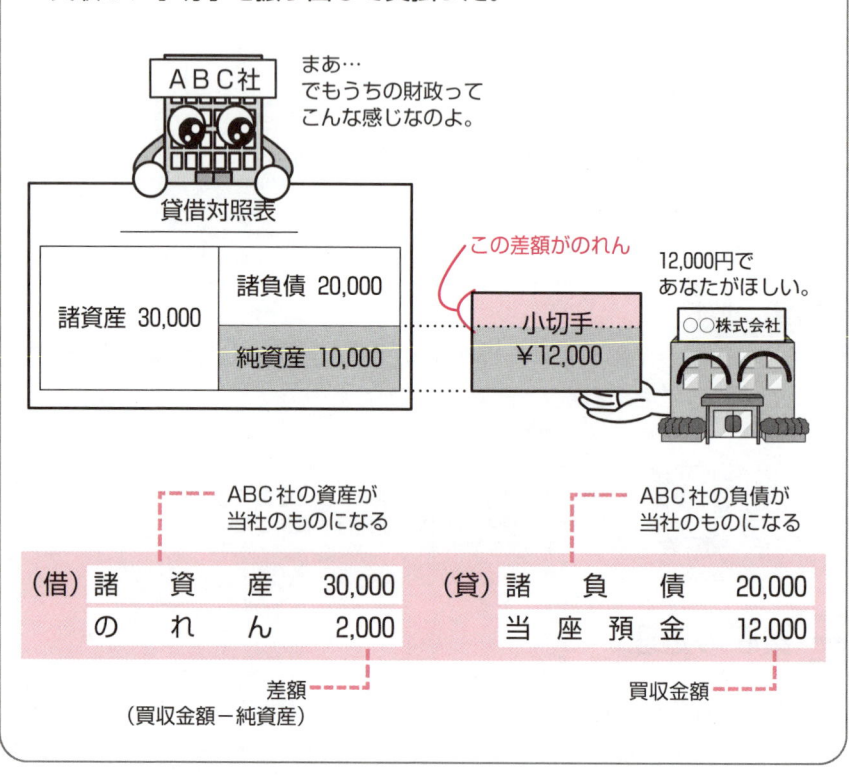

まあ…
でもうちの財政って
こんな感じなのよ。

貸借対照表

| 諸資産 30,000 | 諸負債 20,000 |
| | 純資産 10,000 |

この差額がのれん

12,000円で
あなたがほしい。

小切手
¥12,000

ABC社の資産が当社のものになる　　　ABC社の負債が当社のものになる

| （借）諸　資　産　30,000 | （貸）諸　負　債　20,000 |
| の　れ　ん　　2,000 | 当　座　預　金　12,000 |

差額（買収金額−純資産）　　　買収金額

のれん（負ののれん）の償却

　合併や買収によって生じたのれん（または負ののれん）は**残存価額をゼロ**として、取得後**20年**以内に定額法等により規則的に償却します（年割計算）。なお、記帳方法は**直接法**です。

超重要

のれん（負ののれん）の償却
のれん（負ののれん）は取得後20年以内に定額法等により規則的に償却（年割計算）

のれんの償却期間は覚えて！

取 引

● 決算においてのれん（2,000円）を償却する（定額法）。なお、償却期間は20年である。

（借）のれん償却　100　（貸）の れ ん　100

2,000円÷20年＝100円

もし、負ののれん（2,000円）を償却するなら、
（借）負 の の れ ん　100　（貸）負ののれん償却　100
となります。

基本問題

次の取引の仕訳をしなさい。

(1) 諸資産100,000円（時価）、諸負債60,000円（時価）の会社を吸収合併した。なお、この合併は「取得」と判定され増加する資本金は35,000円である。

(2) 諸資産100,000円（時価）、諸負債60,000円（時価）の会社を吸収合併した。なお、この合併は「取得」と判定され、増加資本金は50,000円である。

(3) 期首にA社の甲部門を買収し、その代金1,000,000円を小切手を振り出して支払った。なお、この部門の資産価値は、建物300,000円、土地500,000円、その他資産100,000円と評価された。

(4) 決算において(3)ののれんを20年間で定額法により償却する。

解答

(1) （借）諸　資　産　100,000　（貸）諸　負　債　60,000
　　　　　　　　　　　　　　　　　　資　本　金　35,000
　　　　　　　　　　　　　　　　　　負ののれん　5,000

(2) （借）諸　資　産　100,000　（貸）諸　負　債　60,000
　　　　 の　れ　ん　10,000　　　　 資　本　金　50,000

(3) （借）建　　　物　300,000　（貸）当 座 預 金　1,000,000
　　　　 土　　　地　500,000
　　　　 その他資産　100,000
　　　　 の　れ　ん　100,000

(4) （借）のれん償却　5,000*　（貸）の　れ　ん　5,000

＊100,000円÷20年＝5,000円

1 受入純資産が増加資本金よりも大きい場合、その差額は何勘定で処理する？

2 受入純資産が増加資本金よりも小さい場合、その差額は何勘定で処理する？

3 買収の処理とのれんの償却期間は？

➡ **トレーニングの基本問題** 問題32 問題33 へ！

31 剰余金の配当・処分

●利益（剰余金）の使い道は…

Day4

剰余金の配当とは？

　剰余金とは会社の過去の儲け（利益）をいいます。
　3級で学習した個人商店では、店主が資本を出資して経営していたので、お店が稼いだ利益はすべて店主のものでした。したがって、お店が稼いだ利益（剰余金）をどのように使うかは店主の自由でした。

　株式会社では、資本を出資しているのは株主で、会社を経営しているのは経営者です。したがって会社が稼いだ利益（剰余金）は経営者のものではなく、出資してくれた株主のものなので、経営者が勝手に使うことはできません。そこで会社は、獲得した利益（剰余金）の使い道を決め、株主に承認してもらう必要があります。この、利益（剰余金）の使い道を決めることを、**剰余金の配当**（株主への配当）や**剰余金の処分**（株主への配当以外）といいます。

剰余金の配当・処分の流れ

剰余金の配当・処分の流れは次のとおりです。

Step 1 決算において利益が確定
損益勘定で確定した利益を繰越利益剰余金勘定に振り替えます。

Step 2 株主総会において剰余金の配当・処分の承認
株主総会などにおいて剰余金の配当・処分の承認を得ます。

Step 3 配当金の支払い
株主総会の決議どおりに配当金を支払います。

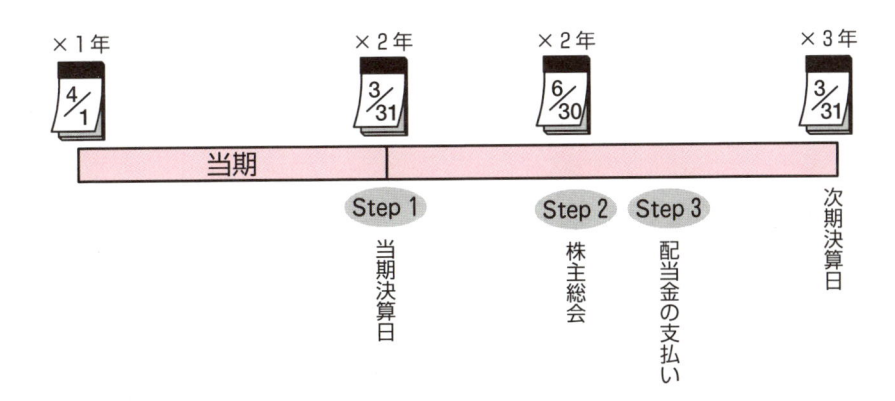

×1年 4/1 — 当期 — ×2年 3/31（Step 1 当期決算日）— ×2年 6/30（Step 2 株主総会）— Step 3 配当金の支払い — ×3年 3/31（次期決算日）

株主総会の決議があれば、会社はいつでも剰余金の配当・処分ができます。（従来は基本的に年1回でした）

剰余金の配当・処分の内容

　会社の剰余金は、**会社内に留保されるもの**と**社外に流出するもの**とに分かれます。剰余金の配当・処分の科目は次ページのとおりです。

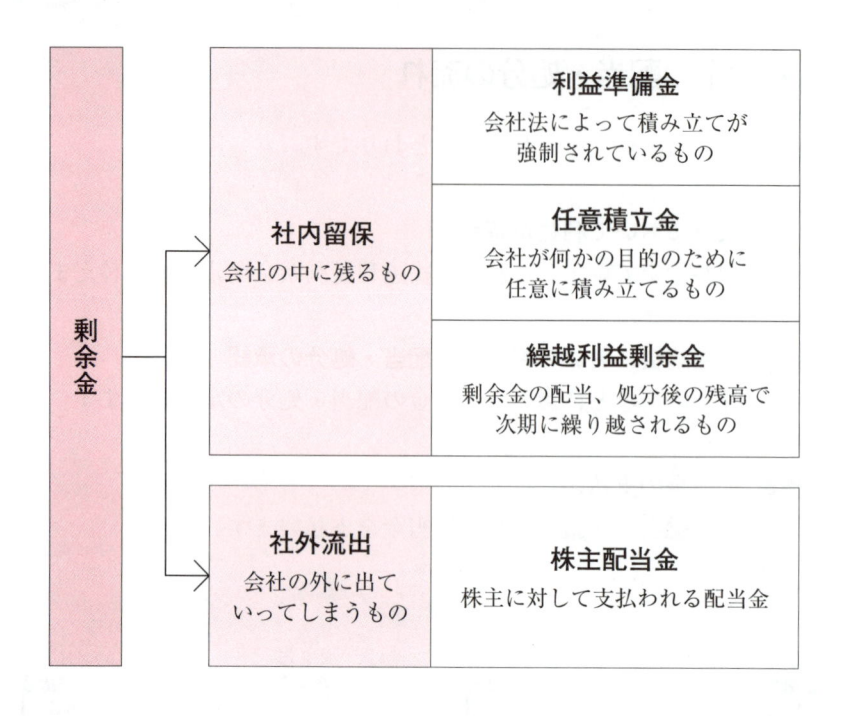

```
                ┌──────────────┬─────────────────────────────────┐
                │              │ 利益準備金                       │
                │              │ 会社法によって積み立てが        │
                │              │ 強制されているもの               │
                │  社内留保    ├─────────────────────────────────┤
                │  会社の中に  │ 任意積立金                       │
        ┌──────▶│  残るもの    │ 会社が何かの目的のために         │
        │       │              │ 任意に積み立てるもの             │
剰      │       │              ├─────────────────────────────────┤
余  ────┤       │              │ 繰越利益剰余金                   │
金      │       │              │ 剰余金の配当、処分後の残高で     │
        │       │              │ 次期に繰り越されるもの           │
        │       └──────────────┴─────────────────────────────────┘
        │       ┌──────────────┬─────────────────────────────────┐
        │       │ 社外流出     │                                  │
        └──────▶│ 会社の外に出て│ 株主配当金                       │
                │ いってしまうもの│ 株主に対して支払われる配当金   │
                └──────────────┴─────────────────────────────────┘
```

それぞれの科目については次項で説明します。

剰余金の配当、処分の処理

剰余金の配当、処分の**①決算時**、**②株主総会時**、**③配当金の支払時**の処理についてみていきましょう。

①決算時

損益勘定で計算された当期純利益を、**繰越利益剰余金勘定**に振り替えます。

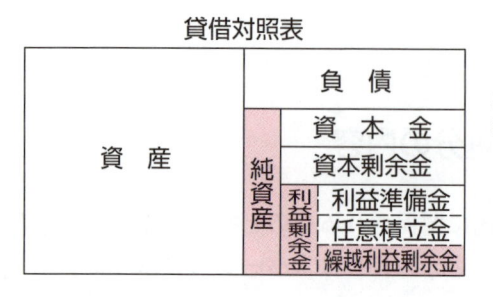

貸借対照表

資　産	負　債
	資　本　金
	資本剰余金
	利益準備金
	任意積立金
	繰越利益剰余金

当期純利益を振り替えると繰越利益剰余金が増えます。

取引

●当期の決算において、当期純利益は600,000円と計算された。

（借）損　　　益　600,000　（貸）繰越利益剰余金　600,000

繰越利益剰余金		損　　益	
	前期繰越利益　××	費　用　××	収　益　××
	損　益　600,000 ←	繰越利益剰余金 600,000	
		当期純利益	

②株主総会時

　株主総会において剰余金の配当や処分が決定したら、確定した項目に振り替えます。

●株主への配当

　配当は会社が獲得した利益の一部を、出資者である株主に還元することです。株主総会で配当金額が確定したら、繰越利益剰余金を減らします。なお、このときはまだ支払いが行われていないので、**未払配当金（負債）**で処理します。

取引

●株主総会で、株主への配当金400,000円が確定した。

（借）繰越利益剰余金　400,000　（貸）未 払 配 当 金　400,000

確定しただけで、まだ支払っていないので未払配当金で処理します。

貸借対照表

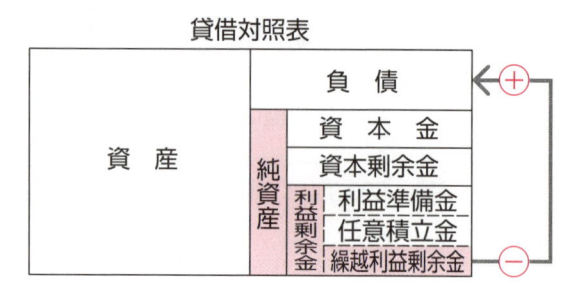

繰越利益剰余金が減って
未払配当金（負債）が増えます。

● 任意積立金

任意積立金は、何かの目的のために利益の一部を会社内に積み立てておくものです。特定の目的があって積み立てているものと、特定の目的がなく積み立てているもの（**別途積立金**といいます）があります。

取　引

● 株主総会で、繰越利益剰余金から任意積立金への積み立て50,000円が確定した。

（借）繰越利益剰余金　50,000　（貸）任　意　積　立　金　50,000

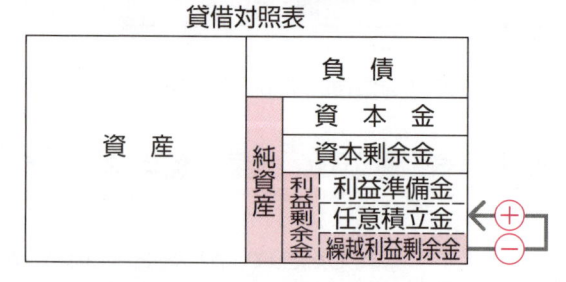

貸借対照表

繰越利益剰余金が減って
任意積立金（純資産）が増えます。

●利益準備金

会社法の規定で、剰余金の配当時に**配当金の10分の1**を、**資本準備金と利益準備金の合計額が資本金の4分の1に達するまで**、**利益準備金として積み立てる**ことが強制されています。

> **要点　利益準備金積立額**
> 資本準備金と利益準備金の合計額が資本金の4分の1に達するまで、配当金の10分の1を、利益準備金として積み立てる

会社が獲得した利益をすべて配当として社外に流出してしまうと、会社に利益が残らないことになります。そうすると債権者の返済にあてられる分が少なくなってしまいます。そこで、債権者を保護するため、利益準備金の積み立てが強制されているのです。

具体的な利益準備金積立額の計算手順は、次のとおりです。

Step 1 利益準備金積立限度額❹の計算

$$❹利益準備金積立限度額＝資本金 \times \frac{1}{4}$$

Step 2 利益準備金積立予定額❺の計算

$$❺利益準備金積立予定額＝株主配当金 \times \frac{1}{10}$$

Step 3 利益準備金積立額の決定

❺に資本準備金と利益準備金を足した金額❻と、❹を比べて利益準備金積立額を決定します。

$$❻＝利益準備金積立予定額（❺）＋資本準備金＋利益準備金$$

● ⓐ＞ⓒの場合

　利益準備金積立予定額（ⓑ）を積み立てると限度額（ⓐ）に満たないため、**ⓑが利益準備金積立額になります**。

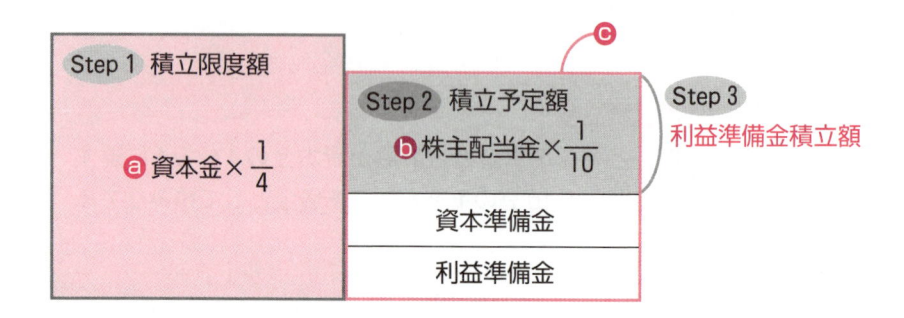

```
┌─────────────────────┐
│ Step 1  積立限度額    │ ┌──────────────────┐ ⓒ
│                     │ │ Step 2 積立予定額  │ Step 3
│   ⓐ資本金×1/4       │ │ ⓑ株主配当金×1/10  │ 利益準備金積立額
│                     │ ├──────────────────┤
│                     │ │    資本準備金     │
│                     │ ├──────────────────┤
│                     │ │    利益準備金     │
└─────────────────────┘ └──────────────────┘
```

● ⓐ＜ⓒの場合

　利益準備金積立予定額（ⓑ）を積み立てると限度額（ⓐ）を超えてしまうため、**ⓑのうち一部（利益準備金積立予定額ⓑ－超過する金額）が利益準備金積立額**になります。

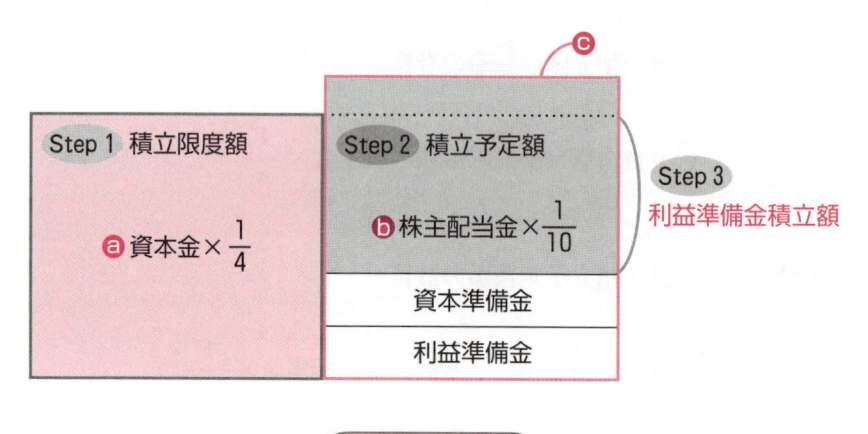

```
┌─────────────────────┐
│                     │ ┌──────────────────┐ ⓒ
│ Step 1  積立限度額    │ │ Step 2 積立予定額  │ Step 3
│                     │ │ ⓑ株主配当金×1/10  │ 利益準備金積立額
│   ⓐ資本金×1/4       │ ├──────────────────┤
│                     │ │    資本準備金     │
│                     │ ├──────────────────┤
│                     │ │    利益準備金     │
└─────────────────────┘ └──────────────────┘
```

取 引

●利益準備金につき、会社法に規定されている金額を積み立てる。なお、株主配当金は500,000円（配当財源は繰越利益剰余金）、資本金は1,000,000円、資本準備金は70,000円、利益準備金（積立前）は60,000円である。

Step 1 利益準備金積立限度額 ⓐ の計算

$$1,000,000 円 \times \frac{1}{4} = 250,000 円$$

Step 2 利益準備金積立予定額 ⓑ の計算

$$500,000 円 \times \frac{1}{10} = 50,000 円$$

Step 3 利益準備金積立額の決定

$$50,000 円 + 70,000 円 + 60,000 円 = 180,000 円 \;ⓒ$$

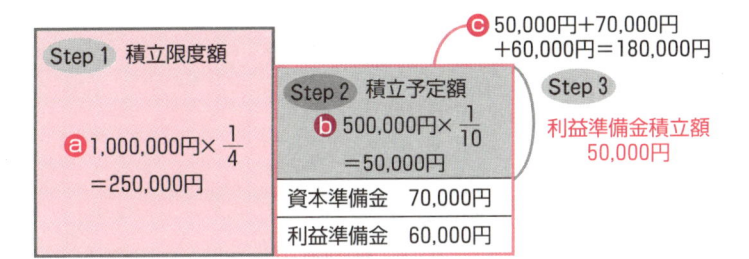

Step 1 積立限度額	Step 2 積立予定額	Step 3
ⓐ 1,000,000円× $\frac{1}{4}$ =250,000円	ⓑ 500,000円× $\frac{1}{10}$ =50,000円	ⓒ 50,000円+70,000円+60,000円=180,000円
	資本準備金 70,000円	利益準備金積立額 50,000円
	利益準備金 60,000円	

ⓐとⓒを比べるとⓒの方が小さい（利益準備金積立予定額ⓑを積み立てても限度額に満たない）ため、ⓑ 50,000円を利益準備金に積み立てます。

（借）繰越利益剰余金	50,000	（貸）利 益 準 備 金	50,000

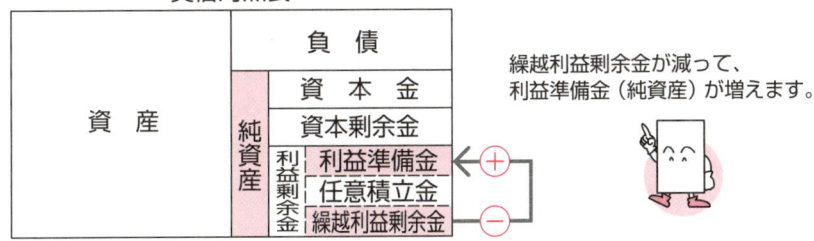

貸借対照表

資 産	負 債
	資 本 金
	資本剰余金
	利益剰余金：利益準備金 (+) ／ 任意積立金 ／ 繰越利益剰余金 (−)

繰越利益剰余金が減って、利益準備金（純資産）が増えます。

取 引

●利益準備金につき、会社法に規定されている金額を積み立てる。
なお、株主配当金は500,000円（配当財源は繰越利益剰余金）、資本金は1,000,000円、資本準備金は120,000円、利益準備金（積立前）は90,000円である。

Step 1 利益準備金積立限度額 ⓐ の計算

$$1,000,000 円 \times \frac{1}{4} = 250,000 円$$

Step 2 利益準備金積立予定額 ⓑ の計算

$$500,000 円 \times \frac{1}{10} = 50,000 円$$

Step 3 利益準備金積立額の決定

$$50,000 円 + 120,000 円 + 90,000 円 = 260,000 円 \text{ⓒ}$$

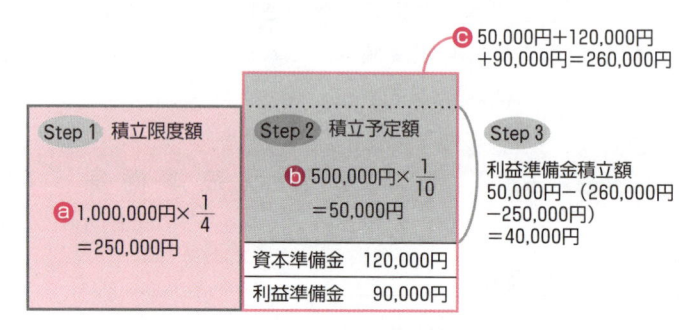

ⓒ 50,000円＋120,000円＋90,000円＝260,000円

Step 1 積立限度額
ⓐ $1,000,000円 \times \frac{1}{4}$
＝250,000円

Step 2 積立予定額
ⓑ $500,000円 \times \frac{1}{10}$
＝50,000円

資本準備金　120,000円
利益準備金　　90,000円

Step 3
利益準備金積立額
50,000円－(260,000円
－250,000円)
＝40,000円

ⓐとⓒを比べるとⓒの方が大きい（利益準備金積立予定額ⓑを積み立てると限度額を超える）ため、超過する10,000円を利益準備金積立予定額ⓑから差し引いた金額40,000円（ⓑ 50,000円－10,000円）が利益準備金積立額になります。

（借）繰越利益剰余金	40,000	（貸）利 益 準 備 金	40,000

参考 その他資本剰余金も配当財源とした場合

これまでは、配当財源が繰越利益剰余金の場合をみてきました。

> 配当財源とは、株主配当金のもととなる剰余金のことをいいます。

会社法の規定では、繰越利益剰余金のほかに、**その他資本剰余金**を配当財源とすることもできます。
その他資本剰余金を配当財源とした場合は、**資本準備金を積み立て**ます。

> 繰越利益剰余金を配当財源にした場合は、利益準備金に積み立てました！

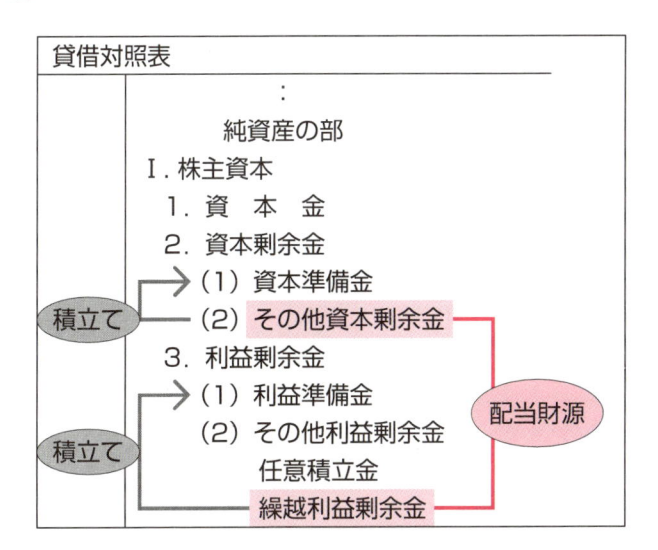

```
貸借対照表
                :
         純資産の部
  Ⅰ. 株主資本
    1. 資 本 金
    2. 資本剰余金
  積立て →(1) 資本準備金
        (2) その他資本剰余金 ─┐
    3. 利益剰余金            │ 配当財源
  積立て →(1) 利益準備金      │
        (2) その他利益剰余金  │
            任意積立金        │
            繰越利益剰余金 ──┘
```

資本準備金積立額＝その他資本剰余金を財源とした配当 $\times \dfrac{1}{10}$

利益準備金積立額＝繰越利益剰余金を財源とした配当 $\times \dfrac{1}{10}$

上限：資本金 $\times \dfrac{1}{4} \geqq$ 資本準備金＋利益準備金

Day 4 剰余金の配当・処分

【例】株主総会で次の事項が決議された。

剰余金の配当：28,000円（配当財源のうち40％はその他資本剰余金である）

```
貸借対照表
×2年3月31日                            （単位：円）
        ：
        純資産の部
 Ⅰ．株主資本
  1. 資　本　金                               400,000
  2. 資本剰余金
     (1) 資本準備金           22,000
     (2) その他資本剰余金     16,000         38,000
  3. 利益剰余金
     (1) 利益準備金           26,000
     (2) その他利益剰余金
         任意積立金           20,000
         繰越利益剰余金       40,000         86,000
```

①配当自体の処理

28,000円×40％＝11,200円

（借）その他資本剰余金　11,200　　（貸）未 払 配 当 金　28,000
　　　繰越利益剰余金　　16,800

28,000円−11,200円＝16,800円

②資本準備金、利益準備金の積立て

Step 1 資本準備金、利益準備金の積立限度額 ⓐ の計算

$$400,000 円 \times \frac{1}{4} = 100,000 円$$

Step 2 資本準備金積立予定額、利益準備金積立予定額 b-1 b-2 の計算

$$資本準備金積立予定額：11,200 円 \times \frac{1}{10} = 1,120 円 \text{ b-1}$$

利益準備金積立予定額：$16,800 円 \times \dfrac{1}{10} = 1,680 円$ b-2

Step 3 資本準備金積立額、利益準備金積立額の決定
$1,120 円 + 1,680 円 + 22,000 円 + 26,000 円 = 50,800 円$ c

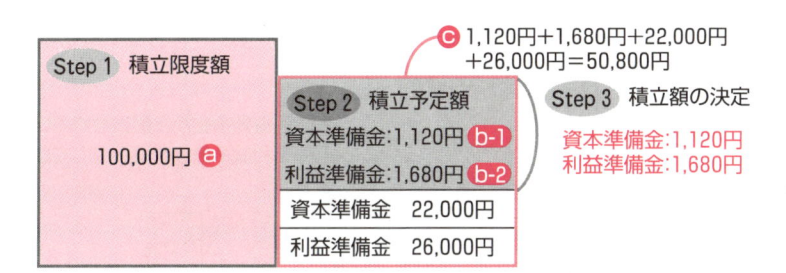

Step 1 積立限度額	Step 2 積立予定額	Step 3 積立額の決定
100,000円 a	資本準備金：1,120円 b-1 利益準備金：1,680円 b-2 資本準備金　22,000円 利益準備金　26,000円	資本準備金：1,120円 利益準備金：1,680円

c 1,120円+1,680円+22,000円+26,000円=50,800円

aとcを比べるとcの方が小さい（積立予定額 b-1 b-2 を積み立てても限度額に満たない）ため、b-1 1,120円と b-2 1,680円を積み立てます。

（借）その他資本剰余金	1,120	（貸）資 本 準 備 金	1,120
繰越利益剰余金	1,680	利 益 準 備 金	1,680

●剰余金の配当、処分の勘定記入

株主総会の決議時の各勘定への記入を例を使ってみてみましょう。

取 引

●繰越利益剰余金800,000円を、以下のように処分することが株主総会で承認された。株主への配当金は500,000円、利益準備金の積み立ては50,000円、任意積立金の積み立ては150,000円である。

(借)繰越利益剰余金 700,000	(貸)未 払 配 当 金 500,000
	利 益 準 備 金 50,000
	任 意 積 立 金 150,000

```
        未払配当金              |           繰越利益剰余金
────────────────────────────    ────────────────────────────
     │ 繰越利益剰余金 500,000    未払配当金 500,000 │ 損  益 800,000
                                利益準備金  50,000 │
        利益準備金               任意積立金 150,000 │
────────────────────────────
     │ 繰越利益剰余金  50,000

        任意積立金
────────────────────────────
     │ 繰越利益剰余金 150,000
```

繰越利益剰余金から配当されているので利益準備金を積み立てています。

③配当金の支払時

配当金を支払ったときは、未払配当金を減らします。

取引

●株主総会で決議された株主配当金500,000円を現金で支払った。

(借)未 払 配 当 金 500,000	(貸)現 金 500,000

基本問題

次の取引の仕訳を示しなさい。

【取引】株主総会において、繰越利益剰余金2,000,000円を次のとおり配当、処分することとした。なお、資本金は10,000,000円、資本準備金は700,000円、利益準備金（積立前）は500,000円で

ある。

　　利益準備金　会社法規定の最低額　株主配当金　800,000円
　　任意積立金　300,000円

解答

（借）繰越利益剰余金　1,180,000　　（貸）利　益　準　備　金　　80,000*
　　　　　　　　　　　　　　　　　　　　　未　払　配　当　金　　800,000
　　　　　　　　　　　　　　　　　　　　　任　意　積　立　金　　300,000

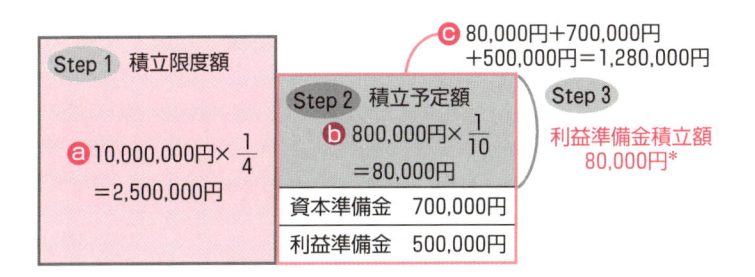

Step 1　積立限度額	Step 2　積立予定額	Step 3
ⓐ $10,000,000円 \times \dfrac{1}{4}$ $= 2,500,000円$	ⓑ $800,000円 \times \dfrac{1}{10}$ $= 80,000円$ 資本準備金　700,000円 利益準備金　500,000円	利益準備金積立額 80,000円*

ⓒ $80,000円 + 700,000円 + 500,000円 = 1,280,000円$

ⓐ＞ⓒのため、利益準備金積立額はⓑ80,000円

ここをおさえろ！ 1.2.3

1　剰余金の配当、処分って何？

2　会社法において強制される準備金の積立額は？

3　任意積立金って何？

➡ トレーニングの基本問題　問題34　へ！

Day 4　剰余金の配当・処分

32 損失の処理

●利益ばっかりではないんです。たまには損失がでることも…

Day4

損失の処理（欠損てん補）とは？

利益の反対が損失です。会社に損失が生じた場合、株主に配当できなくなってしまうなどの問題がおこります。そこで会社は、株主総会の決議にもとづいて損失を補います。これを**損失の処理**（欠損てん補）といいます。

> **要点　損失の処理**
> 株主総会の決議にもとづいて損失を補うこと

損失の処理

損失が生じたときの①**決算時**、②**株主総会時**の処理をみていきましょう。

①決算時

損益勘定で計算された当期純損失を**繰越利益剰余金勘定（借方）**に振り替えます。

> 利益の場合も、損失の場合も、振り替える勘定は「繰越利益剰余金」です。貸方に振り替えるか借方に振り替えるかが違うだけ。

取引

●当期の決算において当期純損失が600,000円と計算された。

（借）繰越利益剰余金　600,000　　（貸）損　　益　600,000

利益の反対（純資産の減少）
なので借方に記入

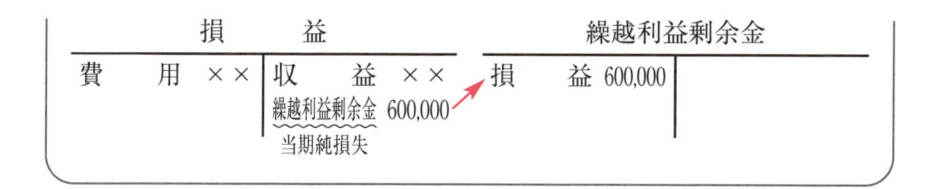

```
        損       益                    繰越利益剰余金
費  用  ××  収  益  ××        損   益 600,000
            繰越利益剰余金 600,000
            当期純損失
```

②株主総会時

　株主総会において損失の処理の内容が確定すると、任意積立金などを取り崩し、（マイナスの）繰越利益剰余金と相殺します。このとき、損失の処理を行わず、損失をそのまま次期に繰り越すこともできます。

取 引

●繰越利益剰余金600,000円（借方残）につき任意積立金400,000円を取り崩し、これをてん補した。なお、残額については次期に繰り越すことにした。

（借）任 意 積 立 金　400,000　（貸）繰越利益剰余金　400,000

```
        任意積立金                        繰越利益剰余金
繰越利益剰余金 400,000 |            損   益 600,000 | 任意積立金 400,000
```

基本問題

次の一連の取引の仕訳をしなさい。
(1) 決算において、当期純損失 2,000,000 円が計上された。
(2) 株主総会において、繰越利益剰余金 2,000,000 円（借方残）につき、任意積立金 1,800,000 円を取り崩し、これをてん補した。なお、残額は次期に繰り越すこととした。

解答
(1) （借）繰越利益剰余金　2,000,000　（貸）損　　　　益　2,000,000
(2) （借）任　意　積　立　金　1,800,000　（貸）繰越利益剰余金　1,800,000

ここをおさえろ！ 1・2・3

1 損失のてん補って何？

2 決算時の処理は？

3 株主総会の決議時の処理は？

→ トレーニングの基本問題 問題35 へ！
　　　　　　本試験レベル 問題5 へ！

33 株主資本等変動計算書

●純資産の部の変動をあらわします

Day4

株主資本等変動計算書とは

株主資本等変動計算書とは、貸借対照表の純資産の部が、どのように変動したのかを報告するための書類をいいます。

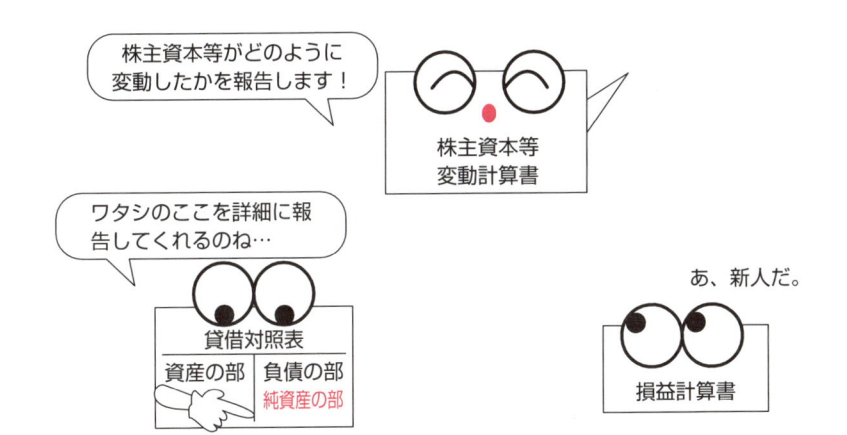

株主資本等がどのように変動したかを報告します！

株主資本等変動計算書

ワタシのここを詳細に報告してくれるのね…

貸借対照表
| 資産の部 | 負債の部 |
| | 純資産の部 |

あ、新人だ。

損益計算書

従来の利益処分計算書の作成がなくなり、代わりに株主資本等変動計算書の作成が義務付けられたのです。

要点

株主資本等変動計算書
貸借対照表の純資産の部が、どのように変動したのかを報告するための書類

株主資本等変動計算書の様式

株主資本等変動計算書の様式は次のとおりです。

a …前期末の残高　　**b** …当期の変動額（変動の原因）　　**c** …当期末残高

	株主資本							合計
		資本剰余金		利益剰余金				
	資本金	資本準備金	その他資本剰余金	利益準備金	その他利益剰余金			
変動の原因					任意積立金	繰越利益剰余金		
前期末残高 **a**	10,000	700	400	600	0	1,000	12,700
当期変動額 **b**							
新株の発行	500						500
剰余金の配当						**a** △100	△100
利益準備金の積立				10		**b** △10	−
任意積立金の積立					20	**c** △20	−
当期純利益						**d** 200	200
当期変動額合計	500	−	−	10	20	70	600
当期末残高 **c**	10,500	700	400	610	20	1,070	13,300

資本金

当期に500円の新株発行を行った。
(借)現金預金　500　(貸)資本金　500

したがって、前期末残高10,000円に当期の変動額500円を足して当期末残高が10,500円になっています。

剰余金の配当と処分

当期に繰越利益剰余金から100円を配当し、10円を利益準備金に積み立てた。また任意積立金として20円を積み立てた。

a **(借)繰越利益剰余金　100　(貸)未払配当金　100**
b **(借)繰越利益剰余金　10　(貸)利益準備金　10**
c **(借)繰越利益剰余金　20　(貸)任意積立金　20**

なお、当期純利益は200円であった。
d **(借)損　益　200　(貸)繰越利益剰余金　200**

以上の変動額と前期末残高を足して当期末残高が計算されます。

ちなみに当期末の貸借対照表は次のとおりです。

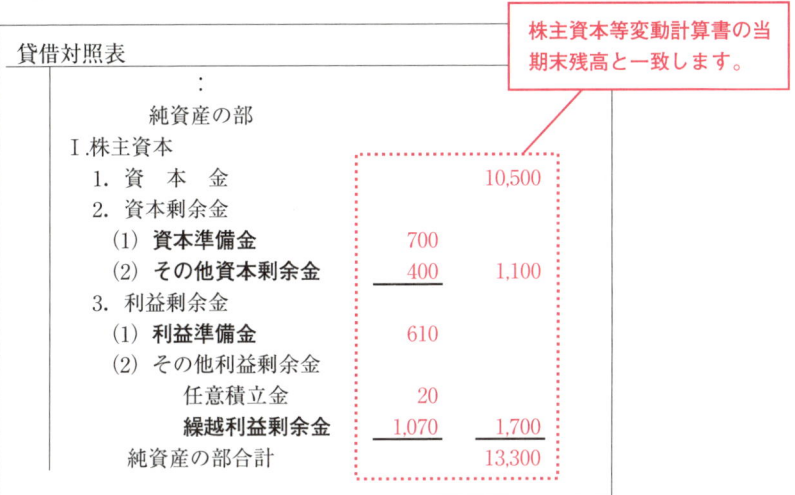

```
貸借対照表
          :
       純資産の部
Ⅰ.株主資本
   1. 資 本 金                10,500
   2. 資本剰余金
     (1) 資本準備金      700
     (2) その他資本剰余金  400    1,100
   3. 利益剰余金
     (1) 利益準備金      610
     (2) その他利益剰余金
       任意積立金       20
       繰越利益剰余金  1,070    1,700
   純資産の部合計              13,300
```

> 株主資本等変動計算書の当期末残高と一致します。

基本問題

次の資料に基づき、株主資本等変動計算書を作成しなさい。

【資料】
(1) 繰越利益剰余金を財源として配当金200円、利益準備金への積み立て20円、任意積立金の積み立て30円が当期に行われた。
(2) 当期純利益は400円であった。

解答用紙

	株主資本							合計
	資本金	資本剰余金		利益剰余金				
		資本準備金	その他資本剰余金	利益準備金	その他利益剰余金			
					任意積立金	繰越利益剰余金		
前期末残高	5,000	400	600	300	0	700	7,000
当期変動額							
剰余金の配当							
利益準備金の積立							
任意積立金の積立							
当期純利益							
当期変動額合計							
当期末残高							

解答

	株主資本							合計
	資本金	資本剰余金		利益剰余金				
		資本準備金	その他資本剰余金	利益準備金	その他利益剰余金			
					任意積立金	繰越利益剰余金		
前期末残高	5,000	400	600	300	0	700	7,000
当期変動額							
剰余金の配当							△200	△200
利益準備金の積立				20		△20	－
任意積立金の積立					30	△30	－
当期純利益						400	400
当期変動額合計	－	－	－	20	30	150	200
当期末残高	5,000	400	600	320	30	850	7,200

(1) （借）繰越利益剰余金　250　　（貸）未払配当金　200
　　　　　　　　　　　　　　　　　　　　利益準備金　 20
　　　　　　　　　　　　　　　　　　　　任意積立金　 30

(2) （借）損　　　　　益　400　　（貸）繰越利益剰余金　400

1 株主資本等変動計算書とは？

2 株主資本等変動計算書の様式は？

3 株主資本等変動計算書を作成してみよう！

Day 5

税金、社債、引当金

会社が納める税金の処理や、
社債の発行者側の処理（今日のメインです！）、
そして引当金について学習します。
2級の学習も半分を超えたので、
ほっと一息ついて、またがんばりましょう！

34 租税公課と法人税等

●会社だって納税の義務があるんです！

費用処理する税金

　税金にはさまざまなものがありますが、その内容によって費用処理するものと費用処理しないものがあります。
　費用処理する税金には、**固定資産税**（持っている土地や建物にかかる税金）や、**印紙税**などがあり、これらは**租税公課（費用）**で処理します。

> **要点　費用処理する税金**
> 固定資産税、印紙税など⇒租税公課（費用）で処理

取引

●事業用の店舗にかかる固定資産税500円を現金で支払った。

（借）租 税 公 課　　500　　（貸）現　　　金　　500

これは3級で学習しました。

法人税・住民税・事業税

　法人税・住民税・事業税は利益（収益－費用）に何パーセントかを掛けて計算される、つまり利益を基準に課税されるものなので、当期純利益から差し引きます。
　なお、これらの税金は**法人税等**で処理します。

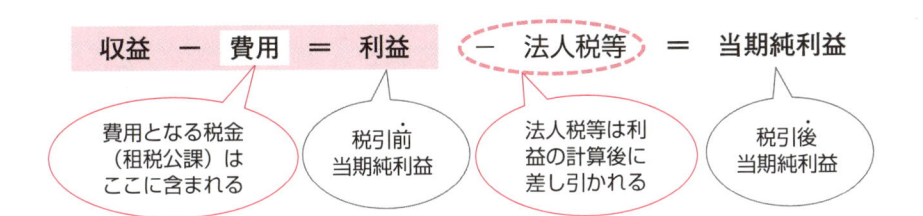

収益 − 費用 = 利益 −（法人税等）= 当期純利益

- 費用となる税金（租税公課）はここに含まれる
- 税引前当期純利益
- 法人税等は利益の計算後に差し引かれる
- 税引後当期純利益

①中間納付時の処理

年に1回の決算の会社では、会計期間の途中で法人税の中間申告をし、納付します。

> 期首から6カ月が過ぎた日から2カ月以内に、前年度の法人税の2分の1を納めるか、6カ月(上半期)で仮決算を行って、計算した法人税を納めるというものです。

中間納付した金額は、概算のものなので、納付した金額を**仮払法人税等**（資産）で処理します。

取引

● 法人税の中間納付として80,000円を現金で納付した。

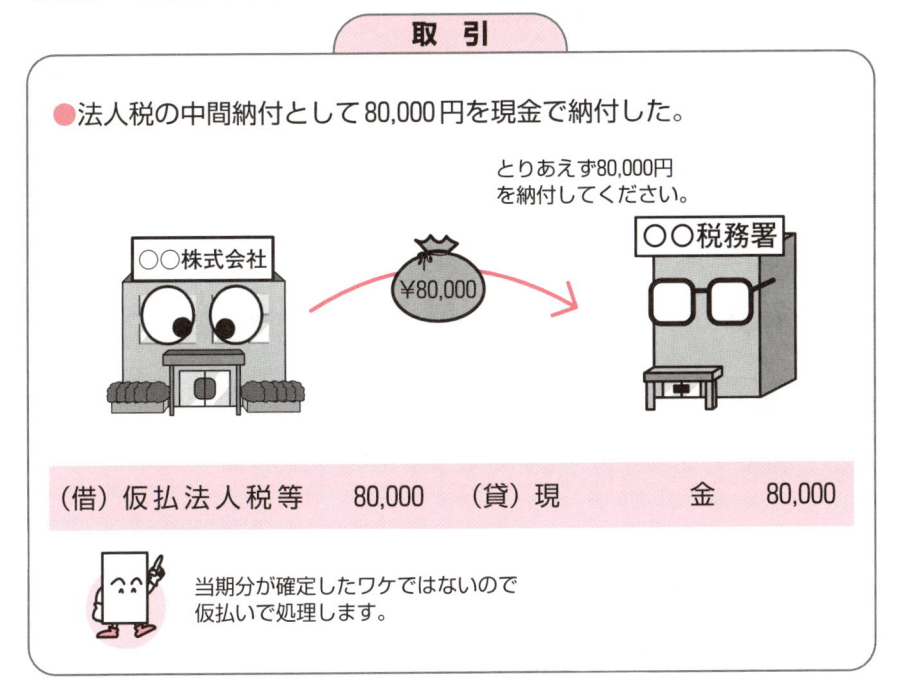

とりあえず80,000円を納付してください。

○○株式会社 → ¥80,000 → ○○税務署

（借）仮払法人税等　80,000　（貸）現　金　80,000

> 当期分が確定したワケではないので仮払いで処理します。

Day 5 税金

②**決算で法人税等の金額が確定したとき（決算時）の処理**

決算が終わって法人税等の金額が確定したら、確定した金額を**法人税等**で処理します。なお、法人税等の金額と仮払法人税等の金額との差額は、これから納付しなければならないので、**未払法人税等（負債）**で処理します。

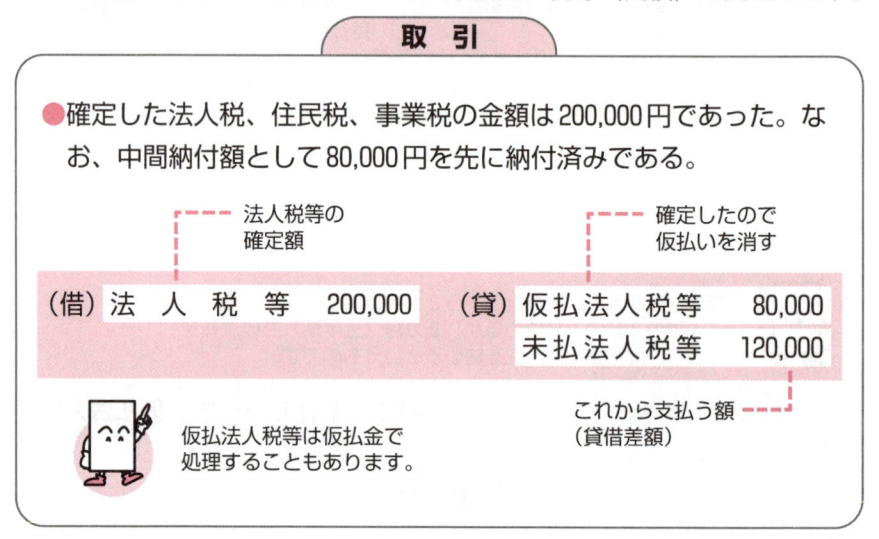

取　引

●確定した法人税、住民税、事業税の金額は200,000円であった。なお、中間納付額として80,000円を先に納付済みである。

	法人税等の 確定額		確定したので 仮払いを消す
（借）法　人　税　等　200,000		（貸）仮払法人税等　80,000	
		未払法人税等　120,000	

これから支払う額
（貸借差額）

仮払法人税等は仮払金で
処理することもあります。

③**納付時の処理**

未払いの法人税等を納付したときは、未払法人税等を減らします。

取　引

●法人税等の未払分120,000円を小切手を振り出して支払った。

（借）未払法人税等　120,000　　（貸）当　座　預　金　120,000

基本問題

次の一連の取引の仕訳をしなさい。

(1) 中央商事株式会社（年1回決算）は、法人税及び住民税について中間申告を行い、前期の実績にもとづき18,000円を小切手を振り出して支払った。
(2) 決算に際して、法人税及び住民税30,000円を計上するとともに、中間納付額を差し引いた差額を未払分として計上した。

解答

(1) （借）仮 払 法 人 税 等　18,000　　（貸）当 座 預 金　18,000
(2) （借）法 人 税 等　　　　30,000　　（貸）仮 払 法 人 税 等　18,000
　　　　　　　　　　　　　　　　　　　　　　未 払 法 人 税 等　12,000

ここをおさえろ！ 1・2・3

1 費用処理する税金とは？

2 法人税等の中間納付時の処理は？

3 法人税等の決算時の処理は？

➡ トレーニングの基本問題　問題36　へ！

35 消費税

●消費税がかからなかった時代もあったよね…

Day 5

消費税とは？

　消費税とは、物やサービスなどの**消費にかかる税金**をいい、消費する（買う）人が負担する税金です。

　たとえばX社が、A社から商品を仕入れてB社に販売したとき、A社には仕入代金と消費税を支払い、B社からは売上代金と消費税を受け取ります。

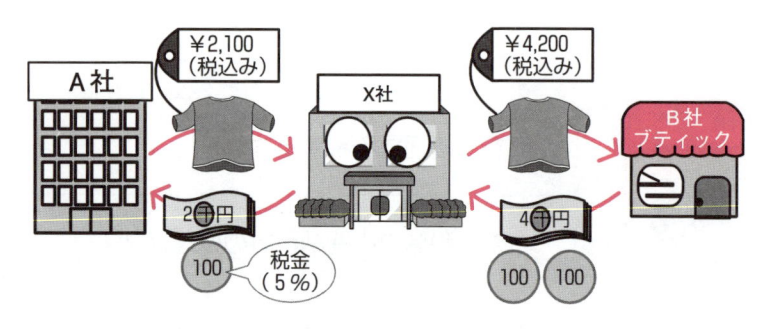

　そして、X社は受け取った消費税（200円）と支払った消費税（100円）の差額（100円）を納付することになります。

消費税の処理

　消費税の処理には**税抜方式**と**税込方式**があり、それぞれ①**商品の仕入時**、②**商品の売上時**、③**決算時**、④**納付・還付時**に処理が必要です。

税抜方式の場合

　税抜方式とは、商品を仕入れたときや販売したときに、商品の仕入高や売上高に消費税額を含めない方法をいいます。

①商品の仕入時

商品を仕入れたときに支払った消費税は、**仮払消費税（資産）**で処理しておきます。

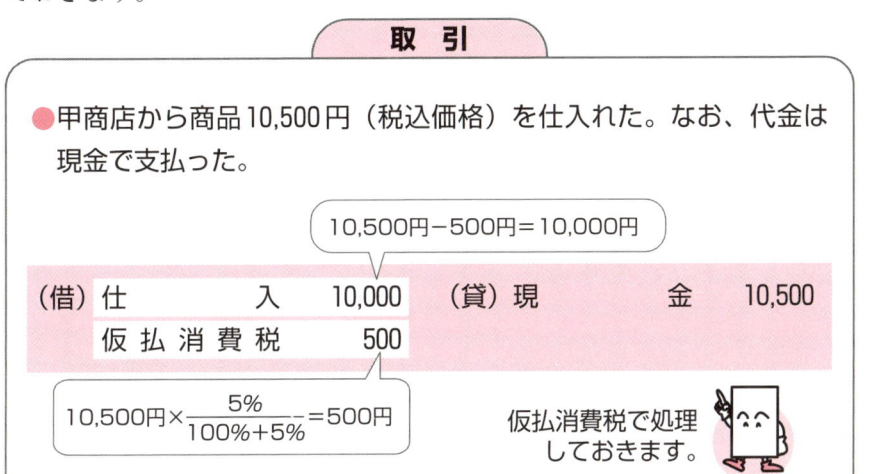

取 引

●甲商店から商品10,500円（税込価格）を仕入れた。なお、代金は現金で支払った。

10,500円－500円＝10,000円

（借）仕　　　　入　　10,000　　（貸）現　　　　金　　10,500
　　　仮 払 消 費 税　　　 500

$10,500円 \times \dfrac{5\%}{100\%+5\%} = 500円$

仮払消費税で処理しておきます。

②商品の売上時

商品を売り上げたときに受け取った消費税は、消費者（買った人）に代わって、あとで納付するために預かっているものなので、**仮受消費税（負債）**で処理します。

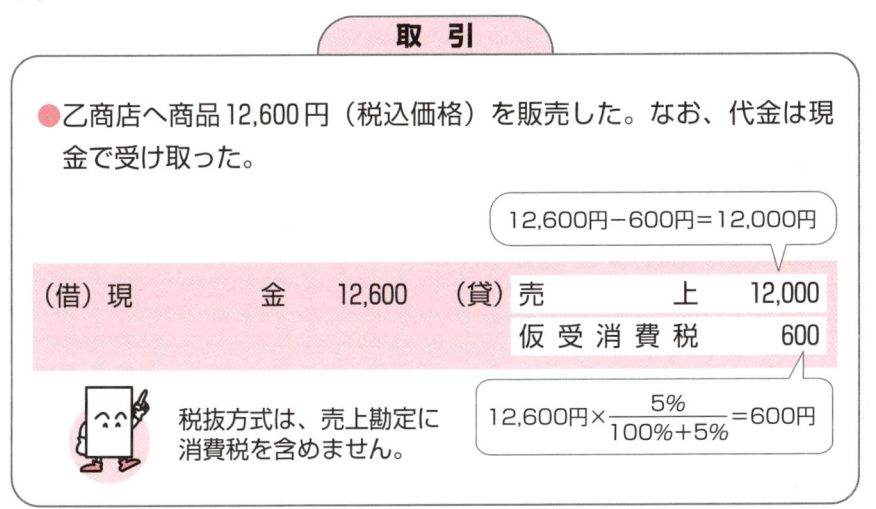

取 引

●乙商店へ商品12,600円（税込価格）を販売した。なお、代金は現金で受け取った。

12,600円－600円＝12,000円

（借）現　　　　金　　12,600　　（貸）売　　　　上　　12,000
　　　　　　　　　　　　　　　　　　　仮 受 消 費 税　　　 600

税抜方式は、売上勘定に消費税を含めません。

$12,600円 \times \dfrac{5\%}{100\%+5\%} = 600円$

③**決算時**

決算において、預かった消費税（仮受消費税）と支払った消費税（仮払消費税）とを相殺し、差額を**未収消費税（資産）**または**未払消費税（負債）**で処理します。

取引

●期末において仮払消費税が500円、仮受消費税が600円ある。

（借）仮 受 消 費 税	600	（貸）仮 払 消 費 税	500
		未 払 消 費 税	100

差額

差額が貸方に生じたら未払消費税、借方に生じたら未収消費税！

④**納付・還付時**

消費税を納付したときは、未払消費税を減らします。また、還付（税金が戻ってくること）を受けたときは、未収消費税を減らします。

取引

●消費税の未払分100円を現金で納付した。

（借）未 払 消 費 税	100	（貸）現　　　　　金	100

還付を受けたときは
（借）現　　金　100　　（貸）未収消費税　100
となります。

税込方式の場合

税込方式とは、商品を仕入れたときや販売したときに、商品の仕入高や売上高に消費税額を含める方法をいいます。

①商品の仕入時

商品を仕入れたときに支払った消費税は、仕入に含めて処理します。

取 引

●甲商店から商品10,500円（税込価格）を仕入れた。なお、代金は現金で支払った。

(借) 仕　　入　　10,500　　(貸) 現　　金　　10,500

税込方式は消費税も仕入に含めて処理します。

②商品の売上時

商品を売り上げたときは受け取った消費税を売上に含めて処理します。

取 引

●乙商店へ商品12,600円（税込価格）を販売した。なお、代金は現金で受け取った。

(借) 現　　金　　12,600　　(貸) 売　　上　　12,600

消費税も売上に含めて処理します。

③決算時

　決算において、受け取った消費税額と支払った消費税額の差額を**未収消費税**または**未払消費税**として処理します。このとき、相手勘定は**租税公課（費用）**または**還付消費税（収益）**で処理します。

取　引

●期末において、仕入に関して生じた消費税が500円、売上に関して生じた消費税が600円ある。

(借) 租 税 公 課　　100　　(貸) 未 払 消 費 税　　100

600円－500円＝100円

預かっている消費税の方が、支払った消費税より多いので
この差額をあとで納付しなければなりません。

---

④納付・還付時

　消費税を納付したときは、未払消費税を減らします。また、還付を受けたときは、未収消費税を減らします。

取　引

●消費税の未払分100円を現金で納付した。

(借) 未 払 消 費 税　　100　　(貸) 現　　　　金　　100

要点　消費税の処理

	税抜方式	税込方式
①仕入時	（借）仕　　入　×× 　　　仮払消費税　×× （貸）買　掛　金　××	（借）仕　　入　×× （貸）買　掛　金　××
②売上時	（借）売　掛　金　×× （貸）売　　上　×× 　　　仮受消費税　××	（借）売　掛　金　×× （貸）売　　上　××
③決算時	（借）仮受消費税　×× （貸）仮払消費税　×× 　　　未払消費税　×× または （借）仮受消費税　×× 　　　未収消費税　×× （貸）仮払消費税　××	（借）租税公課　×× （貸）未払消費税　×× または （借）未収消費税　×× （貸）還付消費税　××
④納付・還付時	（借）未払消費税　×× （貸）現金など　×× または （借）現金など　×× （貸）未収消費税　××	（借）未払消費税　×× （貸）現金など　×× または （借）現金など　×× （貸）未収消費税　××

基本問題

次の一連の取引を(1)税抜方式と(2)税込方式で仕訳しなさい。なお、消費税率は5％である。

① 商品10,500円（税込価格）を仕入れ、代金は現金で支払った。
② 商品31,500円（税込価格）を売り上げ、代金は現金で受け取った。
③ 決算をむかえた。
④ 消費税の未払分を現金で納付した。

解答

(1) 税抜方式

① (借) 仕　入　　　　　10,000　　(貸) 現　　　金　　10,500
　　　　仮払消費税　　　　500*

　　* $10,500 円 \times \dfrac{5\%}{100\% + 5\%} = 500 円$

② (借) 現　　　金　　　 31,500　　(貸) 売　　　上　　30,000
　　　　　　　　　　　　　　　　　　　　仮受消費税　　 1,500*

　　* $31,500 円 \times \dfrac{5\%}{100\% + 5\%} = 1,500 円$

③ (借) 仮受消費税　　　 1,500　　(貸) 仮払消費税　　　500
　　　　　　　　　　　　　　　　　　　　未払消費税　　 1,000

④ (借) 未払消費税　　　 1,000　　(貸) 現　　　金　　 1,000

(2) 税込方式

① (借) 仕　入　　　　　10,500　　(貸) 現　　　金　　10,500
② (借) 現　　　金　　　 31,500　　(貸) 売　　　上　　31,500
③ (借) 租税公課　　　　 1,000　　(貸) 未払消費税　　 1,000*

　　* $(31,500 円 - 10,500 円) \times \dfrac{5\%}{100\% + 5\%} = 1,000 円$

④ (借) 未払消費税　　　 1,000　　(貸) 現　　　金　　 1,000

ここをおさえろ！1・2・3

1 消費税ってどんな税金？

2 税抜方式の一連の処理は？

3 税込方式の一連の処理は？

→ トレーニングの基本問題 問題37 へ！
　　　　　　　　本試験レベル 問題7 へ！

36 社債

●発行する側にとっては負債です

社債とは？

　会社は、**社債券**（しゃさいけん）という証券を発行し、会社や個人など多くの人に買ってもらうことによって、資金を集めることができます。社債券を発行すると、あとでお金を返さなければならない義務が生じます。この義務を**社債**（しゃさい）（**負債**）といいます。

> **要点**
> **社債**
> 社債券の発行によって資金を借り入れたときの、将来返さなければならない義務

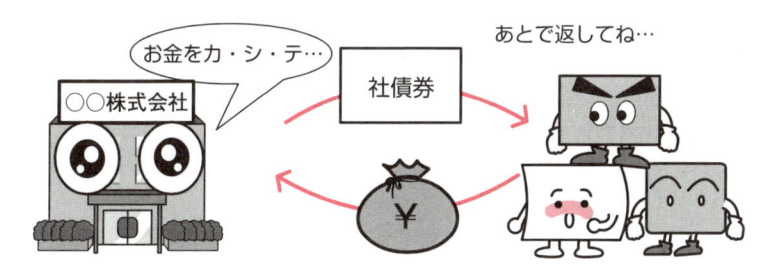

　社債は会社が長期間にわたって、多額の資金を調達するときに利用されます。また、借入金の一種なので利息も支払います。

　社債は会社特有の負債です。

社債の処理

　社債について、①社債の発行時、②利息の支払時、③決算時、④社債の償還時の処理をみていきましょう。

①社債の発行時

社債の発行方法には、**平価発行**、**打歩発行**、**割引発行**の3つがあります。

> ●社債の発行方法●
> ・平価発行：額面金額で発行すること
> ・打歩発行：額面金額よりも高い金額で発行すること
> ・割引発行：額面金額よりも低い金額で発行すること

通常は、額面金額よりも低い金額で発行（**割引発行**）されますので、これについてみていきましょう。

社債を発行したときは、社債（負債）として**払込金額**（発行した金額）で処理します。また社債の発行にともなう費用（手数料や印刷費など）は**社債発行費**で処理します。

取引

● ×1年4月1日（期首）に社債額面100,000円（年利3％、利払日は3月末日、償還期限5年）を額面@100円につき@95円で発行し、払込金額は当座預金とした。また、社債の発行にともなって発生した諸費用9,000円を現金で支払った。

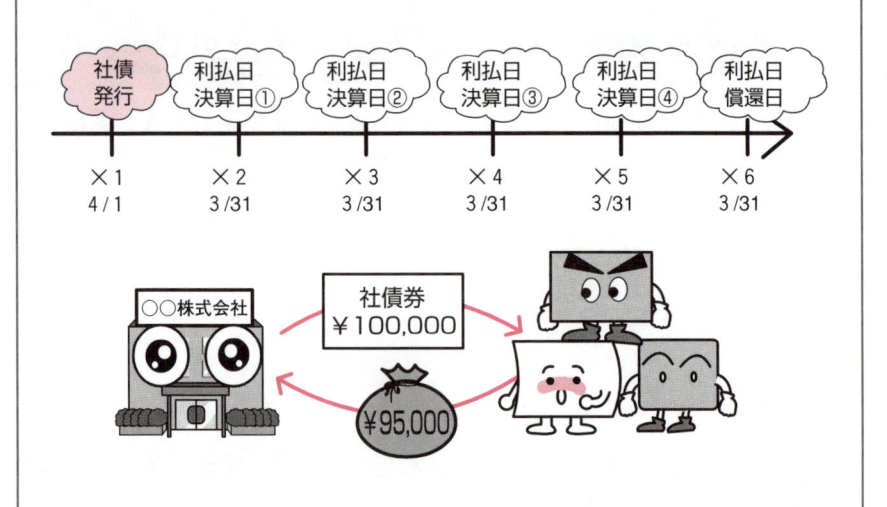

社債発行	利払日決算日①	利払日決算日②	利払日決算日③	利払日決算日④	利払日償還日
×1 4/1	×2 3/31	×3 3/31	×4 3/31	×5 3/31	×6 3/31

○○株式会社　社債券 ¥100,000　¥95,000

● 社債の処理

払込金額：100,000円 × $\frac{@95円}{@100円}$ = 95,000円　　払込金額で計上

| （借）当 座 預 金 | 95,000 | （貸）社　　　　債 | 95,000 |

● 社債発行費の処理

| （借）社 債 発 行 費 | 9,000 | （貸）現　　　　金 | 9,000 |

↑ 社債の発行にともなう費用

> **要点** 社債の発行
> ・社債（負債）は払込金額で処理
> ・社債の発行にともなう費用は社債発行費で処理

②利息の支払時

利息を支払ったときには**社債利息（費用）**で処理します。なお、社債利息は月割りで計算します。

$$社債利息 = 額面金額 \times 利率 \times \frac{社債の利用月数}{12ヵ月}$$

利息の計算は額面金額を元に計算します。

取引

● ×2年3月31日 社債額面100,000円について利払日が到来したので利息を当座預金より支払った（年利3％）。

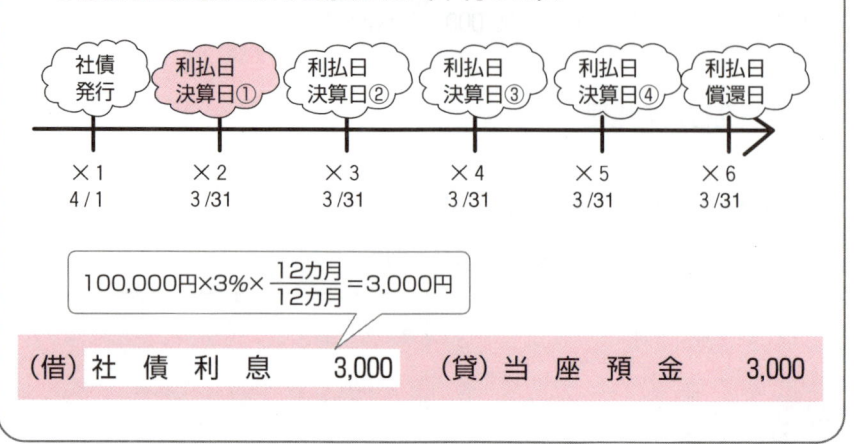

```
社債      利払日    利払日    利払日    利払日    利払日
発行      決算日①   決算日②   決算日③   決算日④   償還日
 ×1       ×2       ×3       ×4       ×5       ×6
 4/1      3/31     3/31     3/31     3/31     3/31
```

$100,000円 \times 3\% \times \dfrac{12カ月}{12カ月} = 3,000円$

（借）社 債 利 息　3,000　（貸）当 座 預 金　3,000

③決算時

　社債の払込金額が額面金額と異なる場合は、決算において、その差額を償却原価法（定額法など）により、社債の帳簿価額に加減します。このときの相手勘定は社債利息（費用）で処理します。

　なお、社債発行費を繰延資産として処理した場合には、社債の償還期間内において、定額法などにより月割償却します（⓱**繰延資産と研究開発費**参照）。

要点　決算時における社債の処理

額面金額と払込金額との差額…償却原価法（定額法など）によりその差額を社債の帳簿価額に加減

社債発行費の償却…社債の償却期間内で定額法などにより月割償却

取引

- ×2年3月31日(決算日)、社債×1年4月1日発行(償還期間5年、額面100,000円、払込金額95,000円、社債発行費9,000円)につき、決算において必要な処理を行う。ただし社債の額面金額と払込金額との差額は償還期間にわたって、償却原価法(定額法)によって社債の帳簿価額に加減する。また、社債発行費は社債の償還期間で月割償却(定額法)する。

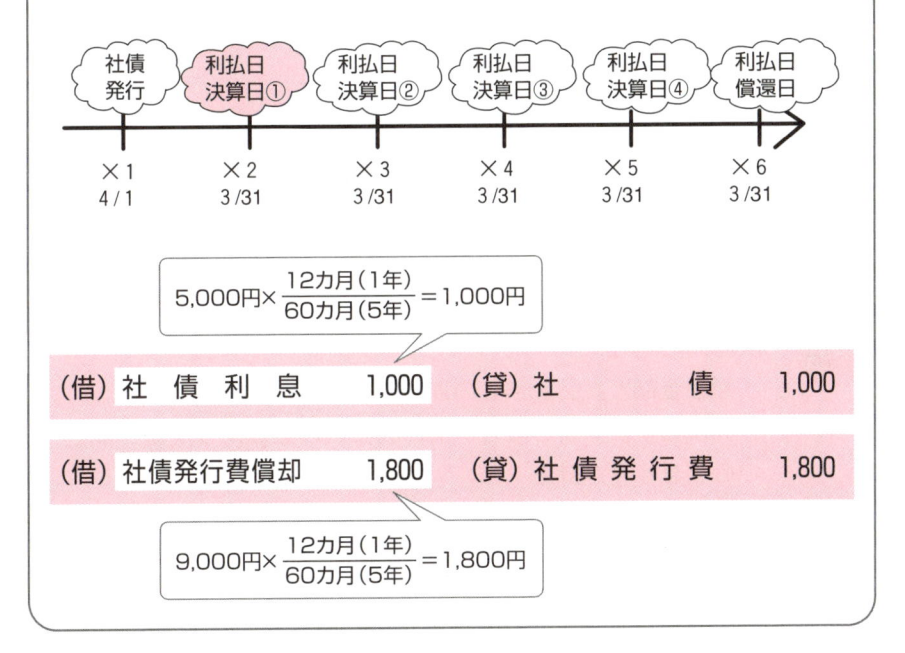

タイムライン：
- ×1 4/1 社債発行
- ×2 3/31 利払日・決算日①
- ×3 3/31 利払日・決算日②
- ×4 3/31 利払日・決算日③
- ×5 3/31 利払日・決算日④
- ×6 3/31 利払日・償還日

$$5,000円 \times \frac{12カ月(1年)}{60カ月(5年)} = 1,000円$$

(借)社債利息	1,000	(貸)社債	1,000

(借)社債発行費償却	1,800	(貸)社債発行費	1,800

$$9,000円 \times \frac{12カ月(1年)}{60カ月(5年)} = 1,800円$$

償却原価法は満期保有目的債券の評価でも学習しましたよね？
(❾満期保有目的債券参照)

また、社債の利払日と決算日が異なる場合、社債利息を見越計上します。

取引

- ×2年3月31日、決算日につき社債利息の見越分を計上する(社債の額面金額100,000円、利払日は12月末日、年利3％の社債の場

合）。

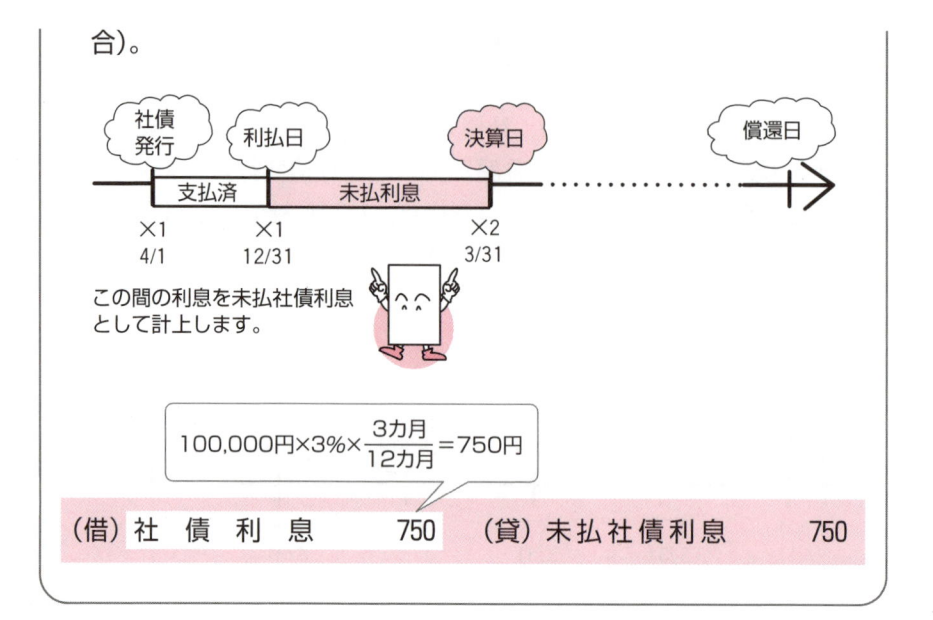

社債発行 ×1 4/1 　　利払日 ×1 12/31 　支払済　　未払利息　　決算日 ×2 3/31 　　　　償還日

この間の利息を未払社債利息として計上します。

$$100{,}000円 \times 3\% \times \frac{3カ月}{12カ月} = 750円$$

（借）社　債　利　息　　750　　（貸）未払社債利息　　750

要点　決算時の処理
・額面金額と払込金額との差額、社債発行費の償却
・利払日≠決算日の場合、前の利払日の翌日から決算日までの利息を見越計上

④社債の償還時

社債の償還とは、社債を発行した会社が、調達した資金を返すことをいいます。

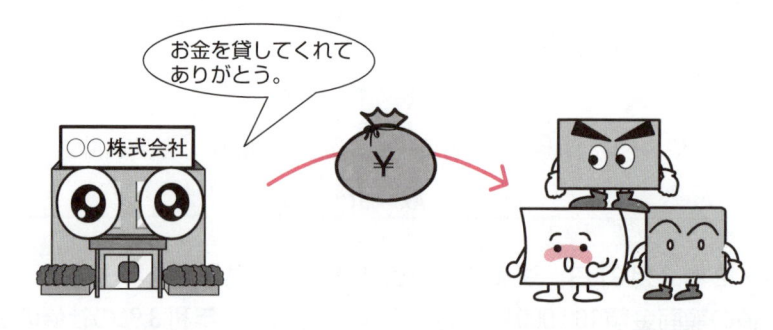

お金を貸してくれてありがとう。

社債を満期日に一括して額面（券面額）で返すことを**満期償還**といいます。このとき、社債の帳簿価額を修正し、社債を減少させるとともに、最終回の利息の支払いの処理を行います。

取引

● ×1年4月1日に発行した社債（額面 100,000円、帳簿価額 99,000円）が満期日（×6年3月31日）をむかえたので、社債利息とともに当座預金により償還した。（利払日は年1回3月31日、年利3％、決算日3月31日）。

──── 償却原価法による社債の帳簿価額の修正

（借）社 債 利 息　1,000　　（貸）社　　　債　1,000

100,000円−99,000円＝1,000円

社債の帳簿価額＝額面金額としてから、社債償還の処理をします。

（借）社　　　債　100,000　　（貸）当 座 預 金　103,000
　　　社 債 利 息　3,000

100,000円×3％＝3,000円

要点

満期償還
満期日に一括して社債を額面で返すこと
⇒社債の帳簿価額を償却原価法により修正する
⇒社債を減少させる
⇒最終回の利息を支払う

基本問題

次の一連の取引の仕訳をしなさい。

(1) ×4年10月1日に総額100,000円の社債（年利率3％、利払日9月末日、償還期限5年）を、@94円で発行し、払込金額全額が当座預金に振り込まれた。なお、社債の発行費用は1,800円であり、現金で支払った。

(2) ×5年3月31日に決算日をむかえた。社債の払込金額と額面金額の差額は償却原価法（定額法）により、帳簿価額に加減する。また、社債利息を見越計上し、社債発行費は社債の償還期間において定額法により月割償却する。

解答

(1) （借）当 座 預 金 94,000 （貸）社 債 94,000
　　（借）社 債 発 行 費 1,800 （貸）現 金 1,800
(2) （借）社 債 利 息 600 （貸）社 債 600 *1
　　（借）社 債 利 息 1,500 （貸）未 払 社 債 利 息 1,500 *2
　　（借）社債発行費償却 180 （貸）社 債 発 行 費 180 *3

*1　$6{,}000 円 \times \dfrac{6 カ月（×4/10/1 \sim ×5/3/31）}{60 カ月（12 カ月 \times 5 年）} = 600 円$

*2　$100{,}000 円 \times 3\% \times \dfrac{6 カ月（×4/10/1 \sim ×5/3/31）}{12 カ月} = 1{,}500 円$

*3　$1{,}800 円 \times \dfrac{6 カ月（×4/10/1 \sim ×5/3/31）}{60 カ月（12 カ月 \times 5 年）} = 180 円$

ここをおさえろ！ 1・2・3

1 社債の発行時の処理は？

2 社債の利息支払時の処理は？

3 決算時の処理は？

➡ トレーニングの基本問題 問題38 問題39 へ！

受験生はココでつまずく

受験生：どういうときに社債の割引発行が行われるのですか？　計算がめんどくさいだけのような気がするんですけど……。

先　生：確かに、額面金額で発行した方が計算は簡単ですよね。でも、割引発行を行う理由はちゃんとあるんです。その理由というのは、額面金額による名目利率が、一般市場における金利よりも低い場合に、割引発行を行うことによって実質利率を引き上げて、応募条件を有利にするためなんです。

受験生：……いまいちピンとこないなぁ……。

先　生：ちょっと難しい説明だったかな。じゃあ、数値を使って簡単に説明してみましょう。
たとえば、
　・1,000,000円で国債を購入。2年後に償還。利率は年2％。
　・1,000,000円で社債を購入。2年後に償還。利率は年1％。
どっちを買った方が得だと思いますか？

受験生：そりゃあ国債ですよ。だって、国債なら利息が1,000,000円×2％×2年＝40,000円もらえるけど、社債だと1,000,000円×1％×2年＝20,000円しかもらえないんだもの。当然国債を買いますよ。

先　生：そうですよね。でも、そうなると社債を購入する人がいなくなってしまい、社債を発行する会社が困りますよね。だから、会社はより有利な条件で社債を発行、つまり、割引発行するんです。
たとえば、「額面1,000,000円の社債を970,000円で購入。2年後に償還。利率は年1％」なら、社債を買った人が受け取る金額は合計でいくらになると思いますか？

受験生：まず利息が1,000,000円×1％×2年＝20,000円、そして社債が満期で償還されるとすると、1,000,000円が受け取れます。
そうか！　970,000円しか払っていないのに1,000,000円受け取れるんですね。

先　生：そうです。つまり、社債を買った人は970,000円を支払って、2年間の利息20,000円を受け取り、社債の償還時に1,000,000円を受け取るので、正味50,000円（20,000円＋1,000,000円－970,000円）の

プラスになるわけです。
　一方、国債を買った人は1,000,000円を支払って、2年間の利息40,000円を受け取り、国債の償還時に1,000,000円を受け取るので、正味40,000円のプラスです。

受験生：それなら社債の方がいいですね。

先　生：このように、会社は割引発行を行うことによって、お得感を打ち出して社債を買ってもらおうとしているんです。
　このお得感が、最初に言った「実質利率を引き上げる」ということなんです。

37 社債の買入償還

●お金に余裕があったら借金は早く返した方が得だよね！

Day5

買入償還とは？

　社債を満期まで償還しないでいると、その分の利息をずっと支払わなければなりません。したがって、資金に余裕ができたときなどは、満期前に市場から社債を買い入れて、償還する方が有利な場合があります。このように、発行した社債を満期前に買い入れる（償還する）ことを**買入償還**といいます。

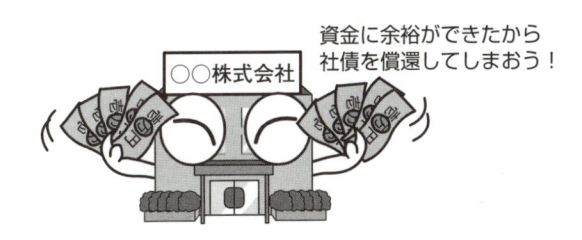

　買入償還のときには、前の決算日から買入償還までの償却原価を社債の帳簿価額に加減したあと、社債（負債）の帳簿価額を減少させます。
　また、買入償還は社債を市場から時価で購入するため、仕訳の貸借に差額が生じます。この差額は**社債償還益（収益）**または**社債償還損（費用）**で処理します。

> **要点** 買入償還
> 発行した社債を満期前に買い入れる（償還する）こと
> ⇒社債の帳簿価額を償却原価法により修正する
> ⇒社債（負債）を減少させる
> ⇒貸借差額は社債償還益（収益）または社債償還損（費用）
> 　で処理する

例

● ×1年4月1日に発行した社債（額面100,000円、帳簿価額98,800円）を×4年3月31日に@99円で買入償還し、利息とともに小切手を振り出して支払った。なお、この社債の発行条件は次のとおりである（決算日：3月31日）。

　払込金額：額面@100円につき@98円*
　償還期間：5年
　年利率：3%　利払日：3月末日の年1回

＊社債の額面金額と払込金額との差額は償却原価法（定額法）により、社債の帳簿価額に加減している。

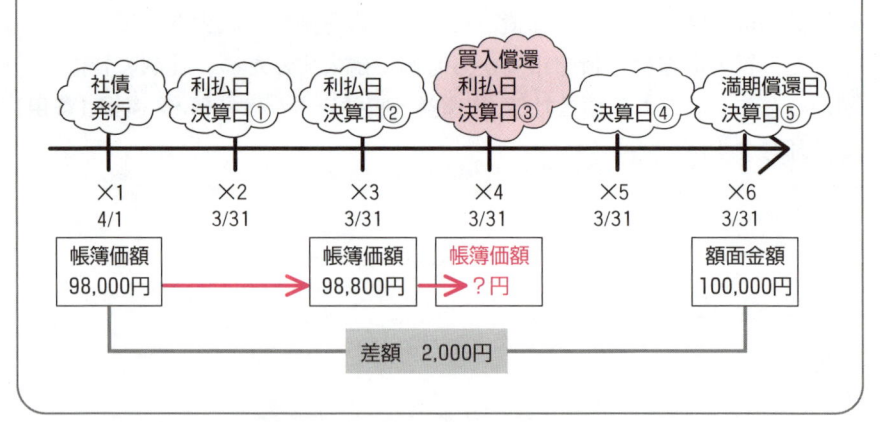

社債発行	利払日決算日①	利払日決算日②	買入償還利払日決算日③	決算日④	満期償還日決算日⑤
×1 4/1	×2 3/31	×3 3/31	×4 3/31	×5 3/31	×6 3/31
帳簿価額 98,000円		帳簿価額 98,800円	帳簿価額 ?円		額面金額 100,000円

差額　2,000円

社債の買入償還の仕訳は、①当期首から買入償還した日までの社債の帳簿価額の修正の処理、②買入償還の処理、③社債利息の支払いの処理に分

①当期首から買入償還した日までの社債の帳簿価額の修正の処理

まず、償却原価法により、当期首から買入償還した日までの社債の帳簿価額を修正します。

| (借) 社 債 利 息 | 400 | (貸) 社　　　　債 | 400 |

額面金額：100,000円
払込金額：100,000円 × $\dfrac{@98円}{@100円}$ ＝ 98,000円
額面金額と払込金額の差額：100,000円 − 98,000円 ＝ 2,000円
当期首から買入償還日までの帳簿価額の修正額：
2,000円 × $\dfrac{12ヵ月}{5年 × 12ヵ月}$ ＝ 400円

したがって、買入償還日の社債の帳簿価額は
99,200円（98,800円＋400円）ですね。

②買入償還の処理

次に買入償還の処理をします。

買入償還の処理は、社債の帳簿価額を減らし、帳簿価額と買入価額との差額を社債償還益または社債償還損で処理します。

```
                                  買入金額：
                                       100,000円 × @99円/@100円 = 99,000円

(借)社      債   99,200   (貸)当 座 預 金   99,000
                                  社 債 償 還 益     200
        └─ 買入償還時点の        └─ 差額
           帳簿価額を減らします。
```

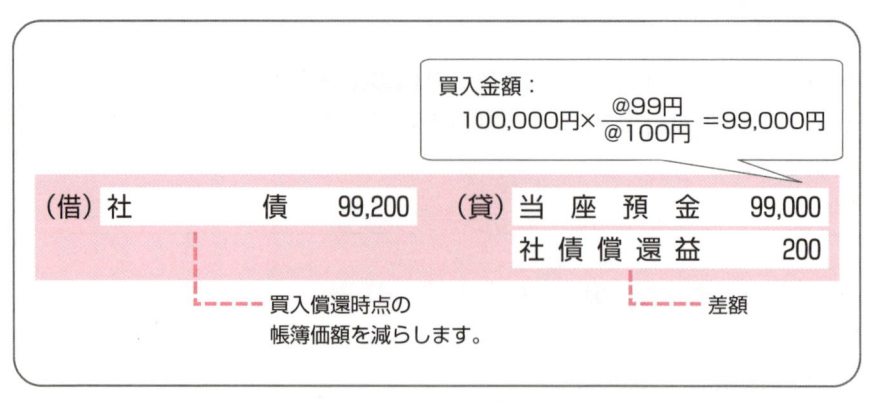

③社債利息の支払い

3月31日は利払日なので、利息の支払いの処理をします。

```
(借)社 債 利 息   3,000   (貸)当 座 預 金   3,000
    当期分利息：
    100,000円×3%＝3,000円
```

①～③をまとめたのがこの取引の仕訳です。

```
(借)社      債   98,800   (貸)当 座 預 金  102,000
    社 債 利 息   3,400        社 債 償 還 益     200
```

社債の買入償還は難しい問題です。1回目で理解できなくても
2回目のときに理解できればOK！

要点　買入償還時の社債償還損益

●社債償還益の場合

帳簿価額	買入金額
	社債償還益

●社債償還損の場合

帳簿価額	買入金額
社債償還損	

基本問題

次の資料にもとづいて×4年3月31日の仕訳（会計期間：×3年4月1日～×4年3月31日）を示しなさい。

【資料】×2年4月1日に額面500,000円の社債を、額面@100円につき@96円、償還期限4年、年利率2％（3月31日支払い）の条件で発行したが、×4年3月31日に額面@100円につき@99円で買入償還し、代金は社債利息とともに小切手を振り出して支払った。なお、社債の額面金額と払込金額との差額は償却原価法（定額法）により帳簿価額に加減している（前期末の社債の帳簿価額は485,000円）。

解答

（借）社　　　　債　485,000　（貸）当 座 預 金　505,000
　　　社 債 償 還 損　　5,000
　　　社 債 利 息　 15,000

①当期首から買入償還した日までの社債の帳簿価額の修正の仕訳
（借）社 債 利 息　5,000　（貸）社　　　　債　5,000
　　額面金額：500,000円
　　払込金額：500,000円 × $\frac{@96円}{@100円}$ = 480,000円
　　額面金額と払込金額の差額：500,000円 − 480,000円 = 20,000円

当期首から買入償還日までの帳簿価額の修正額：

$$20,000 円 \times \frac{12 カ月}{4 年 \times 12 カ月} = 5,000 円$$

買入償還日における帳簿価額：485,000 円 + 5,000 円 = 490,000 円

②買入償還の仕訳

（借）社　　　　債　490,000　（貸）当 座 預 金　495,000*
　　　社 債 償 還 損　　5,000

＊ $500,000 円 \times \frac{@99 円}{@100 円} = 495,000 円$

③社債利息の仕訳

（借）社 債 利 息　10,000*　（貸）当 座 預 金　10,000
＊ 500,000 円 × 2％ = 10,000 円

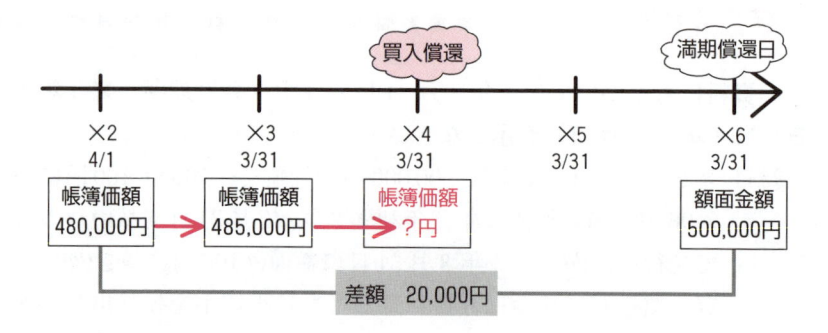

	×2 4/1	×3 3/31	×4 3/31 買入償還	×5 3/31	×6 3/31 満期償還日
	帳簿価額 480,000円	帳簿価額 485,000円	帳簿価額 ？円		額面金額 500,000円

差額　20,000円

ここをおさえろ！ 1・2・3

1 社債の買入償還とは？

2 社債の買入償還時の処理は？

3 社債償還損益って何？

→ トレーニングの基本問題　問題40 へ！
　　本試験レベル　問題6 へ！

38 貸倒引当金

●売掛金や受取手形は必ず回収できるとは限らないから…

貸倒引当金の設定

売掛金や受取手形が貸し倒れそうなときは、決算時にその貸し倒れるかもしれない金額を見積って費用とします。この費用は**貸倒引当金繰入**で処理するとともに、**貸倒引当金（資産の減少を表す勘定＝貸方）**を用いて記入しておきます。

> **要点　貸倒引当金の設定**
> 売掛金や受取手形の代金のうち回収できなくなるかもしれない金額を見積って、費用に計上すること

貸倒引当金は3級で学習しました。
覚えてますか？

貸倒引当金の処理

貸倒引当金は、**売掛金や受取手形の期末残高に貸倒実績率を掛けて計算**します。また、当期末の貸倒引当金見積額が、残高試算表上に残っている貸倒引当金よりも多い場合は、その差額を**貸倒引当金繰入（費用）**として処理します。

> **超重要　貸倒引当金**
> 当期末の貸倒引当金見積額
> 　＝売掛金等の期末残高×貸倒実績率
> 貸倒引当金繰入
> 　＝当期末の貸倒引当金見積額－貸倒引当金残高

貸倒実績率は、過去に実際に発生した貸倒れの割合ですが、試験では問題文に与えられます。

取 引

● 決算につき、売掛金残高100,000円について貸倒引当金を設定する。なお、貸倒実績率は5％で計算することとし、貸倒引当金の残高は1,000円である。

（借）貸倒引当金繰入　　4,000　　（貸）貸倒引当金　　4,000

100,000円×5％＝5,000円
5,000円－1,000円＝4,000円

また、当期末の貸倒引当金見積額よりも残高計算表上に残っている貸倒引当金の方が多い場合は、その差額を**貸倒引当金戻入（収益）**で処理します。

取 引

● 決算につき、売掛金残高100,000円について貸倒引当金を設定する。なお、貸倒実績率は5％で計算することとし、貸倒引当金の残高は7,000円である。

（借）貸倒引当金　　2,000　　（貸）貸倒引当金戻入　　2,000

100,000円×5％＝5,000円
7,000円－5,000円＝2,000円

実際に貸倒れが発生した場合

　実際に貸倒れが発生した場合は、設定しておいた貸倒引当金を取り崩します。なお、貸し倒れた金額が貸倒引当金を超える場合は、その超過額を**貸倒損失（費用）**で処理します。

取　引

●前期以前に発生した売掛金7,000円が貸し倒れた（貸倒引当金残高は5,000円）。

（借）貸 倒 引 当 金	5,000	（貸）売　　掛　　金	7,000
貸 倒 損 失	2,000		

　また、当期に発生した売掛金が貸し倒れた場合や、貸倒引当金を設定していないときは、全額を貸倒損失で処理します。

前期以前に貸し倒れた売掛金などの回収

　前期以前に貸倒れとして処理していた売掛金や受取手形が、運よく回収できたときは、回収できた金額を**償却債権取立益（収益）**で処理します。

> **超重要　償却債権取立益**
> 前期以前に貸倒処理したものが当期に回収できたときは、回収額を償却債権取立益（収益）で処理

取　引

●前期に貸倒れの処理をしていた売掛金2,000円を現金で回収した。

| （借）現　　　　金 | 2,000 | （貸）償却債権取立益 | 2,000 |

基本問題

次の取引の仕訳をしなさい。
(1) 決算において、売掛金残高250,000円に対して2％の貸倒れを見積る。なお、貸倒引当金残高は3,000円であった。
(2) 期中において、前期に発生した売掛金6,000円が貸倒れとなった。貸倒引当金残高は5,000円であった。
(3) 前期に貸倒処理した売掛金6,000円のうち、2,000円を現金で回収した。

解答

(1) （借）貸倒引当金繰入　2,000*　（貸）貸倒引当金　2,000
　　＊250,000円×2％－3,000円＝2,000円
(2) （借）貸倒引当金　5,000　（貸）売　掛　金　6,000
　　　　　貸倒損失　1,000
(3) （借）現　　　金　2,000　（貸）償却債権取立益　2,000

ここをおさえろ！1・2・3

1 貸倒引当金とは？

2 貸倒引当金の設定方法は？

3 貸し倒れた金額が、設定している貸倒引当金よりも多かったときは、何勘定で処理する？

→ トレーニングの基本問題 問題41 へ！

退職給付引当金

●退職金も今から備えておこう！

退職給付引当金とは？

　会社は退職する人に退職金を支払います。退職金は従業員が日々働いたことに対する支払いなので、退職時に一括して費用とするのは適切ではありません。そこで決算において、当期に負担する金額を見積って費用（**退職給付費用**といいます）として計上するとともに、将来に備えて積み立てておく必要があります。この積立額を**退職給付引当金（負債）**といいます。

退職給付引当金の処理

　退職給付引当金について、①**決算時**と②**退職金の支払時**の処理をみていきましょう。

①決算時

　退職給付引当金の当期繰入額は**退職給付費用（費用）**で処理します。

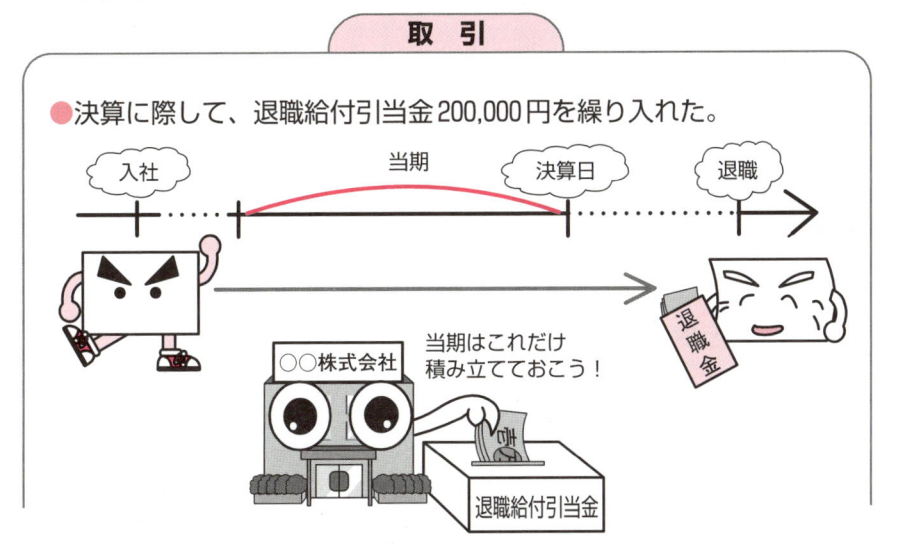

取　引

●決算に際して、退職給付引当金200,000円を繰り入れた。

（借）退職給付費用　200,000　（貸）退職給付引当金　200,000

②退職金の支払時

　退職金を支払ったときは退職給付引当金を取り崩します。このとき、支払った退職金が退職給付引当金を超えるときは、その超過額を**退職給付費用（費用）**で処理します。

取 引

● 従業員Ａが退職したので、退職金500,000円を現金で支払った。なお、前期までのＡに対する退職給付引当金は450,000円である。

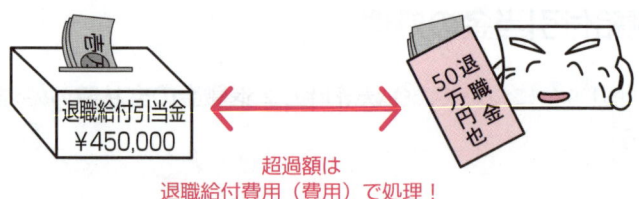

超過額は
退職給付費用（費用）で処理！

（借）退職給付引当金　450,000　（貸）現　　　金　500,000 　　　退 職 給 付 費 用　 50,000

要点　退職給付引当金

①決算時	（借）退職給付費用　××　（貸）退職給付引当金　××
②支払時	（借）退職給付引当金　××　（貸）現　金　な　ど　×× 　　　退職給付費用　××

基本問題

次の取引の仕訳をしなさい。
(1) 決算において、退職給付引当金20,000円を繰り入れた。
(2) 期中において、従業員Aが退職したため、退職金30,000円を現金で支払った。なお、前期までの従業員Aに対する退職給付引当金は20,000円である。

解答
(1) (借) 退 職 給 付 費 用　20,000　　(貸) 退職給付引当金　20,000
(2) (借) 退職給付引当金　20,000　　(貸) 現　　　　　金　30,000
　　　　退 職 給 付 費 用　10,000

ここをおさえる！1・2・3

1 退職給付引当金とは？

2 退職給付引当金を計上したときの仕訳は？

3 従業員が退職し、退職金を支払ったときの仕訳は？

➡ トレーニングの基本問題 問題42 へ！

Day 5 引当金

40 修繕引当金

●当期の修繕費の負担額を積み立てておこう！

Day5

修繕引当金とは？

建物や備品などの固定資産は、使っているうちにだんだん機能が低下していくので、その機能を維持するため、定期的に修繕が必要です。したがって、修繕がなかったからといって修繕費を計上せず、修繕をした期に修繕にかかった支出をすべて費用とするのは適切ではありません。そこで、当期に修繕が行われなかった場合でも当期分の費用を見積り、次期以降の支払いに備えます。このときに設定される引当金を**修繕引当金**といいます。

修繕引当金の処理

修繕引当金について、①**決算時**と②**修繕費の支払時**の処理をみていきましょう。

①決算時

決算時には、修繕引当金の当期繰入額を**修繕引当金繰入（費用）**で処理します。

取引

● 決算に際して、修繕引当金100,000円を繰り入れた。

（借）修繕引当金繰入　100,000　（貸）修　繕　引　当　金　100,000

②修繕費の支払時

修繕費を支払ったときは、修繕引当金を取り崩します。このとき、支払った修繕費が修繕引当金を超えるときは、その超過額を**修繕費（費用）**で処理します。

取引

● 建物の定期修繕で修繕費800,000円を現金で支払った。なお、前期末の修繕引当金は500,000円である。

超過額は修繕費（費用）で処理！

（借）修　繕　引　当　金　500,000　（貸）現　　　　　　金　800,000
　　　修　　繕　　費　　300,000

要点　修繕引当金

①決算時	（借）修繕引当金繰入　×× （貸）修　繕　引　当　金　××
②支払時	（借）修　繕　引　当　金　×× （貸）現　金　な　ど　×× 　　　修　　繕　　費　　××

基本問題

次の取引の仕訳をしなさい。
(1) 決算に際して、修繕引当金10,000円を繰り入れた。
(2) 建物の定期修繕で修繕費60,000円を現金で支払った。なお、前期末の修繕引当金は20,000円である。

解答

(1) （借）修繕引当金繰入　10,000　（貸）修繕引当金　10,000
(2) （借）修繕引当金　　　20,000　（貸）現　　　金　60,000
　　　　　修　繕　費　　　40,000

ここをおさえろ！1・2・3

1 修繕引当金とは？

2 修繕引当金を計上したときの仕訳は？

3 実際に修繕費を支払ったときの仕訳は？

→ トレーニングの基本問題 問題43 へ！

Day 6

決算手続き、本支店会計

今日学習する内容は、試験の第3問（20点）で出題される内容です。特に本支店会計は3級になかった内容なので、しっかり学習しましょう。範囲も広いので、途中でコーヒーブレイクを忘れずに！

41 決算手続きと精算表

● 決算は年に一度のお祭りみたいなもの！

決算とは？

決算とは、財政状態（財産がいくらあるか）と経営成績（どれだけ利益を上げたか）を明らかにするための手続きをいいます。

> **要点**
> 決算
> 財政状態（財産がいくらあるか）と経営成績（どれだけ利益を上げたか）を明らかにするための手続き

決算の流れ

決算の流れは、次のとおりです。

Step 1　試算表の作成
期中の記録をもとに試算表を作成します。

Step 2　決算整理
試算表に記載された金額を決算時に正しいものに直します。これを**決算整理**といいます。

Step 3　精算表の作成
試算表と決算整理をもとにして、**精算表**を作成します。

Step 4　帳簿を締め切る
次期に備えて各勘定や帳簿を締め切ります。

Step 5　財務諸表の作成

会社の財政状態や経営成績を報告するために、**貸借対照表・損益計算書、株主資本等変動計算書**などを作成します。

> Step 1 の試算表の作成については、このテキストでは省略します。Step 2 の決算整理からみていきましょう。

決算整理事項

2級の試験で出題される決算整理事項は次のとおりです。すでに学習していますので、確認しておいてください。

決算整理事項	学習した箇所と復習ポイント
現金過不足の処理	3級
当座預金残高の修正	❷銀行勘定調整表参照 ・修正仕訳が必要なものは？
売上原価の算定	⓴売上原価の計算と商品の期末評価参照 ・売上原価算定の仕訳は？
有価証券の評価替え	❽売買目的有価証券、❾満期保有目的債券参照 ・売買目的有価証券と満期保有目的債券の評価替えは？
引当金の設定	㊳貸倒引当金、㊴退職給付引当金、㊵修繕引当金参照 ・各引当金の設定方法は？
減価償却費の計上	⓫有形固定資産と減価償却参照 ・定額法、定率法、生産高比例法の処理は？
繰延資産の償却	⓱繰延資産と研究開発費参照 ・各繰延資産の償却年数は？
費用・収益の見越し・繰延べ	3級

Day 6 決算手続き

精算表の記入

精算表は、試算表から貸借対照表・損益計算書を作成する過程を1つの表にしたものです。精算表の作成により、利益や資産・負債・純資産の残高が明らかになります。

精算表には、①試算表欄、②修正記入欄、③損益計算書欄、④貸借対照表欄があります。

①試算表欄

試算表欄には、決算整理を行う前の金額を記入します。

②修正記入欄

修正記入欄には、決算整理仕訳を記入します。決算整理にあたって新たに生じる勘定は、勘定科目欄に追加して記入します。

③損益計算書欄

損益計算書欄には、損益計算書の科目について、試算表欄の金額に修正記入欄の金額を加減して記入します。

④貸借対照表欄

貸借対照表欄には、貸借対照表の科目について、試算表欄の金額に修正記入欄の金額を加減して記入します。

精　算　表

勘定科目	試算表		修正記入		損益計算書		貸借対照表	
	借方	貸方	借方	貸方	借方	貸方	借方	貸方
資産・負債・純資産・収益・費用の順に勘定科目を記入	決算整理を行う前の金額を記入				修正記入欄の金額を加減して、収益・費用の各勘定の金額を記入		修正記入欄の金額を加減して、資産・負債・純資産の各勘定の金額を記入	
			決算整理仕訳を記入					

精　算　表

勘定科目	試算表 借方	試算表 貸方	修正記入 借方	修正記入 貸方	損益計算書 借方	損益計算書 貸方	貸借対照表 借方	貸借対照表 貸方
現　　　　金	2,500						2,500	
売　掛　金	7,300						7,300	
売買目的有価証券	6,800			800			6,000	
繰　越　商　品	4,000		5,000	4,000			5,000	
建　　　　物	18,000						18,000	
買　掛　金		5,000						5,000
貸倒引当金		100		40				140
減価償却累計額		6,400		400				6,800
資　本　金		20,000						20,000
売　　　　上		25,000				25,000		
仕　　　　入	17,600		4,000	5,000	16,600			
支　払　利　息	300			60	240			
	56,500	56,500						
貸倒引当金繰入			40		40			
有価証券評価損			800		800			
減価償却費			400		400			
前　払　利　息			60				60	
当期純利益					6,920			6,920
			10,300	10,300	25,000	25,000	38,860	38,860

合計欄は、必ず借方と貸方が一致します。

当期純利益は、損益計算書欄の貸借差額で計算し、貸借対照表欄に、貸借逆に記入します。

ⓐ貸借対照表の科目　ⓑ損益計算書の科目

ⓒ決算整理で新たに生じた科目と当期純利益（当期純損失）。
貸借対照表の科目も損益計算書の科目もあります。

フォーム、記入方法は３級と同じです。

基本問題

次の決算整理事項にもとづいて精算表を作成しなさい。

(1) 商品の期末有高は以下のとおりである。なお、売上原価の計算は仕入の行で行う。

　　帳簿棚卸高20個　　原価@100円
　　実地棚卸高15個　　時価@ 80円（正味売却価額）

　棚卸減耗費は売上原価に算入しない。

(2) 受取手形と売掛金の期末残高に対して貸倒引当金を設定する。なお、貸倒実績率は1％とする。

(3) 売買目的有価証券（時価2,000円）を時価法により評価する。

(4) 備品について定率法（償却率0.2）により減価償却費を計上する。

(5) 株式交付費は当期首に支出したものであり、3年間で定額法により月割償却する。

精　算　表

勘定科目	試算表 借方	試算表 貸方	修正記入 借方	修正記入 貸方	損益計算書 借方	損益計算書 貸方	貸借対照表 借方	貸借対照表 貸方
現　　　　金	500							
受　取　手　形	2,000							
売　　掛　　金	3,000							
売買目的有価証券	1,500							
繰　越　商　品	2,500							
備　　　　品	5,000							
株　式　交　付　費	300							
買　　掛　　金		470						
貸　倒　引　当　金		30						
減価償却累計額		1,000						
資　　本　　金		8,300						
売　　　　上		10,000						
仕　　　　入	5,000							
	19,800	19,800						
棚　卸　減　耗　費								
商　品　評　価　損								
貸倒引当金繰入								
有価証券評価（　）								
減　価　償　却　費								
（　　　　　　　）								
当　期　純　利　益								

Day 6　決算手続き

解答

精　算　表

勘定科目	試算表 借方	試算表 貸方	修正記入 借方	修正記入 貸方	損益計算書 借方	損益計算書 貸方	貸借対照表 借方	貸借対照表 貸方
現　　　金	500						500	
受 取 手 形	2,000						2,000	
売 掛 金	3,000						3,000	
売買目的有価証券	1,500		500				2,000	
繰 越 商 品	2,500		2,000	2,500			1,200	
				500				
				300				
備　　　品	5,000						5,000	
株 式 交 付 費	300			100			200	
買 掛 金		470						470
貸 倒 引 当 金		30		20				50
減価償却累計額		1,000		800				1,800
資 本 金		8,300						8,300
売　　　上		10,000				10,000		
仕　　　入	5,000		2,500	2,000	5,800			
			300					
	19,800	19,800						
棚 卸 減 耗 費			500		500			
商 品 評 価 損			300	300				
貸倒引当金繰入			20		20			
有価証券評価（益）				500		500		
減 価 償 却 費			800		800			
（株式交付費償却）			100		100			
当 期 純 利 益					3,280			3,280
			7,020	7,020	10,500	10,500	13,900	13,900

(1) 売上原価の算定

	（借）仕　　　　　入	2,500	（貸）繰　越　商　品	2,500
	（借）繰　越　商　品	2,000	（貸）仕　　　　　入	2,000 *1
	（借）棚 卸 減 耗 費	500	（貸）繰　越　商　品	500 *2
	（借）商 品 評 価 損	300	（貸）繰　越　商　品	300 *3
	（借）仕　　　　　入	300	（貸）商 品 評 価 損	300

240

```
                                        *1 期末商品帳簿価額
                                           @100円×20個＝2,000円

@100円   *3 商品評価損          *2
         (@100円－@80円)×15個＝300円  棚卸減耗費
@80円                              @100円×
         貸借対照表                (20個－15個)
         @80円×15個＝1,200円       ＝500円

                                  15個      20個
```

(2) 貸倒引当金の設定
　　　（借）貸倒引当金繰入　　　20　　（貸）貸倒引当金　　　20 *
　　＊(2,000円＋3,000円)×1％－30円＝20円

(3) 有価証券の評価替え
　　　（借）売買目的有価証券　　500　（貸）有価証券評価益　500 *
　　＊2,000円－1,500円＝500円

(4) 減価償却費の計上
　　　（借）減価償却費　　　　800　　（貸）減価償却累計額　800 *
　　＊(5,000円－1,000円)×0.2＝800円

(5) 繰延資産の償却
　　　（借）株式交付費償却　　100　　（貸）株式交付費　　　100 *
　　＊$300円 \times \frac{12カ月}{12カ月 \times 3年} = 100円$

Day 6 決算手続き

実際に問題を解いてみよう！
▼
トレーニングの基本問題 問題44 へ！
本試験レベル 問題14 問題15 へ！

42 勘定・帳簿の締め切り

●英や米で採用しているから英米式…なんて安直な名前！

締め切りとは

　1年を振り返って、勘定や帳簿を整理することを「**締め切る**」といいます。総勘定元帳の締切方法については、**英米式決算法**と**大陸式決算法**という2つの方法がありますが、ここでは英米式決算法について説明します。

英米式決算法の締切方法

　3級で学習したのは英米式決算法です。英米式決算法の締切方法は次のとおりです。

Step 1　収益・費用の各勘定から損益勘定に振り替え

Step 2　損益勘定から当期純損益を繰越利益剰余金勘定に振り替え

Step 3　収益・費用の各勘定の締め切り

Step 4　資産・負債・純資産の各勘定の締め切り

Step 5　繰越試算表の作成

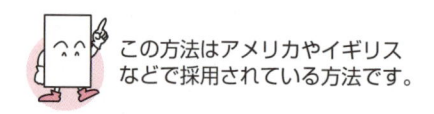

　　　この方法はアメリカやイギリス
　　　などで採用されている方法です。

例を使ってみていきましょう。

例

● 決算整理をしたあとの各勘定残高（一部）は次のとおりである（決算日×2年3月31日）。

現　　　　金		買　　掛　　金	
4/1 前期繰越 200	諸　　口 100	諸　　口 100	4/1 前期繰越 250
諸　　口 300			

資　　本　　金		繰越利益剰余金	
	4/1 前期繰越 300	6/20 利益準備金 20	4/1 前期繰越 70
		〃　 株主配当金 30	

売　　　　上		仕　　　　入	
	諸　　口 100	諸　　口 30	

減価償却費	
諸　　口 10	

Step 1　収益・費用の各勘定から損益勘定に振り替え

収益勘定から損益勘定の貸方に、費用勘定から損益勘定の借方に振り替えます。

●収益の振り替え

（借）売　　　　上	100	（貸）損　　　　益	100

●費用の振り替え

（借）損　　　　益	40	（貸）仕　　　　入	30
		減価償却費	10

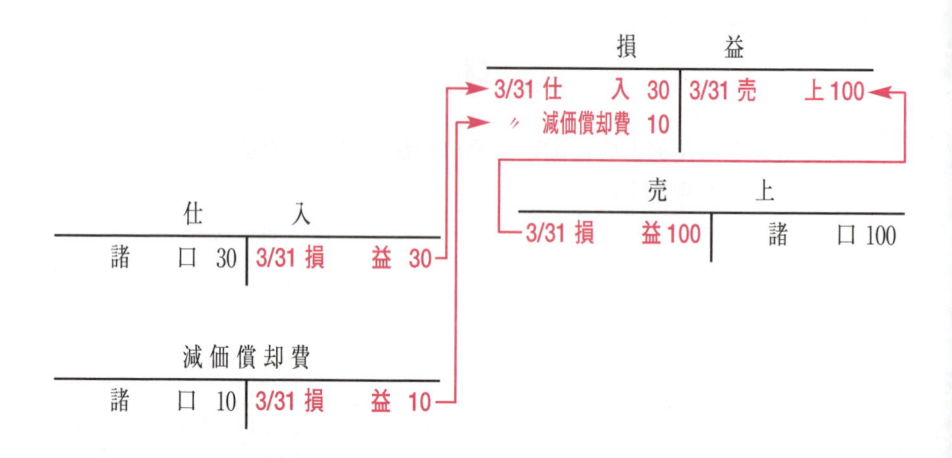

```
          損           益
3/31 仕    入  30 │ 3/31 売    上 100
  〃 減価償却費 10 │
```

```
          仕           入
  諸    口  30 │ 3/31 損    益  30
```

```
         減価償却費
  諸    口  10 │ 3/31 損    益  10
```

```
          売           上
3/31 損    益 100 │   諸    口 100
```

> **要点** 収益・費用の各勘定の振り替え
> 収益・費用の各勘定⇒損益勘定へ振り替え

Step 2 損益勘定から当期純損益を繰越利益剰余金勘定に振り替え

　個人商店が対象の3級では、当期純損益を損益勘定から資本金勘定に振り替えましたが、株式会社が対象の2級では、当期純損益を損益勘定から**繰越利益剰余金勘定**に振り替えます。

| （借）損　　　益 | 60 | （貸）繰越利益剰余金 | 60 |

```
           損             益
3/31 仕      入  30 │ 3/31 売    上 100
  〃 減価償却費    10 │
  〃 繰越利益剰余金 60 │
```

```
              繰越利益剰余金
6/20 利益準備金 20 │ 4/1 前期繰越 70
  〃 株主配当金 30 │ 3/31 損   益 60
```

これは貸方差額（費用＜収益）の場合です。

もし借方差額（費用＞収益）の場合はこうなります。

【例】売上100円、仕入110円、減価償却費10円（決算日3月31日）

(借) 繰越利益剰余金　20　　(貸) 損　　益　20

```
        損            益
3/31 仕   入 110  3/31 売    上 100
  〃 減価償却費 10   繰越利益剰余金 20
                              
                       繰越利益剰余金
                    3/31 損   益 20
```

> **要点　当期純損益の振り替え**
> 当期純利益…繰越利益剰余金勘定（貸方）に振り替える
> 当期純損失…繰越利益剰余金勘定（借方）に振り替える

Day 6 決算手続き

Step 3　収益・費用の各勘定の締め切り

収益・費用の勘定と損益勘定を、貸借が一致することを確認して締め切ります。

Step 1、Step 2の処理により、貸借が一致した収益・費用の各収益勘定を締め切ります。

```
        仕    入                        売    上
諸  口  30 │3/31 損  益 30    3/31 損  益 100 │諸  口 100
        30 │        30              100 │       100

       減価償却費                       損      益
諸  口  10 │3/31 損  益 10    3/31 仕   入  30 │3/31 売  上 100
        10 │        10       〃 減価償却費 10 │
                             〃 繰越利益剰余金 60 │
                                         100 │       100
```

Step 4　資産・負債・純資産の各勘定の締め切り

資産・負債・純資産の各勘定は貸借差額（期末残高）を「**次期繰越**」と赤字で記入し（試験では黒字で記入してください）、貸借の一致を確認していったん締め切ります。次に翌期首の日付で、「次期繰越」と記入した逆側に「**前期繰越**」として金額を記入します。

```
              現         金
4/1 前期繰越 200      買 掛 金   100
    諸    口 300  3/31 次期繰越 400
             500                500
4/1 前期繰越 400
```

資産の勘定は貸方に次期繰越と記入します。

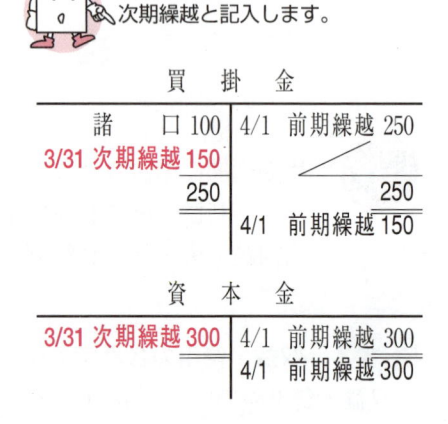

負債と純資産の勘定は借方に次期繰越と記入します。

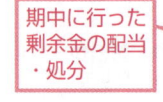

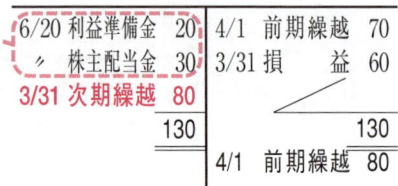

```
              買  掛  金
    諸    口 100   4/1 前期繰越 250
3/31 次期繰越 150
             250                250
                   4/1 前期繰越 150
```

```
              資  本  金
3/31 次期繰越 300   4/1 前期繰越 300
                   4/1 前期繰越 300
```

```
            繰越利益剰余金
6/20 利益準備金  20   4/1 前期繰越 70
 〃  株主配当金 30   3/31 損   益 60
3/31 次期繰越   80
              130                130
                    4/1 前期繰越 80
```

期中に行った剰余金の配当・処分

> **要点**　資産・負債・純資産の各勘定の締め切り
> 資産・負債・純資産の各勘定⇒貸借差額は「次期繰越」。締切後、次期繰越と逆側に「前期繰越」として金額を記入

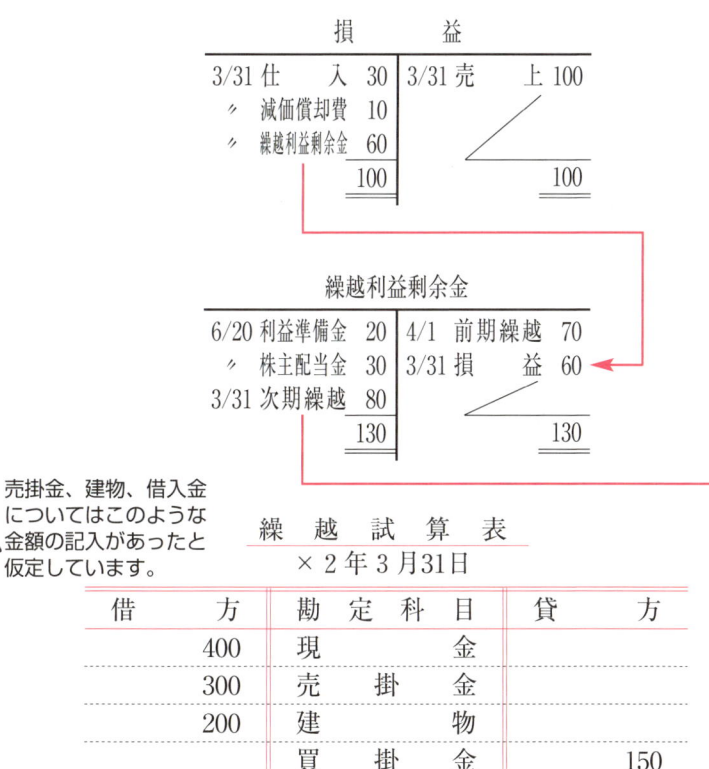

Step 5　繰越試算表の作成

Step 4の資産・負債・純資産（貸借対照表の科目）の各勘定から**繰越試算表**を作成します。繰越試算表は、「これだけのものを当期から次期に繰り越してますよ」という一覧表です。

損益勘定、繰越利益剰余金勘定、繰越試算表のつながり

損益勘定、繰越利益剰余金勘定、繰越試算表のつながりは次のとおりです。

```
              損        益
3/31 仕    入  30 │ 3/31 売    上 100
  〃 減価償却費  10 │
  〃 繰越利益剰余金 60 │
             ─── │        ───
             100 │        100
```

```
           繰越利益剰余金
6/20 利益準備金  20 │ 4/1 前期繰越  70
  〃 株主配当金  30 │ 3/31 損    益  60
3/31 次期繰越  80 │
            ─── │        ───
            130 │        130
```

売掛金、建物、借入金についてはこのような金額の記入があったと仮定しています。

繰越試算表
×2年3月31日

借　　方	勘　定　科　目	貸　　方
400	現　　　　金	
300	売　掛　金	
200	建　　　　物	
	買　掛　金	150
	借　入　金	370
	資　本　金	300
	繰越利益剰余金	80
900		900

基本問題

次の資料から損益勘定、繰越利益剰余金勘定、繰越試算表を作成しなさい（ただし、締め切らなくてよい）。

売　　　上		受　取　利　息	
	1,000		100

仕　　　入		貸倒引当金繰入	
600		10	

減 価 償 却 費		現　　　金	
80		370	

売　掛　金		建　　　物	
300		750	

買　掛　金		貸 倒 引 当 金	
	115		15

減価償却累計額		資　本　金	
	240		400

利 益 準 備 金	
	50

解答用紙

損　益

繰越利益剰余金

利益準備金 10	前期繰越 200

繰越試算表

借　方	勘定科目	貸　方
	現　　　金	
	売　掛　金	
	建　　　物	
	買　掛　金	
	貸倒引当金	
	減価償却累計額	
	資　本　金	
	利益準備金	
	繰越利益剰余金	

解答

損　益

仕　　　入	600	売　　　上	1,000
貸倒引当金繰入	10	受 取 利 息	100
減価償却費	80		
繰越利益剰余金	410		

繰越利益剰余金

利益準備金	10	前期繰越	200
次期繰越	600	損　　益	410

繰越試算表

借　方	勘定科目	貸　方
370	現　　　金	
300	売　掛　金	
750	建　　　物	
	買　掛　金	115
	貸倒引当金	15
	減価償却累計額	240
	資　本　金	400
	利益準備金	50
	繰越利益剰余金	600
1,420		1,420

Day 6 決算手続き

ここをおさえろ！
1.2.3

1 収益、費用の各勘定は何勘定に振り替える？

2 繰越試算表って何？

3 損益勘定、繰越利益剰余金勘定、繰越試算表のつながりは？

➡ トレーニングの本試験レベル 問題18 へ！

43 財務諸表の作成

●これを作るために仕訳をしているんです!!

財務諸表とは？

株主資本等変動計算書については㉝を参照して下さい。

財務諸表とは、一会計期間における会社の活動の結果を、株主や債権者などに報告するために作成される書類をいいます。

財務諸表には損益計算書や貸借対照表、株主資本等変動計算書などがあります。

損益計算書

損益計算書は会社がいくら儲けたか（経営成績）を報告する表です。損益計算書の形には、①**勘定式**と②**報告式**があります。

①勘定式

3級で学習した形式で、**借方**に**費用**と**利益**を、**貸方**に**収益**を記入するものです。

損　益　計　算　書

○×商事㈱　　自×1年4月1日　至×2年3月31日　　（単位：円）

費　　　用	金　　額	収　　　益	金　　額
売 上 原 価	400	売　　　　上	1,200
給　　　料	250	受 取 利 息	100
広 告 宣 伝 費	220		
水 道 光 熱 費	130		
当 期 純 利 益	300		
	1,300		1,300

②**報告式**

2級では、報告式の損益計算書も出題されます。
報告式の損益計算書のひな型は次のとおりです。

```
                    損 益 計 算 書
              自×1年4月1日 至×2年3月31日     （単位：円）
  Ⅰ 売   上   高                                1,200
  Ⅱ 売 上 原 価
      1．期首商品棚卸高        100
      2．当期商品仕入高        500
          合      計          600
      3．期末商品棚卸高        200            400
        売 上 総 利 益                         800   ← 1段階目
  Ⅲ 販売費及び一般管理費
      1．広 告 宣 伝 費         20
      2．貸倒引当金繰入         30
      3．旅 費 交 通 費         40
      4．減 価 償 却 費         50
      5．退 職 給 付 費 用      60            200
        営 業 利 益                           600   ← 2段階目
  Ⅳ 営 業 外 収 益
      1．受 取 利 息          100
      2．有 価 証 券 利 息      20
      3．仕 入 割 引           10            130
  Ⅴ 営 業 外 費 用
      1．手 形 売 却 損        120
      2．社 債 利 息           30
      3．社 債 発 行 費 償 却   60            210
        経 常 利 益                           520   ← 3段階目
  Ⅵ 特 別 利 益
      1．固 定 資 産 売 却 益                  50
  Ⅶ 特 別 損 失
      1．火 災 損 失          400
      2．固 定 資 産 除 却 損   20            420
        税引前当期純利益                       150   ← 4段階目
        法   人   税   等                     75
        当 期 純 利 益                         75   ← 5段階目
```

並び順をすべて覚える必要はありません。
どの区分に入るかが、だいたいわかればOK！

報告式では、段階的に利益が計算されます。

> 1段階目　売上総利益

売上高から売上原価を差し引いたものが**売上総利益**です。売上高は商品などをいくら売り上げたかを表し、売上原価は、売上に対応する原価（費用）を表します。

> 2段階目　営業利益

売上総利益から販売費及び一般管理費を差し引いたものが**営業利益**です。営業利益は、会社の主たる営業活動から生じた利益を表します。

> **販売費及び一般管理費**…給料、広告宣伝費、支払保険料、支払家賃、租税公課、貸倒引当金繰入、旅費交通費、減価償却費、退職給付費用など

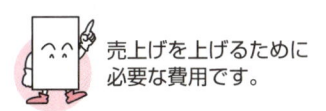

売上げを上げるために必要な費用です。

> 3段階目　経常利益

営業利益に営業外収益と営業外費用を加減したものが**経常利益**です。経常利益は、会社の経常的な活動から生じた利益を表します。

> **営業外収益**…受取利息、有価証券利息、仕入割引、有価証券評価益など
> **営業外費用**…手形売却損、支払利息、社債利息、社債発行費償却、売上割引、有価証券評価損など

利息などですね。

| 4段階目 | 税引前当期純利益 |

　経常利益に、臨時的な事態や異常な状態から生じた**特別利益**や**特別損失**を加減したものが**税引前当期純利益**です。

> **特 別 利 益**…固定資産売却益、保険差益など
> **特 別 損 失**…固定資産売却損、固定資産除却損、火災損失など

　たまにしか発生しない取引から生じるものです。

| 5段階目 | 当期純利益 |

　税引前当期純利益から法人税や住民税、事業税を差し引いたものが**当期純利益**です。この当期純利益が、当期のすべての活動から生じた最終的な儲けということになります。

●棚卸減耗費と商品評価損

　棚卸減耗費については、**売上原価に含めて計上**する場合と**販売費及び一般管理費**に計上する場合があります。
　どちらで処理するかは問題文に指示されますので、その指示にしたがって解答してください。
　また、商品評価損については、**売上原価に含めて計上**します。

> **要点　棚卸減耗費と商品評価損の区分**
> 棚卸減耗費…売上原価または販売費及び一般管理費
> 商品評価損…売上原価

棚卸減耗費を売上原価に含めて計上する場合と、売上原価に含めない場合の損益計算書の記入方法は次のとおりです。

```
損益計算書（売上原価に含める場合）

Ⅰ 売　　上　　高　　　　　　　　　　1,200
Ⅱ 売　上　原　価
　　1．期首商品棚卸高　　　100
　　2．当期商品仕入高　　　500
　　　　合　　　計　　　　　600
　　3．期末商品棚卸高　　　200
　　　　差　　　引　　　　　400
　　　商 品 評 価 損　　　　 20
　　　棚 卸 減 耗 費　　　　 30　　 450
　　　売上総利益　　　　　　　　　　 750
　　　　　　　：
```

```
損益計算書（売上原価に含めない場合）

Ⅰ 売　　上　　高　　　　　　　　　　1,200
Ⅱ 売　上　原　価
　　1．期首商品棚卸高　　　100
　　2．当期商品仕入高　　　500
　　　　合　　　計　　　　　600
　　3．期末商品棚卸高　　　200
　　　　差　　　引　　　　　400
　　　商 品 評 価 損　　　　 20　　 420
　　　売上総利益　　　　　　　　　　 780
Ⅲ 販売費及び一般管理費
　　　　　　　：
　　　棚 卸 減 耗 費　　　　 30
```

貸借対照表

貸借対照表は、決算時点で会社に財産がどのくらいあるのか（財政状態）を報告するための表です。貸借対照表の形も損益計算書と同じように**勘定式**と**報告式**がありますが、試験ではほとんど勘定式が出題されますので、勘定式についてみていきましょう。

勘定式の貸借対照表

勘定式の貸借対照表のひな型は次のとおりです。

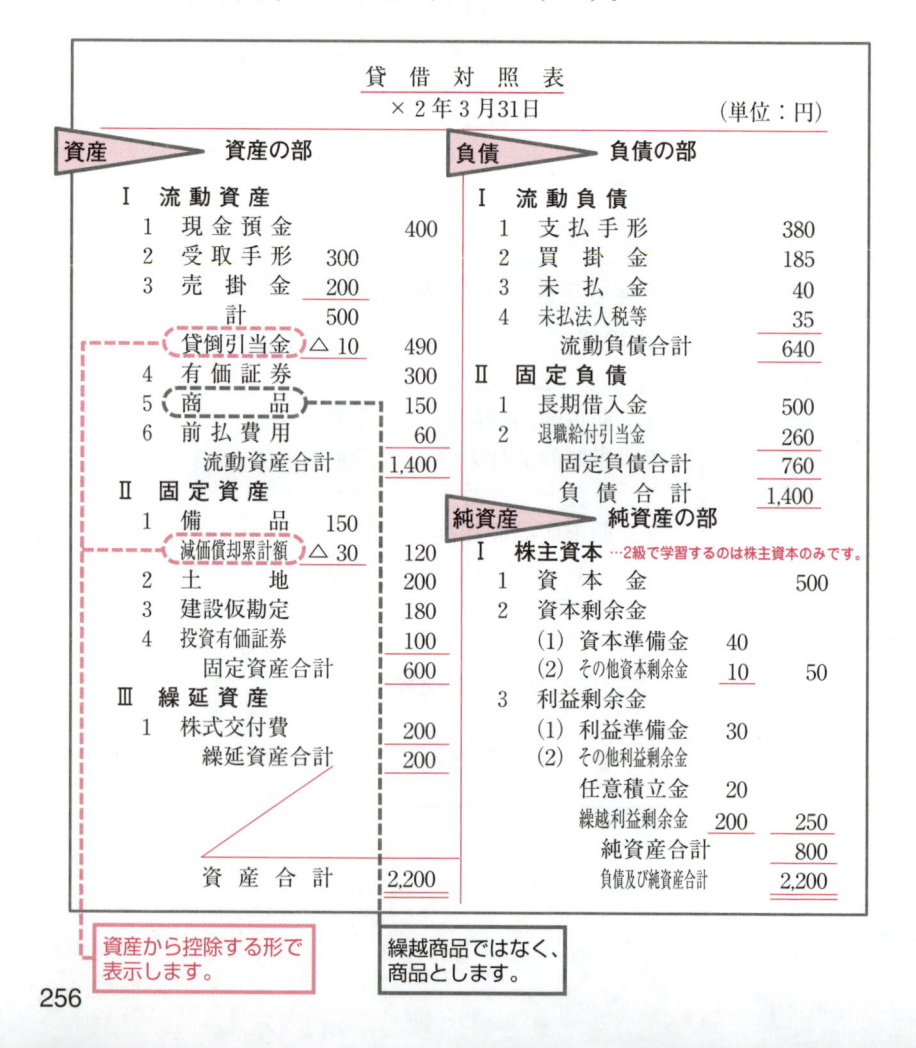

```
                    貸 借 対 照 表
                     ×2年3月31日              （単位：円）

資産  資産の部                    負債  負債の部
  Ⅰ 流 動 資 産                    Ⅰ 流 動 負 債
    1 現 金 預 金      400           1 支 払 手 形       380
    2 受 取 手 形  300               2 買   掛   金     185
    3 売   掛   金  200              3 未   払   金      40
           計      500               4 未払法人税等      35
       貸倒引当金  △10    490              流動負債合計   640
    4 有 価 証 券     300           Ⅱ 固 定 負 債
    5 商     品      150             1 長 期 借 入 金    500
    6 前 払 費 用     60             2 退職給付引当金    260
         流動資産合計  1,400              固定負債合計    760
  Ⅱ 固 定 資 産                           負 債 合 計   1,400
    1 備     品   150            純資産  純資産の部
       減価償却累計額 △30  120      Ⅰ 株 主 資 本  …2級で学習するのは株主資本のみです。
    2 土     地      200             1 資   本   金    500
    3 建設仮勘定      180             2 資本剰余金
    4 投資有価証券    100              (1) 資本準備金  40
         固定資産合計   600             (2) その他資本剰余金 10  50
  Ⅲ 繰 延 資 産                        3 利益剰余金
    1 株式交付費      200              (1) 利益準備金  30
         繰延資産合計   200              (2) その他利益剰余金
                                         任意積立金   20
                                         繰越利益剰余金 200  250
                                           純資産合計    800
         資 産 合 計  2,200            負債及び純資産合計 2,200
```

資産から控除する形で表示します。

繰越商品ではなく、商品とします。

資産の部

資産の部は**流動資産**、**固定資産**、**繰延資産**に分かれます。

> **流動資産**…現金預金、受取手形、売掛金、有価証券（売買目的有価証券）、商品、短期貸付金など
> **固定資産**…建物、備品、土地、建設仮勘定、投資有価証券（満期保有目的債券）、長期貸付金など
> **繰延資産**…創立費、社債発行費、株式交付費など

負債の部

負債の部は**流動負債**と**固定負債**に分かれます。

> **流動負債**…支払手形、買掛金、未払金、未払法人税等など
> **固定負債**…長期借入金、社債、退職給付引当金など

純資産の部

純資産の部は**資本金**、**資本剰余金**、**利益剰余金**に分かれます。

> **資本剰余金**…資本準備金、その他資本剰余金
> **利益剰余金**…利益準備金、その他利益剰余金（任意積立金、繰越利益剰余金）

●流動と固定

流動資産と固定資産、流動負債と固定負債の区分ですが、基本的に**長期的なものかどうか**（決算日の翌日から数えて1年を超えても存在しているかどうか）で流動と固定に分かれます。

また、主な営業取引から生じた**売掛金**や**受取手形**、**棚卸資産**、**買掛金**、**支払手形**などは、たとえ**1年を超えても流動資産**や**流動負債**に分類されます。

基本問題

次の（A）決算整理前の残高試算表と（B）決算整理事項にもとづいて、損益計算書と貸借対照表を完成しなさい。ただし、会計期間は×2年4月1日から×3年3月31日までの1年である。

（A）残高試算表

残高試算表
×3年3月31日　（単位：円）

借方	勘定科目	貸方
4,700	現　金　預　金	
1,600	受　取　手　形	
2,800	売　　掛　　金	
960	繰　越　商　品	
3,200	建　　　　　物	
180	株　式　交　付　費	
	支　払　手　形	1,000
	長　期　借　入　金	2,000
	貸　倒　引　当　金	180
	減価償却累計額	1,800
	資　　本　　金	5,400
	資　本　準　備　金	600
	利　益　準　備　金	670
	任　意　積　立　金	160
	繰越利益剰余金	90
	売　　　　　上	9,900
6,500	仕　　　　　入	
1,600	給　　　　　料	
240	保　　険　　料	
	受　取　利　息	100
160	固定資産売却損	
	償却債権取立益	40
21,940		21,940

（B）決算整理事項

(1) 受取手形と売掛金の期末残高に対し、5％の貸倒引当金によって設定する。

(2) 商品の期末棚卸高は次のとおりである。

	数量	単価
帳簿棚卸高	100個	@20円[*1]
実地棚卸高	90個	@18円[*2]

＊1原価　＊2時価（正味売却価額）
商品評価損と棚卸減耗費は売上原価の内訳科目として表示する。

(3) 固定資産の減価償却を次のとおり行う。

　建物　定額法
　　　耐用年数9年
　　　残存価額10％

(4) 株式交付費は×2年6月1日に新株を発行した際に生じたもので、3年間で定額法により月割償却する。

(5) 保険料のうち120円は×2年6月1日にむこう1年分を支払ったものである。

(6) 税引前当期純利益の40％相当額を法人税等として計上する。

損益計算書

自×2年4月1日 至×3年3月31日 （単位：円）

Ⅰ 売 上 高 （　　　）
Ⅱ 売 上 原 価
　　1．期首商品棚卸高 （　　　）
　　2．当期商品仕入高 （　　　）
　　　　合　　　計 （　　　）
　　3．期末商品棚卸高 （　　　）
　　　　差　　　引 （　　　）
　　4．商品評価損 （　　　）
　　5．（　　　　　） （　　　） （　　　）
　　　　売上総利益 （　　　）
Ⅲ 販売費及び一般管理費
　　1．給　　　料 （　　　）
　　2．貸倒引当金繰入 （　　　）
　　3．（　　　　　） （　　　）
　　4．保　険　料 （　　　） （　　　）
　　　　営業利益 （　　　）
Ⅳ 営 業 外 収 益
　　1．（　　　　　） （　　　）
Ⅴ 営 業 外 費 用
　　1．株式交付費償却 （　　　）
　　　　経常利益 （　　　）
Ⅵ 特 別 利 益
　　1．（　　　　　） （　　　）
Ⅶ 特 別 損 失
　　1．（　　　　　） （　　　）
　　　　税引前当期純利益 （　　　）
　　　（　　　　　　） （　　　）
　　　　当期純利益 （　　　）

貸借対照表
×3年3月31日　　　　　　　　　　（単位：円）

資　産　の　部				負　債　の　部		
Ⅰ 流 動 資 産				Ⅰ 流 動 負 債		
1 現 金 預 金		(　　　)		1 支 払 手 形		(　　　)
2 受 取 手 形	(　　　)			2 未払法人税等		(　　　)
3 売 掛 金	(　　　)			流動負債合計		(　　　)
計	(　　　)			Ⅱ 固 定 負 債		
(　　　　　)	(　　　)	(　　　)		1 長期借入金		(　　　)
4 商　　　品		(　　　)		固定負債合計		(　　　)
5 (　　　　)		(　　　)		負 債 合 計		(　　　)
流動資産合計		(　　　)		純　資　産　の　部		
Ⅱ 固 定 資 産				Ⅰ 株 主 資 本		
1 建　　　物	(　　　)			1 資　本　金		(　　　)
(　　　　　)	(　　　)	(　　　)		2 資本剰余金		
固定資産合計		(　　　)		(1) 資本準備金		(　　　)
Ⅲ 繰 延 資 産				3 利益剰余金		
1 株式交付費		(　　　)		(1) (　　　　)		(　　　)
繰延資産合計		(　　　)		(2) その他利益剰余金		
				(　　　　)	(　　　)	
				繰越利益剰余金 (　　　)	(　　　)	
				純資産合計		(　　　)
資 産 合 計		(　　　)		負債及び純資産合計		(　　　)

260

解答

損 益 計 算 書
自×2年4月1日 至×3年3月31日　（単位：円）

Ⅰ 売 上 高			(9,900)	
Ⅱ 売 上 原 価				
1．期首商品棚卸高	(960)			
2．当期商品仕入高	(6,500)			
合　　計	(7,460)			
3．期末商品棚卸高	(2,000)			
差　　引	(5,460)			
4．商品評価損	(180)			
5．(棚卸減耗費)	(200)	(5,840)		
売上総利益		(4,060)		
Ⅲ 販売費及び一般管理費				
1．給　　料	(1,600)			
2．貸倒引当金繰入	(40)			
3．(減価償却費)	(320)			
4．保　険　料	(220)	(2,180)		
営業利益		(1,880)		
Ⅳ 営業外収益				
1．(受取利息)		(100)		
Ⅴ 営業外費用				
1．株式交付費償却		(50)		
経常利益		(1,930)		
Ⅵ 特 別 利 益				
1．(償却債権取立益)		(40)		
Ⅶ 特 別 損 失				
1．(固定資産売却損)		(160)		
税引前当期純利益		(1,810)		
（法 人 税 等）		(724)		
当期純利益		(1,086)		

貸借対照表
×3年3月31日　　　　　　　　　　　　　　　（単位：円）

資　産　の　部			負　債　の　部		
Ⅰ 流動資産			Ⅰ 流動負債		
1 現 金 預 金		（　4,700）	1 支 払 手 形		（　1,000）
2 受 取 手 形	（1,600）		2 未払法人税等		（　　724）
3 売　掛　金	（2,800）		流動負債合計		（　1,724）
計	（4,400）		Ⅱ 固定負債		
（貸倒引当金）	（　220）	4,180	1 長期借入金		（　2,000）
4 商　　　品		（1,620）	固定負債合計		（　2,000）
5（前 払 費 用）		（　　20）	負 債 合 計		（　3,724）
流動資産合計		（10,520）	純　資　産　の　部		
Ⅱ 固定資産			Ⅰ 株 主 資 本		
1 建　　　物	（3,200）		1 資　本　金		（　5,400）
（減価償却累計額）	（2,120）	（1,080）	2 資本剰余金		
固定資産合計		（1,080）	（1）資本準備金		（　　600）
Ⅲ 繰延資産			3 利益剰余金		
1 株式交付費		（　130）	（1）（利益準備金）	（　670）	
繰延資産合計		（　130）	（2）その他利益剰余金		
			（任意積立金）	（　160）	
			繰越利益剰余金	（1,176）	（2,006）
			純資産合計		（　8,006）
資　産　合　計		（11,730）	負債及び純資産合計		（11,730）

> 建物減価償却累計額
> とはしません。

（1）貸倒引当金

（2）売上原価の計算

　　B/S　貸 倒 引 当 金：（1,600円＋2,800円）× 5％＝ 220円

　　P/L　貸倒引当金繰入：220円－180円＝40円

　　　　　（借）貸倒引当金繰入　　40　　（貸）貸倒引当金　　40

（3）減価償却費の計上

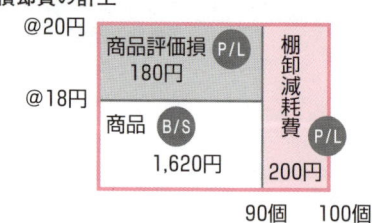

@20円　商品評価損 180円　P/L　棚卸減耗費 200円　P/L
@18円　商品 B/S 1,620円
　　　　　　　　　　　90個　　100個

（借）仕　　　　入	960	（貸）繰 越 商 品	960
（借）繰 越 商 品	2,000	（貸）仕　　　　入	2,000
（借）棚 卸 減 耗 費	200	（貸）繰 越 商 品	200
（借）仕　　　　入	200	（貸）棚 卸 減 耗 費	200
（借）商 品 評 価 損	180	（貸）繰 越 商 品	180
（借）仕　　　　入	180	（貸）商 品 評 価 損	180

(3) 減価償却費の計上

P/L 減価償却費：3,200円×0.9÷9年＝320円

B/S 減価償却累計額：1,800円＋320円＝2,120円

（借）減価償却費　　　320　　（貸）減価償却累計額　　320

(4) 株式交付費の償却

P/L 株式交付費償却：180円×$\dfrac{10\text{カ月}}{12\text{カ月}\times 3\text{年}}$＝50円

B/S 株式交付費：180円－50円＝130円

（借）株式交付費償却　　50　　（貸）株式交付費　　　　50

(5) 保険料の計算

B/S 前払保険料：120円×$\dfrac{2\text{カ月}}{12\text{カ月}}$＝20円

P/L 保険料：240円－20円＝220円

（借）前払保険料　　　20　　（貸）保　険　料　　　　20

Day 6 決算手続き

(6) 法人税の計算

P/L 法人税等：1,810円×40％＝724円

（借）法　人　税　等　724　　（貸）未払法人税等　　　724

(7) 繰越利益剰余金の計算

90円（残高試算表）＋　1,086円（P/L 当期純利益）＝1,176円

ここをおさえる！ 1・2・3

1. 棚卸減耗費、商品評価損は損益計算書のどこに計上される？

2. 営業外収益、営業外費用になるものにはどんなものがある？

3. 流動資産、固定資産、繰延資産、流動負債、固定負債にはどんなものがある？

➡ トレーニングの基本問題　問題45　へ！
　　本試験レベル　問題16　問題17　へ！

44 本支店会計

●会社が大きくなったら支店を出したいよね！

本支店会計とは？

　会社規模が大きくなった際に、支店を設けて、そこでも営業活動を行うことがあります。このような、本店と支店がある活動形態に適用する会計制度を**本支店会計**といいます。

本店集中会計制度と支店独立会計制度

　本支店会計の会計制度には、本店だけに帳簿をおいて、支店の取引を本店が一括して処理・記録する**本店集中会計制度**と、支店に支店独自の帳簿をおいて、支店の取引は支店が独自に処理・記録する**支店独立会計制度**の2つがあります。

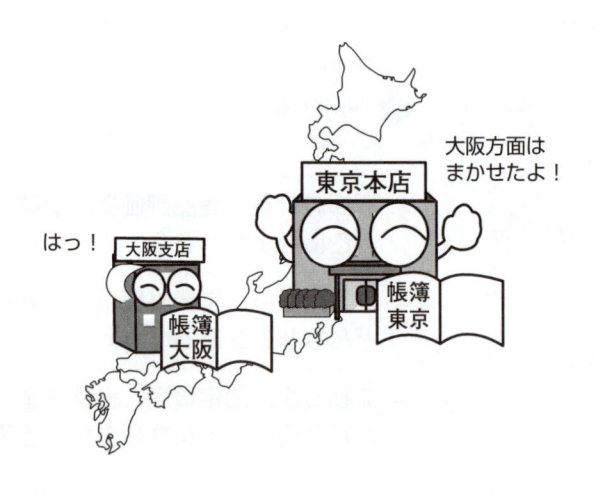

> **要点** 　**本支店会計**
> 本店集中会計制度…本店だけに帳簿をおいて、支店の取引を
> 　　　　　　　　　本店が一括して処理・記録する方法
> 支店独立会計制度…支店に支店独自の帳簿をおいて、支店の
> 　　　　　　　　　取引は支店が独自に処理・記録するとい
> 　　　　　　　　　う方法

　支店独自の採算性をみるという観点から、支店独立会計制度の方が効果的であるといわれています。このテキストでは、支店独立会計制度を前提に話を進めていきます。

本店と支店の取引

　本店・支店間の取引（**内部取引**ということもあります）は外部との取引ではないので、本店・支店間の取引ということがわかるように処理する必要があります。そのため、本店には**支店勘定**、支店には**本店勘定**を設定します。

　本店における支店勘定、支店における本店勘定はお互いの債権債務を表す勘定で、同じ金額が貸借逆に記入されます。したがって、**本店における支店勘定の残高と、支店における本店勘定の残高は、常に貸借逆で一致します。**

> **超重要** 　**支店勘定と本店勘定**
> 支店勘定…本店に設置。支店に対する債権債務を表す
> 本店勘定…支店に設置。本店に対する債権債務を表す
> ＊支店勘定の残高と本店勘定の残高は貸借逆で一致

Day 6　本支店会計

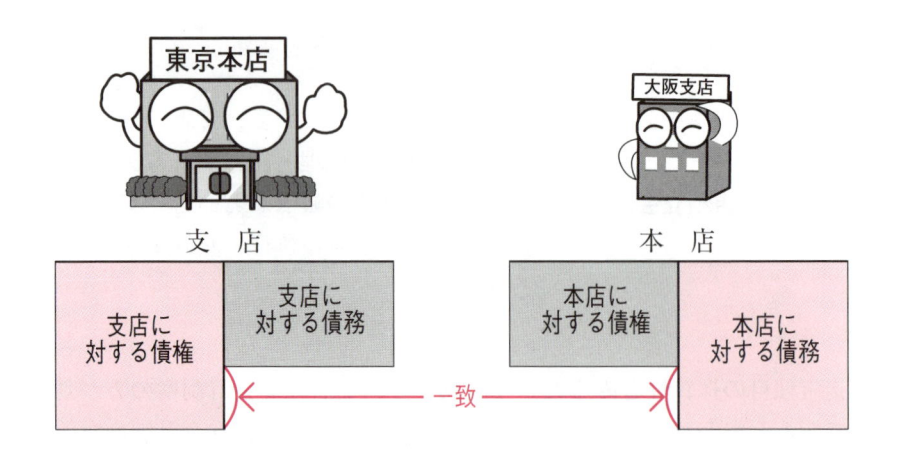

　　　　支　店　　　　　　　　　　　　　本　店

（支店に対する債権／支店に対する債務）　　（本店に対する債権／本店に対する債務）

　　　　　　　　　　　　　一致

本店・支店間の取引について、具体的な処理をみていきましょう。

①現金の送付

まず、本支店間の送金取引についてみてみましょう。

取　引

● 東京本店が大阪支店に現金1,300円を送金し、大阪支店はこれを受け取った。

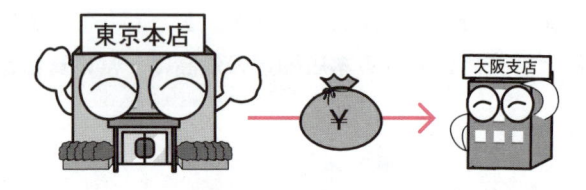

本店は現金を送ったので、**現金（資産）**が減ります。なお、相手勘定は**支店**で処理します。

東京本店の仕訳

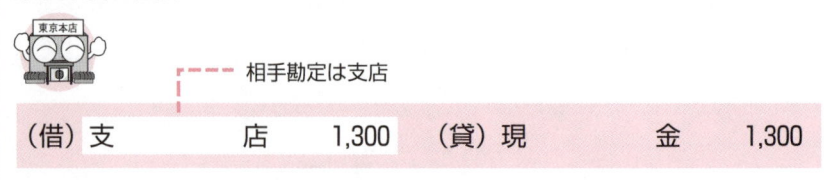

　　　　　　　　　　　　　　相手勘定は支店

（借）支　　店　　1,300　　（貸）現　　金　　1,300

支店は現金を受け取ったので、**現金（資産）**が増えます。なお、相手勘定は**本店**で処理します。

大阪支店の仕訳

相手勘定は本店

（借）現　　　金　1,300　（貸）本　　　店　1,300

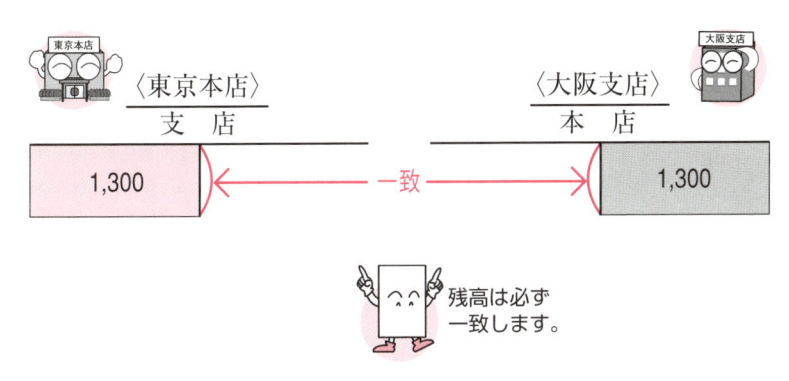

〈東京本店〉
支　店　1,300

〈大阪支店〉
本　店　1,300

一致

残高は必ず一致します。

②立替払い

本支店間で、費用や買掛金・売掛金などを立て替えた場合の処理は次のようになります。

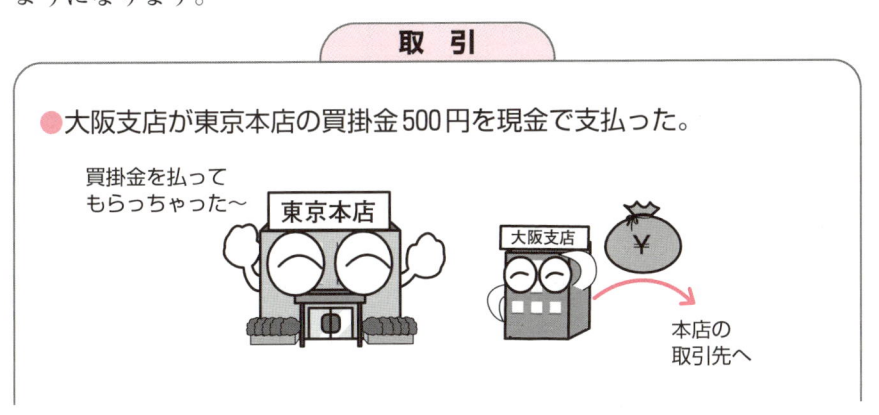

取　引

●大阪支店が東京本店の買掛金500円を現金で支払った。

買掛金を払ってもらっちゃった〜

東京本店

大阪支店

本店の取引先へ

Day 6　本支店会計

本店では、支店が買掛金を支払ってくれたので、**買掛金**（負債）が減ります。なお、相手勘定は**支店**で処理します。

東京本店の仕訳

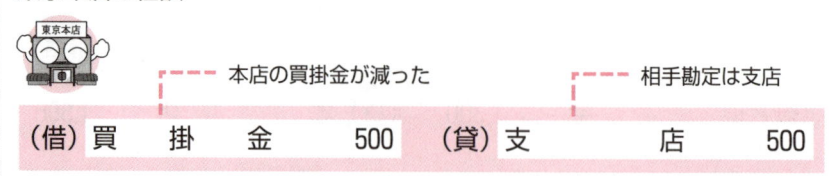

　　　　　　　　　　本店の買掛金が減った　　　　　　　　　　相手勘定は支店
（借）買　　掛　　金　　500　　（貸）支　　　　　店　　500

支店では、本店の買掛金を支払うことにより、現金（資産）が減ります。なお、相手勘定は**本店**で処理します。

大阪支店の仕訳

　　　　　　　　　　相手勘定は本店　　　　　　　　　　　　支店の現金が減った
（借）本　　　　　店　　500　　（貸）現　　　　　金　　500

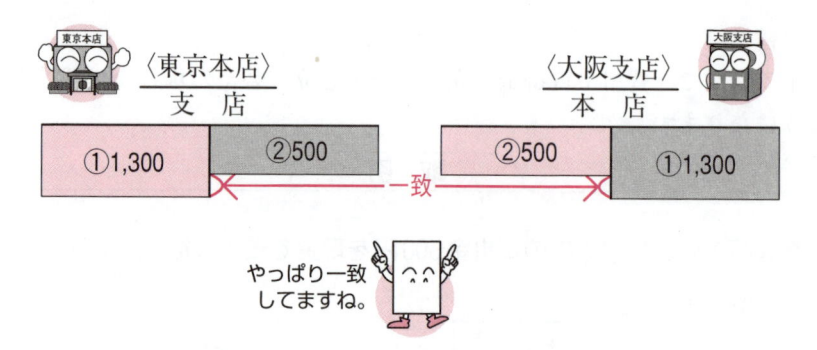

〈東京本店〉　　　　　　　　　　〈大阪支店〉
　支　店　　　　　　　　　　　　　本　店
①1,300 ②500　　　　　　　　　②500 ①1,300
　　　　　　　　　　　一致

やっぱり一致してますね。

③商品の送付

商品を仕入れるとき、本店と支店で別々に仕入れるよりも、本店で一括して大量に仕入れて、それを支店に送る方が仕入単価が安くなって、有利な場合があります。

このとき、**本店が原価に一定の利益**（**内部利益**といいます）**をつけて支店に送る場合**があります。なお、本店が仕入れた商品を支店に送る際の価額を**振替価額**といいます。

超重要

振替価額
本店が仕入れた商品を支店に送る際の価額で、原価に内部利益を足したもの

> 支店が仕入れた商品を本店に送る場合もありますが、2級では出題されていません。

本店が支店に商品を送付したときの具体的な処理をみてみましょう。

取引

●東京本店が商品（原価200円）に10％の利益を付加して大阪支店に送り、これを支店が受け取った。

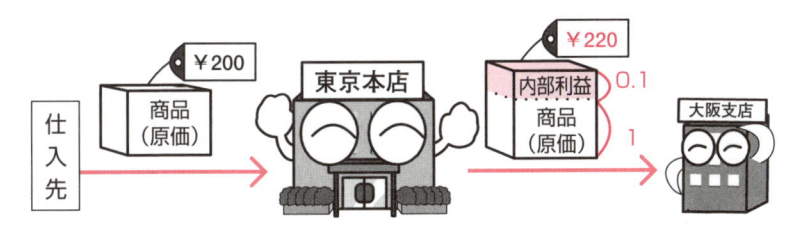

本店は支店に商品を送った（売り上げた）ので売上げの処理をしますが、外部に対する売上と分けて、「**支店へ売上**」などの勘定科目を使います。また、金額は原価（200円）に内部利益（200円×10％＝20円）を足した金額となります。

東京本店の仕訳

| （借）支　店 | 220 | （貸）支店へ売上 | 220 |

200円＋(200円×10％)＝220円
　　　　内部利益

200円×(1＋0.1)＝220円
と計算しても同じです。

Day 6　本支店会計

支店は本店から商品を受け取った(仕入れた)ので仕入れの処理をしますが、外部からの仕入と分けて、「**本店より仕入**」などの勘定科目を使います。また、金額は原価に内部利益を足した金額となります。

大阪支店の仕訳

(借)本店より仕入　　220　　(貸)本　　店　　220

これまでの①〜③の内部取引をまとめると次のようになります。

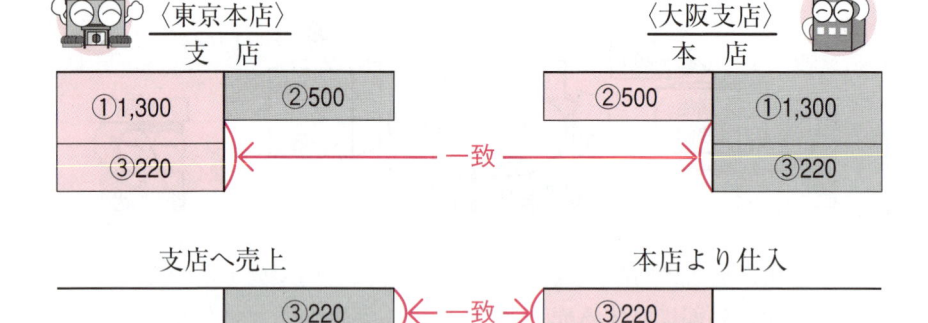

〈東京本店〉　　　　　　　　　　　　　　〈大阪支店〉
　　支　店　　　　　　　　　　　　　　　　本　店
①1,300　｜②500　　　　　　　　　　②500　｜①1,300
③220　　｜　　　　←一致→　　　　　　　　｜③220

　　支店へ売上　　　　　　　　　　　　本店より仕入
　　　　　｜③220　　　←一致→　　③220　｜

本支店間の取引は他にもありますが、考え方は①〜③と同じです。

基本問題

次の取引について、**本店と支店における仕訳を示しなさい。**

(1) 本店は支店に現金3,000円を送り、支店はこれを受け取った。
(2) 支店は本店の買掛金4,000円を小切手を振り出して支払い、本店はこの連絡を受けた。
(3) 本店は支店に商品6,000円(原価)を、原価に10％の利益を加算した価額をもって送付した。

解答

(1) 本店：（借）支　　　　店　3,000　（貸）現　　　　金　3,000
　　支店：（借）現　　　　金　3,000　（貸）本　　　　店　3,000
(2) 本店：（借）買　掛　金　4,000　（貸）支　　　　店　4,000
　　支店：（借）本　　　　店　4,000　（貸）当　座　預　金　4,000
(3) 本店：（借）支　　　　店　6,600　（貸）支　店　へ　売　上　6,600*
　　支店：（借）本店より仕入　6,600*　（貸）本　　　　店　6,600

＊6,000円×1.1＝6,600円

ここをおさえろ！1・2・3

1 内部取引って何？

2 本店に設置され、支店に対する債権債務を表す勘定は何？

3 支店に設置され、本店に対する債権債務を表す勘定は何？

➡ **トレーニングの基本問題　問題46　へ！**

Day 6　本支店会計

45 本支店合併財務諸表の作成

●財務諸表をただ足せばいいわけではない！

Day6

本支店合併財務諸表とは？

支店が独立して帳簿をつけていたとしても、単に会社内部の会計処理を別に行っているだけで、会社としては本店と支店は一体です。したがって会社全体の財務諸表を作る必要があります。これを**本支店合併財務諸表**といいます。

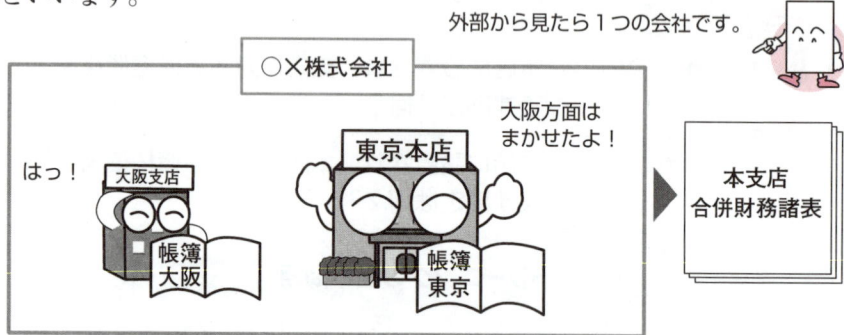

外部から見たら1つの会社です。

本支店合併財務諸表の作成の流れ

本支店合併財務諸表の作成の流れは、次のとおりです。

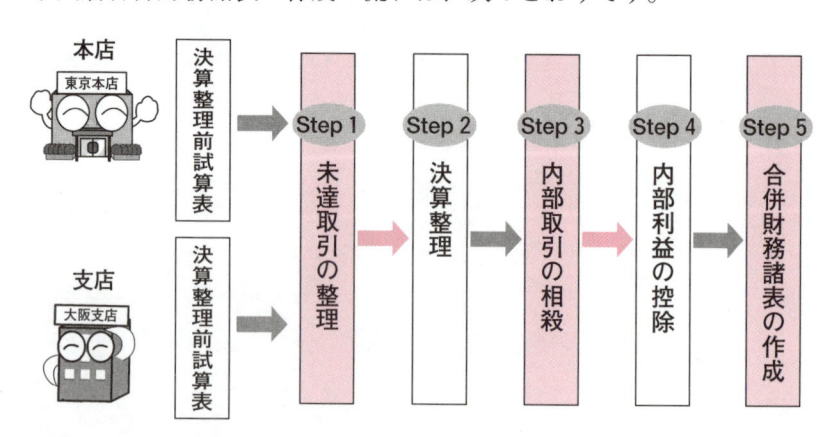

本店 → 決算整理前試算表 → Step1 未達取引の整理 → Step2 決算整理 → Step3 内部取引の相殺 → Step4 内部利益の控除 → Step5 合併財務諸表の作成

支店 → 決算整理前試算表 →

Step 1　未達取引の整理

　本店勘定と支店勘定、本店より仕入勘定と支店へ売上勘定は貸借逆で必ず一致します。しかし「連絡が届いていなかった」などの理由により、本店と支店のどちらか一方が処理し、他方が処理していない場合には、不一致が生じます。

　このように、内部取引のうちどちらかが処理していて、どちらかが処理していない取引を**未達取引**といいます。

　未達取引がある場合は、**処理していない側が適正な処理を行う**ことになります。

要点

未達取引
内部取引のうち、どちらかが処理していない取引
⇒処理していない側が適正な処理を行う

Day 6　本支店会計

取引

● 大阪支店は東京本店に現金700円を送金したが、東京本店に未達である。

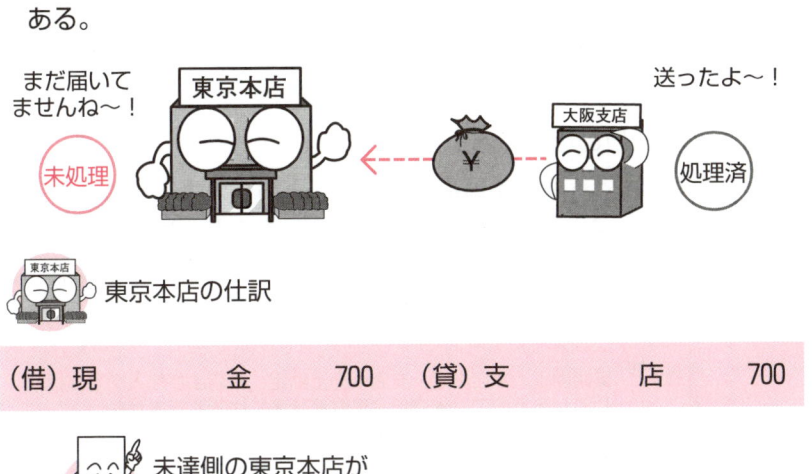

まだ届いてませんね～！　東京本店　未処理
送ったよ～！　大阪支店　処理済

東京本店の仕訳

| （借）現　　　金 | 700 | （貸）支　　　店 | 700 |

未達側の東京本店が
本来行うはずの仕訳を行います。

273

取引

● 本店は支店に商品600円（振替価額）を送付したが、支店に未達である。

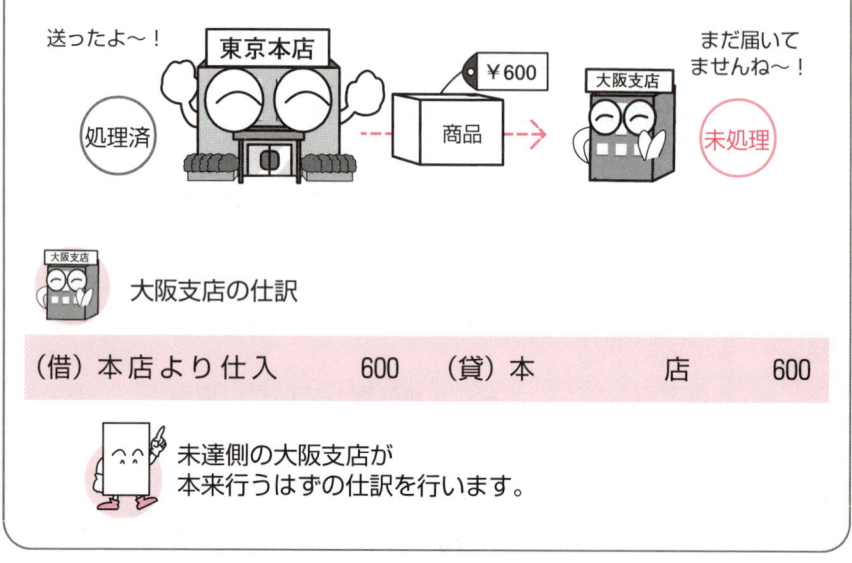

送ったよ～！　東京本店　¥600　商品　大阪支店　まだ届いてませんね～！
処理済　　　　　　　　　　　　　　　　　　　　未処理

大阪支店の仕訳

| （借）本店より仕入 | 600 | （貸）本 店 | 600 |

未達側の大阪支店が本来行うはずの仕訳を行います。

Step 2　決算整理

本店、支店において売上原価の算定や減価償却の計算、貸倒引当金の設定などの決算整理を行います。この処理は通常の決算整理と同じです。

Step 3　内部取引の相殺

本店の**支店勘定**と支店の**本店勘定**、本店の**支店へ売上勘定**と支店の**本店より仕入勘定**は、本店と支店の内部取引を処理するために一時的に設けた勘定です。したがって、本支店合併財務諸表の作成にあたり相殺消去します。

支店勘定、本店勘定、支店へ売上勘定、本店より仕入勘定は相殺してしまうので、本支店合併財務諸表にはでてきません。

取 引

●次の資料より内部取引を相殺する。
　【東京本店の決算整理後残高試算表】
　　　支 店 勘 定　500円（借方残）
　　　支店へ売上勘定　300円（貸方残）
　【大阪支店の決算整理後残高試算表】
　　　本 店 勘 定　500円（貸方残）
　　　本店より仕入勘定　300円（借方残）

① 現在の状態

資料を整理すると次のようになります。

〈東京本店〉
支　　店
試算表 500

〈大阪支店〉
本　　店
試算表 500

支店へ売上
試算表300

本店より仕入
試算表300

② 相殺仕訳

支店勘定と本店勘定、支店へ売上勘定と本店より仕入勘定の残高を相殺します。

(借) 本　　　　店	500	(貸) 支　　　　店	500
(借) 支 店 へ 売 上	300	(貸) 本店より仕入	300

Day 6　本支店会計

③相殺後

　内部取引の相殺後は支店勘定と本店勘定、支店へ売上勘定と本店より仕入勘定の残高が一致して差額は0になります。

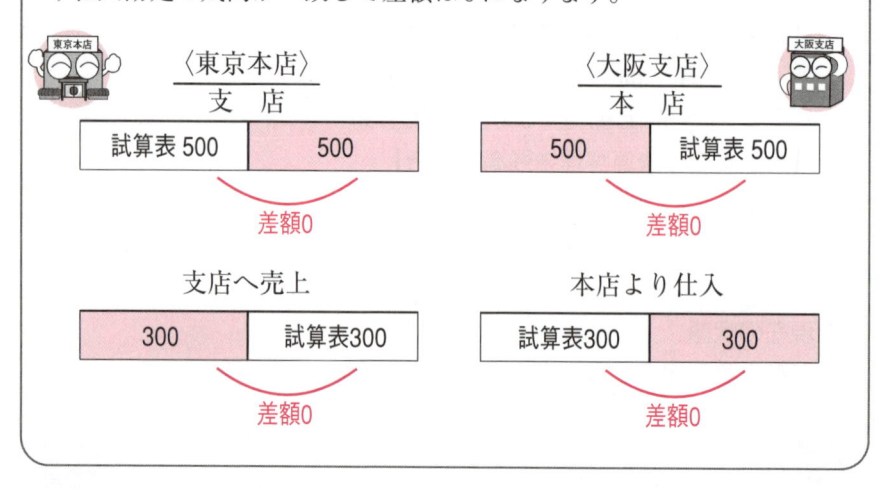

〈東京本店〉
支　店

| 試算表 500 | 500 |

差額0

〈大阪支店〉
本　店

| 500 | 試算表 500 |

差額0

支店へ売上

| 300 | 試算表300 |

差額0

本店より仕入

| 試算表300 | 300 |

差額0

Step 4　内部利益の控除

　本店から支店へ商品を送る際に内部利益を加算している場合、支店の期末商品棚卸高には内部利益が含まれています。この内部利益は会社内部で生じた利益なので、外部に公表する財務諸表を作成するときには差し引く必要があります。内部利益を差し引くことを**内部利益の控除**といいます。

超重要

内部利益の控除

$$\text{控除する内部利益} = \text{本店から仕入れた商品の期末棚卸高} \times \frac{\text{内部利益率}}{1+\text{内部利益率}}$$

期首商品に内部利益が含まれる場合は、これも控除します。

取 引

● 東京本店は大阪支店に商品を送付する際、原価の10％の利益を加算している。支店の期首商品棚卸高は450円（うち本店からの仕入330円）、期末商品棚卸高は500円（うち本店からの仕入220円）である。期首商品棚卸高および期末商品棚卸高に含まれる内部利益を計算しなさい。

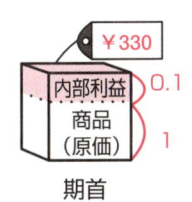

● 期首の内部利益：

$$330円 \times \frac{0.1}{1+0.1} = 30円$$

● 期末の内部利益：

$$220円 \times \frac{0.1}{1+0.1} = 20円$$

本支店合併財務諸表を作成する際には、内部利益を差し引いた金額を記入します。

期首商品棚卸高：450円 − 30円 = 420円

期末商品棚卸高：500円 − 20円 = 480円

Step 5　本支店合併財務諸表の作成

本店と支店の決算整理前残高試算表に、**Step 1 ～ Step 4** で整理した内容を集計して、本支店合併財務諸表を作成します。

例題を使って、本支店合併財務諸表を作成してみましょう。

例

● 次の（A）残高試算表、（B）未達事項および（C）期末修正事項によって、解答用紙の本支店合併損益計算書と本支店合併貸借対照表を作成しなさい。なお、会計期間は1年である。

（A）残高試算表

残 高 試 算 表　　　　　　　　（単位：円）

借　　　方	本店	支店	貸　　　方	本店	支店
現 金 預 金	200	100	支 払 手 形	150	85
繰 越 商 品	100	30	本　　　店		35
建　　　物	200		減価償却累計額	60	
支　　　店	205		資 本 金	255	
仕　　　入	300	120	繰越利益剰余金	50	
本店より仕入		20	売　　　上	400	230
営 業 費	50	80	支 店 へ 売 上	140	
	1,055	350		1,055	350

（B）未達事項

　1．支店が本店へ送金した50円が、本店へ未達。

　2．本店が支店へ発送した商品120円が、支店へ未達。

（C）期末修正事項

　1．期末商品棚卸高は次のとおりである。

　　　本店：250円　　支店：50円

　　注1．本店は支店へ商品を発送する際に、原価に対し20％の内部利益を加算している。

　　　2．支店の期首商品棚卸高のうち12円は本店から仕入れたものである。

　　　3．支店の期末商品棚卸高のうち36円は本店から仕入れたものである。なお支店の期末商品棚卸高に未達分は含まれていない。

　2．建物に対し、定額法で減価償却を行う（耐用年数20年、残存価額は取得原価の10％）。

〈解答用紙〉

損 益 計 算 書
自×1年4月1日 至×2年3月31日 （単位：円）

Ⅰ 売 上 高　　　　　　　　　　　　　　　　（　　　　）
Ⅱ 売 上 原 価
　　1. 期首商品棚卸高　　　（　　　　）
　　2. 当期商品仕入高　　　（　　　　）
　　　　合　　計　　　　　　（　　　　）
　　3. 期末商品棚卸高　　　（　　　　）（　　　　）
　　　　売上総利益　　　　　　　　　　　（　　　　）
Ⅲ 販売費及び一般管理費
　　1. 営　業　費　　　　　（　　　　）
　　2. 減価償却費　　　　　（　　　　）（　　　　）
　　　　当期純利益　　　　　　　　　　　（　　　　）

貸 借 対 照 表
×2年3月31日　　　　　　　　　（単位：円）

|資 産 の 部|負 債 の 部|
Ⅰ 流動資産　　　　　　　　　　Ⅰ 流動負債
　1 現金預金　　　　（　　　）　　1 支払手形　　　　（　　　）
　2 商　　品　　　　（　　　）　　　流動負債合計　　（　　　）
　　流動資産合計　　（　　　）　　　負債合計　　　　（　　　）
Ⅱ 固定資産　　　　　　　　　　　　　　純資産の部
　1 建　　物　　（　　　）　　　Ⅰ 株主資本
　　（　　　　）（　　　）（　　　）　1 資　本　金　　（　　　）
　　固定資産合計　　（　　　）　　2 利益剰余金
　　　　　　　　　　　　　　　　　　　繰越利益剰余金　（　　　）
　　　　　　　　　　　　　　　　　　　純資産合計　　　（　　　）
　　資産合計　　　　（　　　）　　　負債及び純資産合計（　　　）

●未達取引の整理（Step 1）

1．現金の送付（本店が未処理）

　（借）現　　　　金　　50　　（貸）支　　　店　　50

2．商品の送付（支店が未処理）

　（借）本店より仕入　120　　（貸）本　　　店　120

● 決算整理（Step 2）

（借）減 価 償 却 費　　9　　（貸）減価償却累計額　　9

200円×0.9÷20年＝9円

● 内部取引の相殺（Step 3）

　未達取引の整理後なので、支店勘定と本店勘定、支店へ売上勘定と本店より仕入勘定は貸借逆で一致しています。

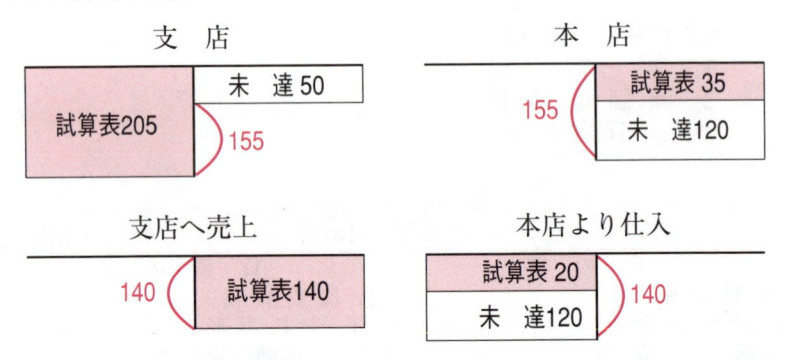

```
         支　店                        本　店
┌─────────┬─────────┐          ┌─────────┬─────────┐
│         │ 未 達 50 │          │         │ 試算表 35 │
│ 試算表205 ├─────────┤      155 │         ├─────────┤
│         │   155   │          │         │ 未 達120 │
└─────────┴─────────┘          └─────────┴─────────┘

       支店へ売上                    本店より仕入
┌─────────┬─────────┐          ┌─────────┬─────────┐
│         │         │          │ 試算表 20 │         │
│   140   │ 試算表140│          ├─────────┤   140   │
│         │         │          │ 未 達120 │         │
└─────────┴─────────┘          └─────────┴─────────┘
```

　支店勘定と本店勘定、支店へ売上勘定と本店より仕入勘定を相殺します。

（借）本　　　　　店　155　　（貸）支　　　　　店　155

（借）支 店 へ 売 上　140　　（貸）本店より仕入　140

● 内部利益の控除（Step 4）

　期首分：支店の期首商品棚卸高（本店より仕入分）

$$12円 \times \frac{0.2}{(1+0.2)} = 2円$$

　期末分：支店の期末商品棚卸高（本店より仕入分）

$$(36円 + \underbrace{120円}_{未達}) \times \frac{0.2}{(1+0.2)} = 26円$$

● 本支店合併財務諸表の作成（Step 5）

資料と **Step 1** 〜 **Step 4** までを集計して、本支店合併財務諸表（解答）を作成します。

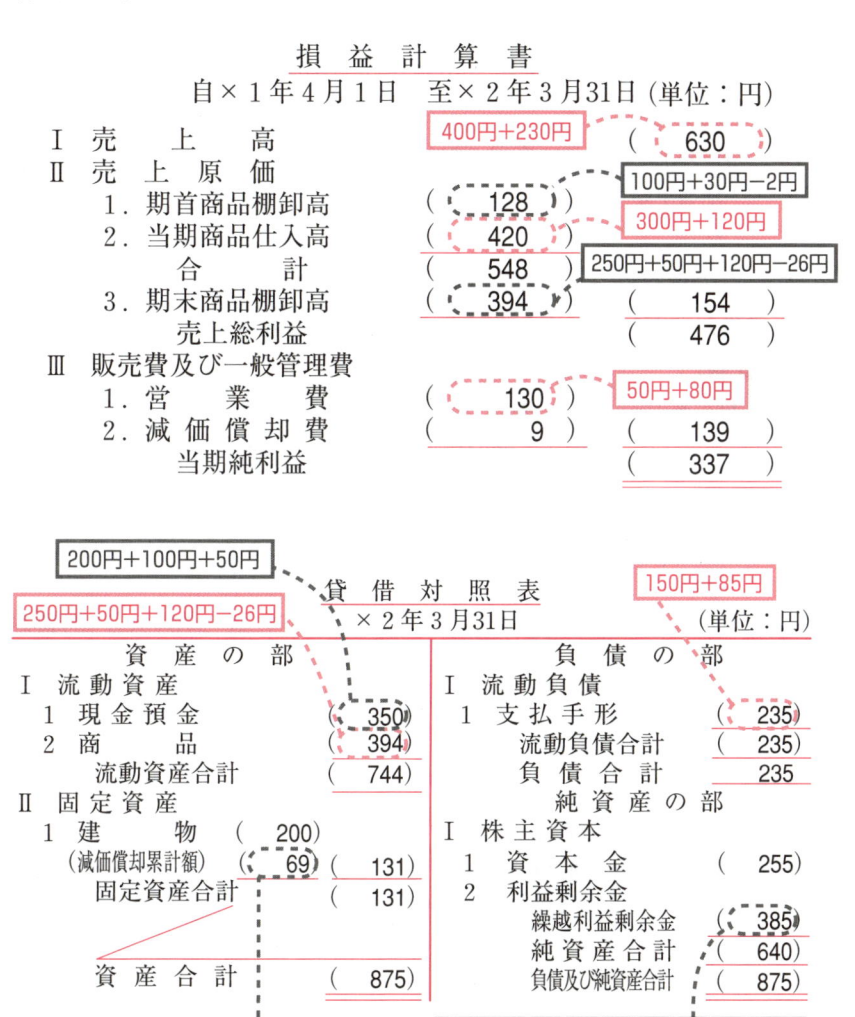

損 益 計 算 書
自×1年4月1日 至×2年3月31日（単位：円）

```
Ⅰ 売     上     高                           ( 630 )      ← 400円+230円
Ⅱ 売 上 原 価
   1. 期首商品棚卸高      ( 128 )            ← 100円+30円−2円
   2. 当期商品仕入高      ( 420 )            ← 300円+120円
      合     計          ( 548 )
   3. 期末商品棚卸高      ( 394 )  ( 154 )   ← 250円+50円+120円−26円
      売上総利益                   ( 476 )
Ⅲ 販売費及び一般管理費
   1. 営  業  費         ( 130 )            ← 50円+80円
   2. 減価償却費         (   9 )  ( 139 )
      当期純利益                   ( 337 )
```

貸 借 対 照 表
×2年3月31日　　　　　　　　　　　（単位：円）

```
     資 産 の 部                          負 債 の 部
Ⅰ 流動資産                        Ⅰ 流動負債
  1 現金預金      ( 350 )             1 支払手形      ( 235 )   ← 150円+85円
  2 商   品      ( 394 )               流動負債合計  ( 235 )
    流動資産合計  ( 744 )               負 債 合 計    235
                                           純 資 産 の 部
Ⅱ 固定資産                        Ⅰ 株主資本
  1 建   物 ( 200 )                  1 資 本 金      ( 255 )
   (減価償却累計額)( 69 )( 131 )       2 利益剰余金
    固定資産合計        ( 131 )          繰越利益剰余金 ( 385 )
                                         純資産合計    ( 640 )
    資 産 合 計        ( 875 )          負債及び純資産合計 ( 875 )
```

←　200円+100円+50円
←　250円+50円+120円−26円
←　60円+9円
←　50円 + 337円 − 2円
　　試算表　当期純利益　期首内部利益

繰越利益剰余金を求めるときは、期首の内部利益を差し引きます。
なお、貸借差額で計算するとラクです。

　　　　875円 − 235円 − 255円＝ 385円
　　　　資産合計　負債合計　資本金

基本問題

(A) 次の取引について未達側の仕訳をしなさい。
(1) 本店は支店に現金3,000円を送ったが、支店に未達であった。
(2) 支店は本店の売掛金6,000円を小切手で回収したが、本店に未達であった。
(3) 本店は支店に商品5,000円（原価）を、原価に10％の利益を加算した価額をもって送付したが、支店に未達であった。

(B) 次の資料から、(1)期末商品に含まれる内部利益と(2)本支店合併貸借対照表に記載される商品の金額を答えなさい。

【資料】
①期末商品　本店：5,000円
　　　　　　支店：2,200円（すべて本店から仕入れたものである。なお、②の未達商品は含まれていない）
②本店は支店に商品880円（振替価額）を送付したが、支店に未達である。
③本店は支店へ商品を発送する際に、原価に対し10％の内部利益を加算している。

解答

(A)
(1) 支店：（借）現　　　　金　3,000　（貸）本　　　　店　3,000
(2) 本店：（借）支　　　　店　6,000　（貸）売　掛　金　6,000
(3) 支店：（借）本店より仕入　5,500＊　（貸）本　　　　店　5,500
　　　＊5,000円×1.1＝5,500円

(B)
(1) 期末商品に含まれる内部利益：280円＊

$$*(2,200円 + 880円) \times \frac{0.1}{1.1} = 280円$$

(2) 本支店合併貸借対照表に記載される商品の金額：7,800円＊

　　　＊5,000円＋2,200円＋880円－280円＝7,800円
　　　　　本店　　支店　　未達　内部利益

ここをおさえろ！1・2・3

1 未達取引って何？

2 本支店合併財務諸表作成の手順は？

3 内部利益って何？　内部利益の処理は？

→ **トレーニングの基本問題** 問題47 問題48 へ！
　　本試験レベル 問題19 問題20 へ！

Day 6 本支店会計

Day 7

伝票会計、帳簿組織

ついに最終日！
試験では第2問（20点）で出題される内容です。
帳簿を苦手とする方が多いようですが、
基本さえおさえてしまえば
自動的に解けます。
もうひとふんばりです！

46 伝票会計 3級の復習

● 3伝票・5伝票、3級で学習したけど覚えてる？

Day7

3伝票制とは？

3伝票制とは、**入金伝票・出金伝票・振替伝票**の3つの伝票を使って取引を記入する方法をいいます。
①**入金伝票**…現金を受け取ったときに記入する伝票です。
②**出金伝票**…現金を支払ったときに記入する伝票です。
③**振替伝票**…現金取引以外の取引（振替取引）が行われたときに記入する伝票です。

> **要点** 3伝票制
> ①入金伝票　②出金伝票　③振替伝票

5伝票制とは？

5伝票制は、**入金伝票・出金伝票・売上伝票・仕入伝票・振替伝票**の5つの伝票を使って取引を記入する方法をいいます。
①**入金伝票**…現金を受け取ったときに記入する伝票です。
②**出金伝票**…現金を支払ったときに記入する伝票です。
③**売上伝票**…（借）売掛金　××　（貸）売　上　××
　　　　　　という仕訳を記入する伝票です。
④**仕入伝票**…（借）仕　入　××　（貸）買掛金　××
　　　　　　という仕訳を記入する伝票です。
⑤**振替伝票**…①～④に記入しない取引が行われたときに記入する伝票です。

> **要点** 5伝票制
> ①入金伝票　②出金伝票　③売上伝票　④仕入伝票　⑤振替伝票
> ＊売上伝票の相手勘定（借方科目）は必ず売掛金、仕入伝票の相手勘定（貸方科目）は必ず買掛金

3級では取引から伝票の起票を学習しました。
2級では伝票から仕訳日計表を作成します。

ここをおさえろ！1.2.3

1 3伝票制って何？

2 5伝票制って何？

3 3伝票制、5伝票制で振替伝票に記入される取引は？

Day 7　伝票会計

47 仕訳日計表

●まとめてやるのは大変だから1日1回集計しておきましょう

Day 7

仕訳日計表とは？

仕訳日計表とは、合計試算表の一種で、1日に起票された伝票を1つの表に集計したものです。

また、1日ごとではなく、1週間ごとに作成する**仕訳週計表**というものもあります。

> **要点　仕訳日計表（仕訳週計表）とは**
> 仕訳日計表…その日1日に起票された伝票を1つの表に集計したもの
> 仕訳週計表…その週1週間に起票された伝票を1つの表に集計したもの

仕訳日計表は試算表と同様に伝票が正しく起票されていれば、貸借の金額が一致します。したがって、仕訳日計表を使うと伝票の記入や集計のミスがチェックできます。

また、各勘定科目ごとに1日の合計金額をまとめて総勘定元帳に転記できるため、転記の手間が省けます。

伝票から仕訳日計表、そして仕訳日計表から総勘定元帳への流れについてみていきましょう。

> 仕訳週計表の作り方は仕訳日計表と同じなので、ここでは省略します。

Step 1　伝票から仕訳日計表へ集計

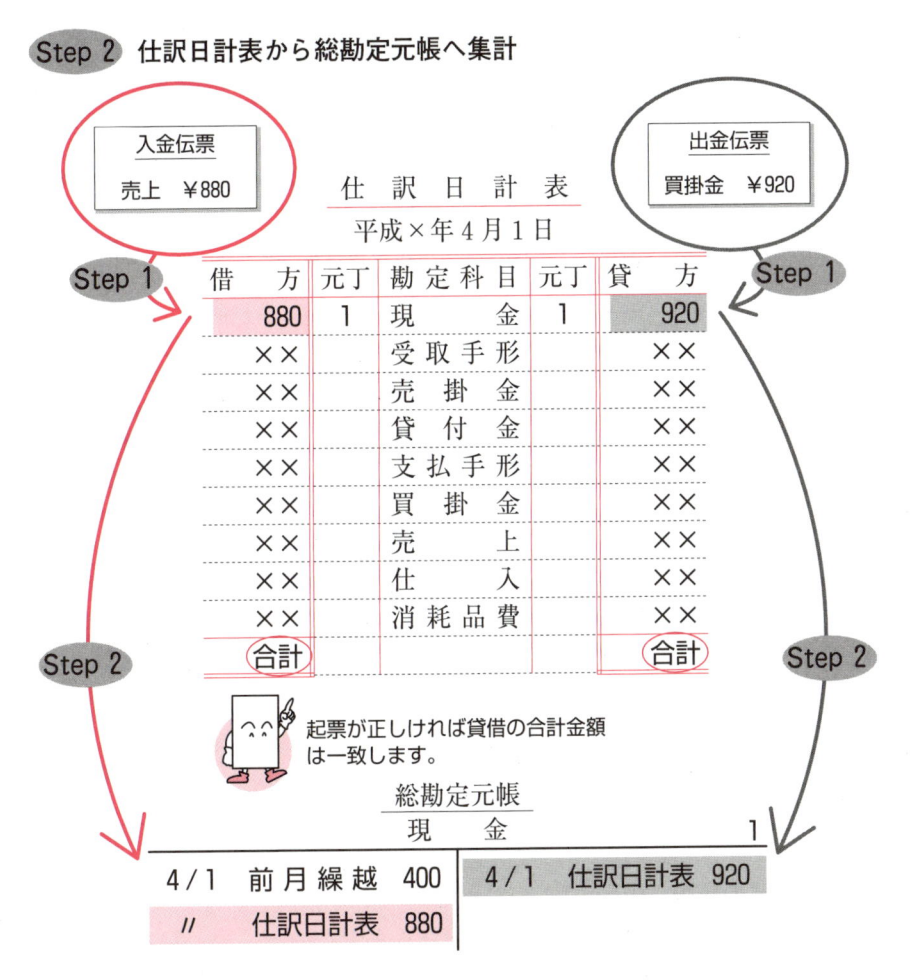

Step 2　仕訳日計表から総勘定元帳へ集計

入金伝票
売上　￥880

出金伝票
買掛金　￥920

仕　訳　日　計　表
平成×年4月1日

借　　方	元丁	勘定科目	元丁	貸　　方
880	1	現　　　金	1	920
××		受 取 手 形		××
××		売　掛　金		××
××		貸　付　金		××
××		支 払 手 形		××
××		買　掛　金		××
××		売　　　上		××
××		仕　　　入		××
××		消 耗 品 費		××
合計				合計

起票が正しければ貸借の合計金額は一致します。

総勘定元帳
現　　金　　　　　　　　　　1

4/1	前月繰越	400	4/1	仕訳日計表	920
〃	仕訳日計表	880			

仕訳日計表の作成方法（Step 1）

　伝票から仕訳日計表を作成する場合は、伝票の仕訳をイメージして行います。
　具体的な取引の例を使って作成方法をみていきましょう。

例

● 4月1日の次の伝票から仕訳日計表と総勘定元帳（現金：丁数1）を作成しなさい。なお、5伝票制を採用している。

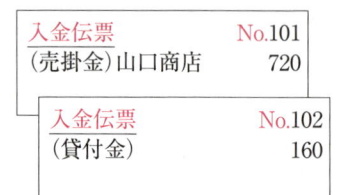

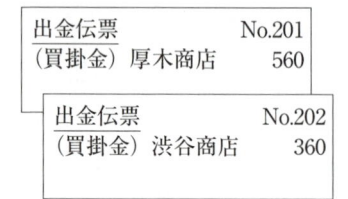

入金伝票	No.101
（売掛金）山口商店	720

入金伝票	No.102
（貸付金）	160

出金伝票	No.201
（買掛金）厚木商店	560

出金伝票	No.202
（買掛金）渋谷商店	360

仕入伝票	No.301
（買掛金）渋谷商店	680

仕入伝票	No.302
（買掛金）渋谷商店　値引き	20

売上伝票	No.401
（売掛金）仙台商店	960

売上伝票	No.402
（売掛金）山口商店　戻り	90

振替伝票	No.501
（受取手形）	320
（売掛金）仙台商店	320

振替伝票	No.502
（買掛金）渋谷商店	250
（支払手形）	250

● **入金伝票の仕訳**

入金伝票の仕訳は必ず**借方**が**現金**となります。

No.101	（借）現　　　金	720	（貸）売掛金・山口商店	720
No.102	（借）現　　　金	160	（貸）貸　付　金	160

入金伝票の金額を合計すると仕訳日計表の現金（借方）の金額になります。

● 出金伝票の仕訳

出金伝票の仕訳は必ず**貸方が現金**となります。

No.201　（借）買掛金・厚木商店　560　（貸）現　　　金　560

No.202　（借）買掛金・渋谷商店　360　（貸）現　　　金　360

> 出金伝票の金額を合計すると仕訳日計表の現金（貸方）の金額になります。

● 仕入伝票の仕訳

仕入伝票の仕訳は**借方が仕入**、**貸方が買掛金**となります。ただし、値引きや返品がある場合は貸借が逆になります。

No.301　（借）仕　　　入　680　（貸）買掛金・渋谷商店　680

No.302　（借）買掛金・渋谷商店　20　（貸）仕　　　入　20

● 売上伝票の仕訳

売上伝票の仕訳は**借方が売掛金**、**貸方が売上**となります。ただし、値引きや返品がある場合は貸借が逆になります。

No.401　（借）売掛金・仙台商店　960　（貸）売　　　上　960

No.402　（借）売　　　上　90　（貸）売掛金・山口商店　90

● 振替伝票の仕訳

振替伝票の仕訳は振替伝票に記載されているとおりです。

No.501　（借）受　取　手　形　320　（貸）売掛金・仙台商店　320

No.502　（借）買掛金・渋谷商店　250　（貸）支　払　手　形　250

これらの仕訳をTフォームに集計します。

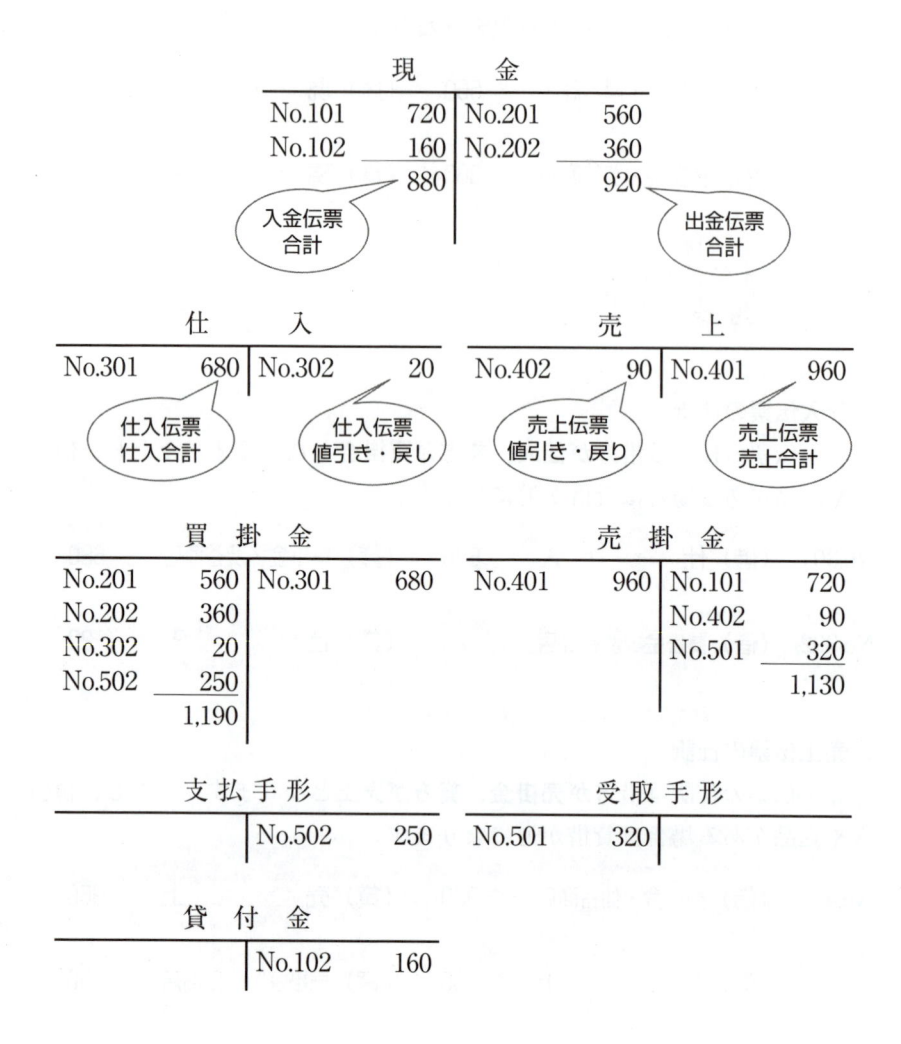

```
              現        金
       No.101    720 │ No.201    560
       No.102    160 │ No.202    360
                 880 │           920
       （入金伝票           （出金伝票
          合計）             合計）

              仕        入                    売        上
  No.301    680 │ No.302     20      No.402     90 │ No.401    960
  （仕入伝票      （仕入伝票            （売上伝票      （売上伝票
    仕入合計）     値引き・戻し）         値引き・戻り）    売上合計）

              買   掛   金                     売   掛   金
  No.201    560 │ No.301    680      No.401    960 │ No.101    720
  No.202    360 │                                  │ No.402     90
  No.302     20 │                                  │ No.501    320
  No.502    250 │                                  │         1,130
          1,190 │

              支 払 手 形                      受 取 手 形
                │ No.502    250      No.501    320 │

              貸   付   金
                │ No.102    160
```

試験では、仕訳は頭の中で行って、伝票からダイレクトにTフォームを作成しましょう。

Ｔフォームから仕訳日計表に金額を転記します。

仕　訳　日　計　表
平成×年4月1日　　　　41

借　方	元丁	勘定科目	元丁	貸　方
880	1	現　　　金	1	920
320		受取手形		
960		売　掛　金		1,130
		貸　付　金		160
		支払手形		250
1,190		買　掛　金		680
90		売　　　上		960
680		仕　　　入		20
4,120				4,120

元丁欄には総勘定元帳の丁数を記入します。

総勘定元帳への集計（Step 2）

仕訳日計表から総勘定元帳に集計します。ここでは、現金について説明します。

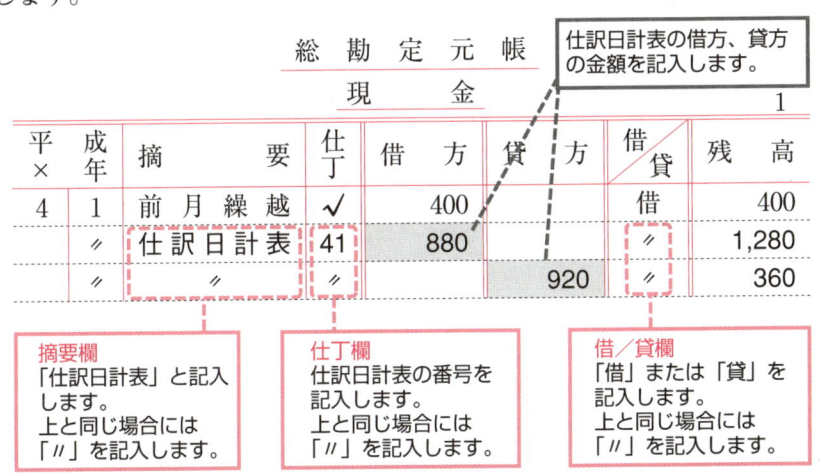

総　勘　定　元　帳
現　　金　　　　　　　　　　1

仕訳日計表の借方、貸方の金額を記入します。

平成×年		摘　　要	仕丁	借　方	貸　方	借／貸	残　高
4	1	前月繰越	✓	400		借	400
	〃	仕訳日計表	41	880		〃	1,280
	〃	〃	〃		920	〃	360

摘要欄
「仕訳日計表」と記入します。
上と同じ場合には
「〃」を記入します。

仕丁欄
仕訳日計表の番号を記入します。
上と同じ場合には
「〃」を記入します。

借／貸欄
「借」または「貸」を記入します。
上と同じ場合には
「〃」を記入します。

日商2級　仕訳日計表の問題

　試験では伝票から仕訳日計表と総勘定元帳、そして得意先元帳（または仕入先元帳）を作成させる問題が出題されます。
　この問題の解き方は先ほどの Step 1・Step 2 に加えて、得意先元帳・仕入先元帳の作成という流れになります。

Step 1　伝票から仕訳日計表へ集計

Step 2　仕訳日計表から総勘定元帳へ集計

Step 3　得意先元帳・仕入先元帳の作成

　具体的な例題を使って、実践的な解き方をみていきましょう。

例

● 5月1日の次の伝票から仕訳日計表、総勘定元帳（現金：丁数1）、仕入先元帳を作成しなさい。なお、5伝票制を採用しており、仕入れ、売上げはすべて掛けで行っている。

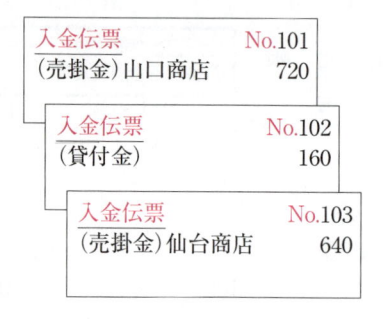

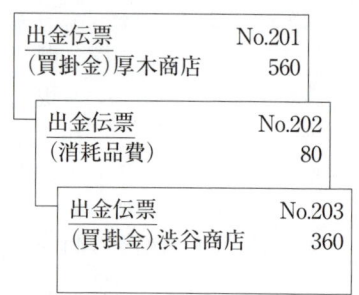

入金伝票	No.101
（売掛金）山口商店	720

入金伝票	No.102
（貸付金）	160

入金伝票	No.103
（売掛金）仙台商店	640

出金伝票	No.201
（買掛金）厚木商店	560

出金伝票	No.202
（消耗品費）	80

出金伝票	No.203
（買掛金）渋谷商店	360

| 仕入伝票　　　　　　No.301 |
| (買掛金)厚木商店　　800 |

| 仕入伝票　　　　　　No.302 |
| (買掛金)渋谷商店　　680 |

| 仕入伝票　　　　　　No.303 |
| (買掛金)渋谷商店　　 20 |
| 　　　　値引き |

| 売上伝票　　　　　　No.401 |
| (売掛金)山口商店　　120 |

| 売上伝票　　　　　　No.402 |
| (売掛金)仙台商店　　960 |

| 売上伝票　　　　　　No.403 |
| (売掛金)山口商店　　 90 |
| 　　　　戻り |

| 振替伝票　　　　　　No.501 |
| (受取手形)　　　　　320 |
| 　(売掛金)仙台商店　320 |

| 振替伝票　　　　　　No.502 |
| (買掛金)渋谷商店　　250 |
| 　(支払手形)　　　　250 |

| 振替伝票　　　　　　No.503 |
| (買掛金)厚木商店　　200 |
| 　(売掛金)秋田商店　200 |

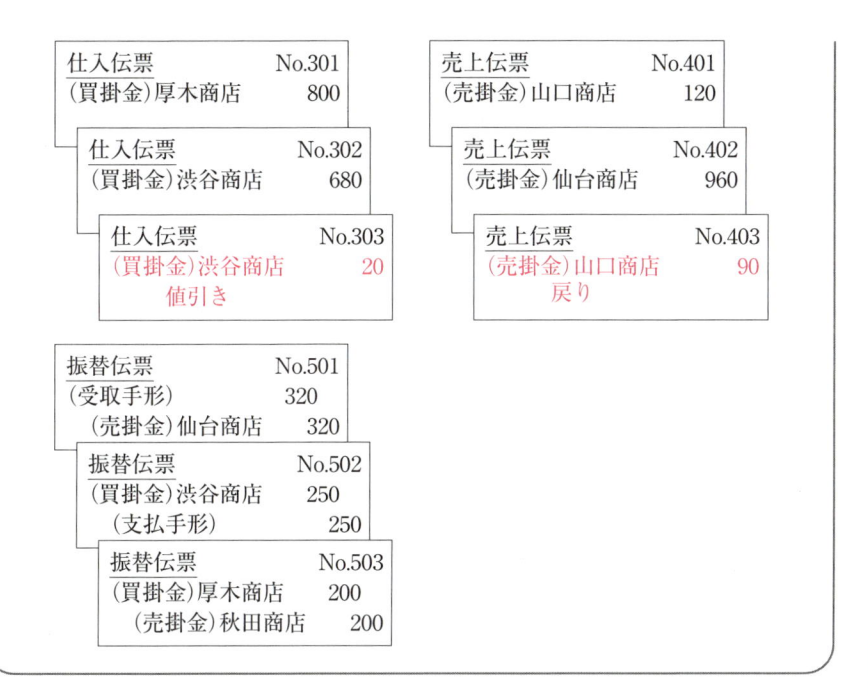

Step 1 伝票から仕訳日計表へ集計

資料を加工しながら解いていきます。

● 入金伝票の集計

借方は必ず現金です。したがって次のように資料を加工します。そして、入金伝票の合計金額を仕訳日計表の現金（借方）に記入します。

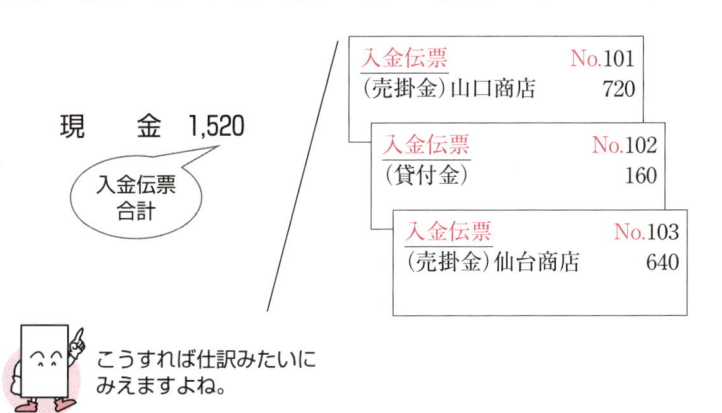

現　　金　1,520　　（入金伝票合計）

| 入金伝票　　　　　　No.101 |
| (売掛金)山口商店　　720 |

| 入金伝票　　　　　　No.102 |
| (貸付金)　　　　　　160 |

| 入金伝票　　　　　　No.103 |
| (売掛金)仙台商店　　640 |

こうすれば仕訳みたいにみえますよね。

●出金伝票の集計

　貸方は必ず現金です。したがって次のように資料を加工します。そして、入金伝票のときと同じように、今度は出金伝票の合計金額を仕訳日計表の現金（貸方）に記入します。

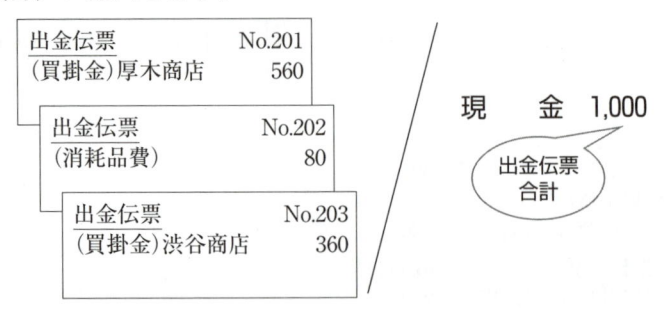

```
出金伝票           No.201
(買掛金)厚木商店      560

出金伝票           No.202
(消耗品費)            80

出金伝票           No.203
(買掛金)渋谷商店      360
```

現　金　1,000　←出金伝票合計

●仕入伝票の集計

　仕入伝票は次のように資料を加工します。そして、仕入伝票の合計金額を仕訳日計表の仕入の借方に記入します。なお、値引き・戻りは逆側に記入します。

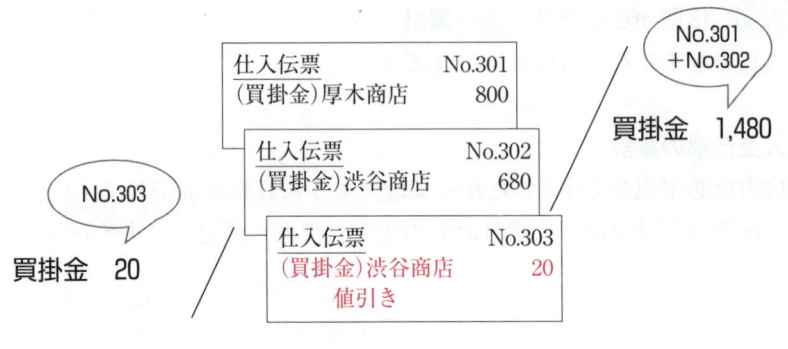

```
仕入伝票                No.301
(買掛金)厚木商店          800

仕入伝票                No.302
(買掛金)渋谷商店          680

仕入伝票                No.303
(買掛金)渋谷商店           20
　値引き
```

買掛金　1,480　←No.301＋No.302

買掛金　20　←No.303

　仕入値引や返品は逆側に買掛金と記入します。

●売上伝票の集計

　売上伝票は次のように資料を加工します。そして、売上伝票の合計金額を仕訳日計表の売上の貸方に記入します。なお、値引き・戻しは逆側に記入します。

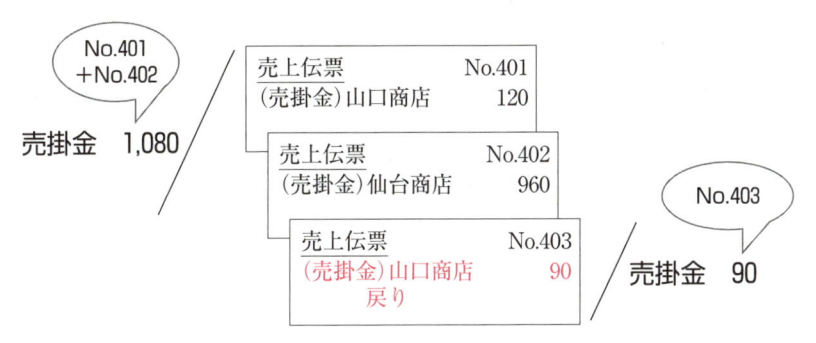

```
    No.401
    +No.402              売上伝票        No.401
                       (売掛金)山口商店    120
  売掛金 1,080
                          売上伝票        No.402
                        (売掛金)仙台商店    960
                                                    No.403
                            売上伝票        No.403
                          (売掛金)山口商店    90    売掛金 90
                              戻り
```

売上値引や返品は逆側に売掛金と記入します。

● 振替伝票

振替伝票はもともと仕訳の形なのでそのままにしておきます。

● Ｔフォームの作成

取引の多い売掛金と買掛金については、Ｔフォームに集計しておきます（問題によっては受取手形と支払手形についてもＴフォームを作成します）。

```
         売   掛   金                   買   掛   金
No.401   120 | No.101   720    No.201   560 | No.301   800
No.402   960 | No.103   640    No.203   360 | No.302   680
        1,080| No.403    90    No.303    20 |         1,480
             | No.501   320    No.502   250 |
             | No.503   200    No.503   200 |
             |         1,970            1,390
```

● 仕訳日計表の作成

加工した資料とＴフォームから仕訳日計表を作成します。

　Ｔフォームを作成していない科目については、伝票から直接仕訳日計表に記入しましょう。

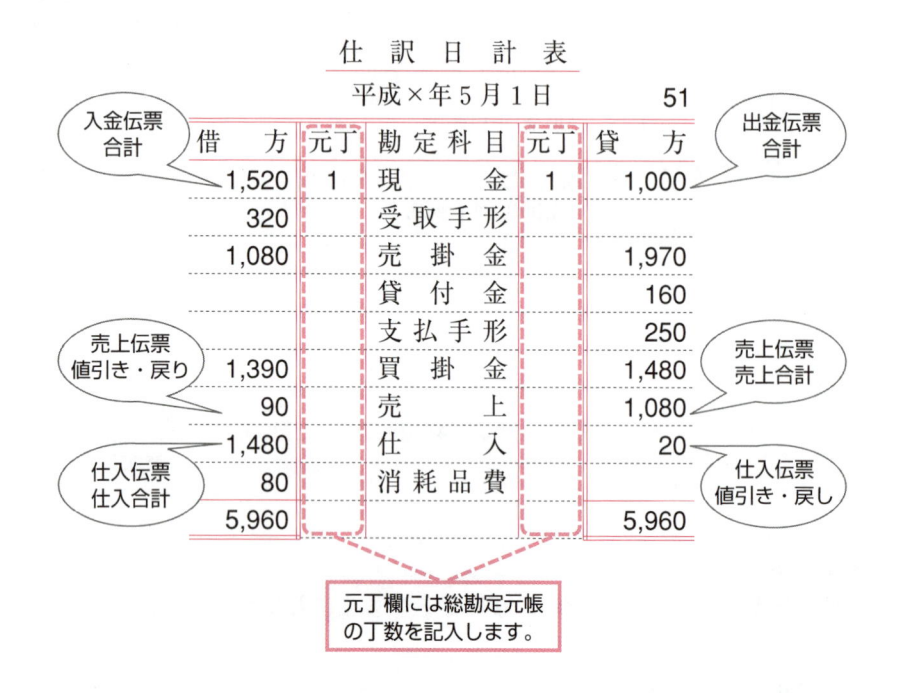

仕 訳 日 計 表

平成×年5月1日　　　51

借　方	元丁	勘定科目	元丁	貸　方
1,520	1	現　　金	1	1,000
320		受取手形		
1,080		売掛金		1,970
		貸付金		160
		支払手形		250
1,390		買掛金		1,480
90		売　　上		1,080
1,480		仕　　入		20
80		消耗品費		
5,960				5,960

（入金伝票合計）　（出金伝票合計）
（売上伝票 値引き・戻り）　（売上伝票 売上合計）
（仕入伝票 仕入合計）　（仕入伝票 値引き・戻し）

元丁欄には総勘定元帳の丁数を記入します。

Step 2　仕訳日計表から総勘定元帳へ集計

仕訳日計表から総勘定元帳を作成します。

総　勘　定　元　帳

現　　金　　　　　　　　　1

平成×年		摘　　要	仕丁	借　方	貸　方	借/貸	残　高
5	1	前月繰越	✓	2,400		借	2,400
	〃	仕訳日計表	51	1,520		〃	3,920
	〃	〃	〃		1,000	〃	2,920

Step 3　得意先元帳・仕入先元帳の作成

伝票から得意先元帳または仕入先元帳を作成します。この問題は仕入先元帳の作成なので伝票の「買掛金」に注目します。

なお、仕入先別に記入することに注意しましょう。

仕 入 先 元 帳

厚木商店　　　　　　　　　仕1

平成×年		摘　要	仕丁	借　方	貸　方	借/貸	残　高
5	1	前 月 繰 越	✓		800	貸	800
	〃	出 金 伝 票	201	560		〃	240
	〃	仕 入 伝 票	301		800	〃	1,040
	〃	振 替 伝 票	503	200		〃	840

摘要欄
伝票名を記入します。
上と同じ場合には
「〃」を記入します。

仕丁欄
伝票の番号を
記入します。

借／貸欄
「借」または「貸」を
記入します。
上と同じ場合には
「〃」を記入します。

渋谷商店　　　　　　　　　仕2

平成×年		摘　要	仕丁	借　方	貸　方	借/貸	残　高
5	1	前 月 繰 越	✓		700	貸	700
	〃	出 金 伝 票	203	360		〃	340
	〃	仕 入 伝 票	302		680	〃	1,020
	〃	〃	303	20		〃	1,000
	〃	振 替 伝 票	502	250		〃	750

仕入先元帳や得意先元帳は仕入先または得意先ごとに作成します。伝票の商店名（会社名）に注目しましょう。

基本問題

7月1日に作成された次の伝票から、仕訳日計表と得意先元帳（一部）を作成しなさい。

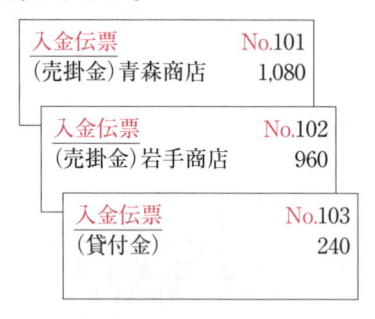

入金伝票	No.101
（売掛金）青森商店	1,080

入金伝票	No.102
（売掛金）岩手商店	960

入金伝票	No.103
（貸付金）	240

出金伝票	No.201
（買掛金）岡山商店	840

出金伝票	No.202
（旅費交通費）	120

出金伝票	No.203
（買掛金）沖縄商店	540

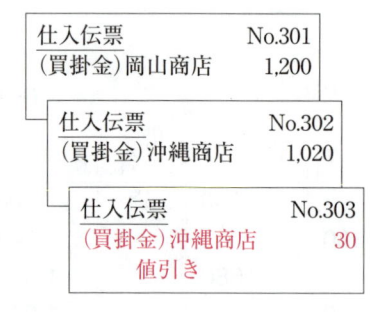

仕入伝票	No.301
（買掛金）岡山商店	1,200

仕入伝票	No.302
（買掛金）沖縄商店	1,020

仕入伝票	No.303
（買掛金）沖縄商店 値引き	30

売上伝票	No.401
（売掛金）青森商店	180

売上伝票	No.402
（売掛金）岩手商店	1,440

売上伝票	No.403
（売掛金）青森商店 戻り	135

振替伝票	No.501
（買掛金）岡山商店	300
（売掛金）秋田商店	300

振替伝票	No.502
（買掛金）沖縄商店	375
（支払手形）	375

振替伝票	No.503
（受取手形）	480
（売掛金）岩手商店	480

解答用紙

仕 訳 日 計 表
平成×年7月1日

借 方	元丁	勘定科目	元丁	貸 方
		現　　　金		
		受 取 手 形		
		売　掛　金		
		貸　付　金		
		支 払 手 形		
		買　掛　金		
		売　　　上		
		仕　　　入		
		旅費交通費		

得 意 先 元 帳

青森商店　　　　　　　　　　　得1

平成×年		摘　要	仕丁	借　方	貸　方	借/貸	残　高
7	1	前月繰越	✓	1,500		借	1,500

岩手商店　　　　　　　　　　　得2

平成×年		摘　要	仕丁	借　方	貸　方	借/貸	残　高
7	1	前月繰越	✓	1,600		借	1,600

解 答

仕 訳 日 計 表
平成×年7月1日

借 方	元丁	勘定科目	元丁	貸 方
2,280		現　　金		1,500
480		受 取 手 形		
1,620		売 掛 金		2,955
		貸 付 金		240
		支 払 手 形		375
2,085		買 掛 金		2,220
135		売　　上		1,620
2,220		仕　　入		30
120		旅 費 交 通 費		
8,940				8,940

- 入金伝票合計 → 借方 現金 2,280
- 出金伝票合計 → 貸方 現金 1,500
- 売上伝票 値引き・戻り → 借方 売上 135
- 売上伝票 売上合計 → 貸方 売上 1,620
- 仕入伝票 仕入合計 → 借方 仕入 2,220
- 仕入伝票 値引き・戻し → 貸方 仕入 30

得 意 先 元 帳

青森商店　　　　　　得1

平成×年		摘　　要	仕丁	借 方	貸 方	借/貸	残 高
7	1	前 月 繰 越	✓	1,500		借	1,500
	〃	入 金 伝 票	101		1,080	〃	420
	〃	売 上 伝 票	401	180		〃	600
	〃	〃	403		135	〃	465

岩手商店　　　　　　得2

平成×年		摘　　要	仕丁	借 方	貸 方	借/貸	残 高
7	1	前 月 繰 越	✓	1,600		借	1,600
	〃	入 金 伝 票	102		960	〃	640
	〃	売 上 伝 票	402	1,440		〃	2,080
	〃	振 替 伝 票	503		480	〃	1,600

ここをおさえろ！1・2・3

1 仕訳日計表って何？

2 仕訳日計表の集計方法は？

3 得意先元帳または仕入先元帳の摘要欄には何を記入する？

➡ **トレーニングの基本問題** 問題49 問題50 へ！
　本試験レベル 問題8 問題9 問題10 へ！

Day 7 伝票会計

48 単一仕訳帳制と複数仕訳帳制

●特殊な仕訳帳…どこがフツウの仕訳帳と違うかな？

Day7

単一仕訳帳制とは？

3級で学習してきた帳簿の記入方法は、すべての取引を1冊の仕訳帳に記入して、それを総勘定元帳に転記するという方法でした（同時に、必要に応じて補助簿に記入します）。このように1冊の仕訳帳にすべての仕訳を行う方法を**単一仕訳帳制**（たんいつしわけちょうせい）といいます。

> **要点　単一仕訳帳制**
> すべての取引を1冊の仕訳帳に記入して、それを総勘定元帳に転記するという方法

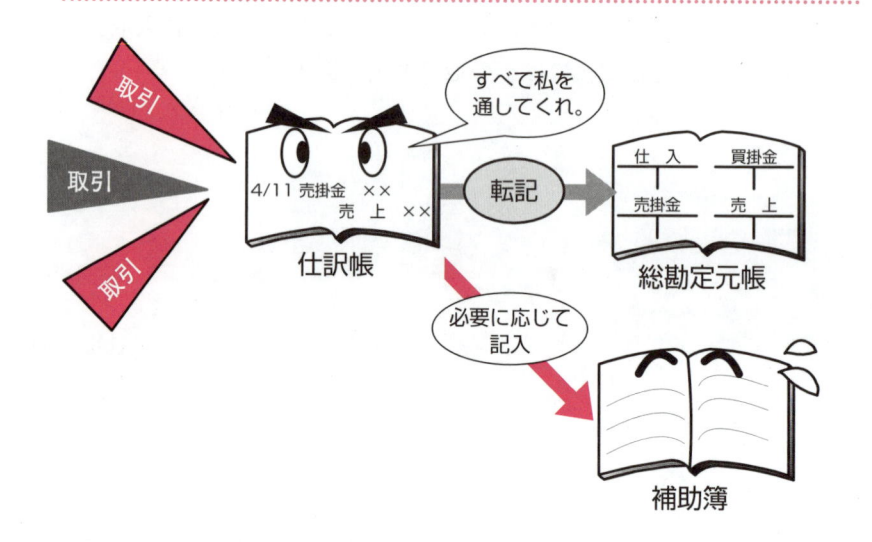

（図：取引 → 仕訳帳「すべて私を通してくれ。」4/11 売掛金 ×× / 売上 ×× → 転記 → 総勘定元帳（仕入・買掛金・売掛金・売上）、必要に応じて記入 → 補助簿）

複数仕訳帳制とは？

単一仕訳帳制では、仕訳帳の記入と補助簿の記入というように記帳の手間がかかります。また、1冊の仕訳帳に記入するため、会社が大きくなっ

て取引が増えると仕訳担当者の負担が大きくなります。

そこで、会社の取引のうち現金取引や商品売買取引など、頻繁に行う取引の**補助記入帳**（補助簿の一種）**に仕訳帳としての機能をもたせて、補助記入帳から総勘定元帳に転記を行う**ことがあります。このとき、もともとの仕訳帳を**普通仕訳帳**といい、仕訳帳としての機能をもたせた補助記入帳を**特殊仕訳帳**といいます。このように2冊以上の仕訳帳を使って記帳する方法を**複数仕訳帳制**（または特殊仕訳帳制）といいます。

> **要点　複数仕訳帳制**
> ・2冊以上の仕訳帳を使って記帳する方法
> ・もともとの仕訳帳を普通仕訳帳、仕訳帳としての機能をもたせた補助記入帳を特殊仕訳帳という

たとえば補助記入帳のうち、現金出納帳、売上帳、仕入帳を特殊仕訳帳とした場合、現金取引は現金出納帳、売上取引は売上帳、仕入取引は仕入帳に記入し、普通仕訳帳にはその他の取引を記入します。

そして、普通仕訳帳、特殊仕訳帳から総勘定元帳に転記するので、記帳作業を分割して行うことができます。

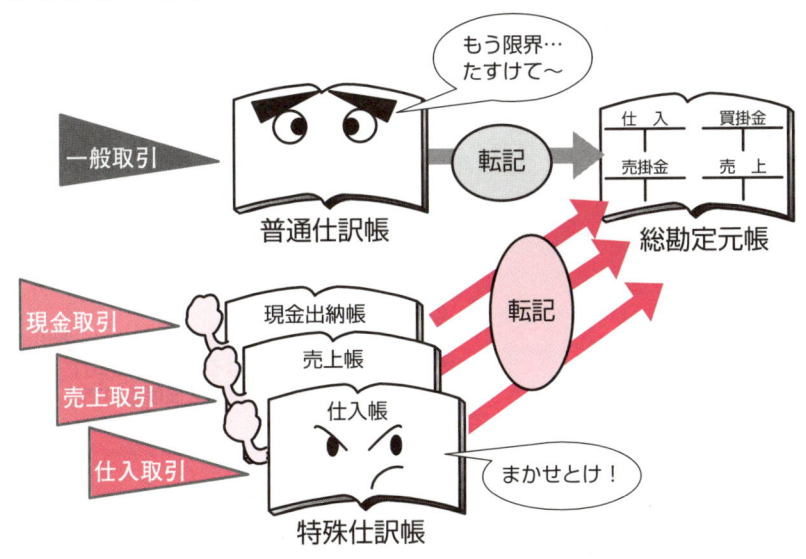

普通仕訳帳からの転記

複数仕訳帳制のもとでは、普通仕訳帳に記入した取引は、取引のつど総勘定元帳に転記します。取引ごとに転記するので、これを**個別転記**といいます。

特殊仕訳帳からの転記

特殊仕訳帳に記入された取引のうち、現金出納帳における現金、仕入帳における仕入のように、特殊仕訳帳の名称となっている勘定（これを**親勘定**といいます）は、月末に1カ月分を合計したものを総勘定元帳に合計して転記します。これを**合計転記**といいます。

また、特殊仕訳帳には親勘定の相手勘定のうち、頻繁にでてくる勘定を記入する欄があります。これを**特別欄**といいます。特別欄の勘定も**合計転記**します。

それ以外の親勘定の相手勘定（諸口欄）はすべて**個別転記**します。

合計転記を行うことにより、一部の勘定は月末に1カ月分をまとめて転記できるので、記帳の手間が省けます。

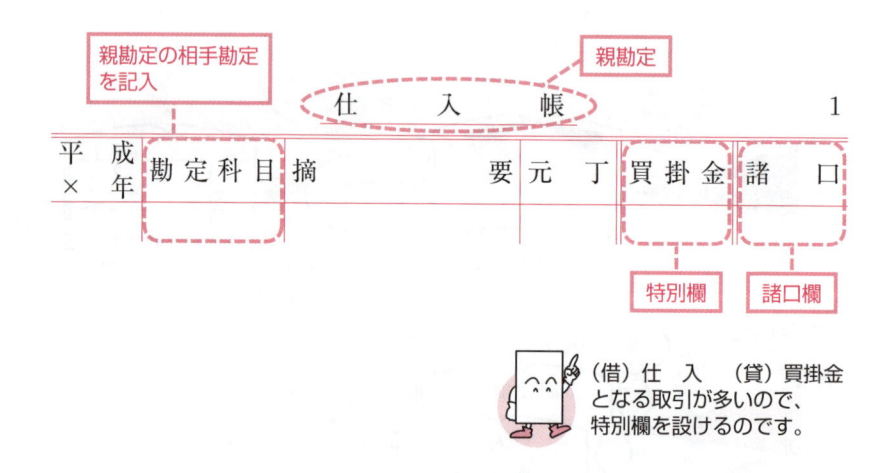

	仕　入　帳			1	
平成×年	勘定科目	摘　要	元丁	買掛金	諸　口

親勘定の相手勘定を記入／親勘定／特別欄／諸口欄

（借）仕　入　（貸）買掛金
となる取引が多いので、
特別欄を設けるのです。

要点　個別転記と合計転記

個別転記…取引のつど、総勘定元帳に転記すること
合計転記…月末に1カ月分を合計してから、総勘定元帳に転記すること（記帳の手間が省ける）

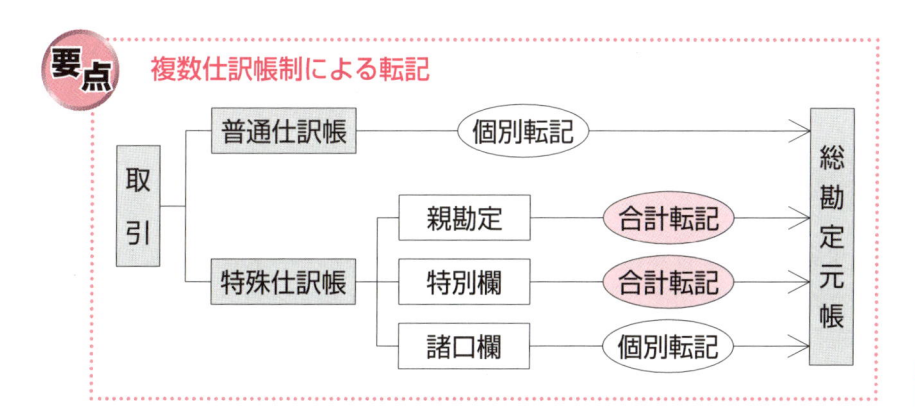

要点　複数仕訳帳制による転記

```
取引 ─┬─ 普通仕訳帳 ──────── 個別転記 ─────────┐
      │                                           │
      │                ┌─ 親勘定 ── 合計転記 ──┤ 総
      └─ 特殊仕訳帳 ──┼─ 特別欄 ── 合計転記 ──┤ 勘定
                       │                          │ 元
                       └─ 諸口欄 ── 個別転記 ──┘ 帳
```

ここをおさえろ！ 1・2・3

1　複数仕訳帳制とは？

2　個別転記って何？

3　合計転記って何？

49 現金出納帳と当座預金出納帳

●これが土台。しっかりマスターして！

現金出納帳とは？

現金出納帳とは、入金・出金の状況を記入する補助記入帳です。入金の場合は借方に、出金の場合は貸方に記入します。

現金出納帳への記入と転記

現金出納帳が特殊仕訳帳とされている場合の記入と転記をみていきましょう。なお、特別欄として、売掛金欄と買掛金欄があり、1カ月ごとに合計転記されているとします。

①月中取引

入金取引は現金出納帳の借方に、出金取引は貸方に記入します。

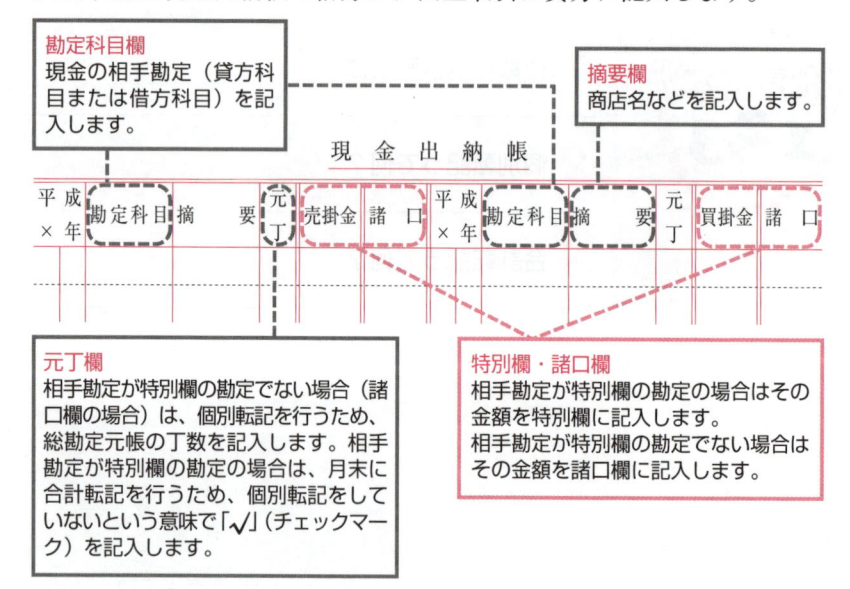

勘定科目欄
現金の相手勘定（貸方科目または借方科目）を記入します。

摘要欄
商店名などを記入します。

現　金　出　納　帳

| 平成×年 | 勘定科目 | 摘要 | 元丁 | 売掛金 | 諸口 | 平成×年 | 勘定科目 | 摘要 | 元丁 | 買掛金 | 諸口 |

元丁欄
相手勘定が特別欄の勘定でない場合（諸口欄の場合）は、個別転記を行うため、総勘定元帳の丁数を記入します。相手勘定が特別欄の勘定の場合は、月末に合計転記を行うため、個別転記をしていないという意味で「√」（チェックマーク）を記入します。

特別欄・諸口欄
相手勘定が特別欄の勘定の場合はその金額を特別欄に記入します。
相手勘定が特別欄の勘定でない場合はその金額を諸口欄に記入します。

具体的な取引の例を使って、現金出納帳への記入と総勘定元帳への転記をみていきましょう。

取 引

● 5月1日と5月4日の取引の仕訳は次のとおりである。

5/1	（借）現	金	500	（貸）売 掛 金	500
5/4	（借）仕	入	200	（貸）現 金	200

現 金 出 納 帳

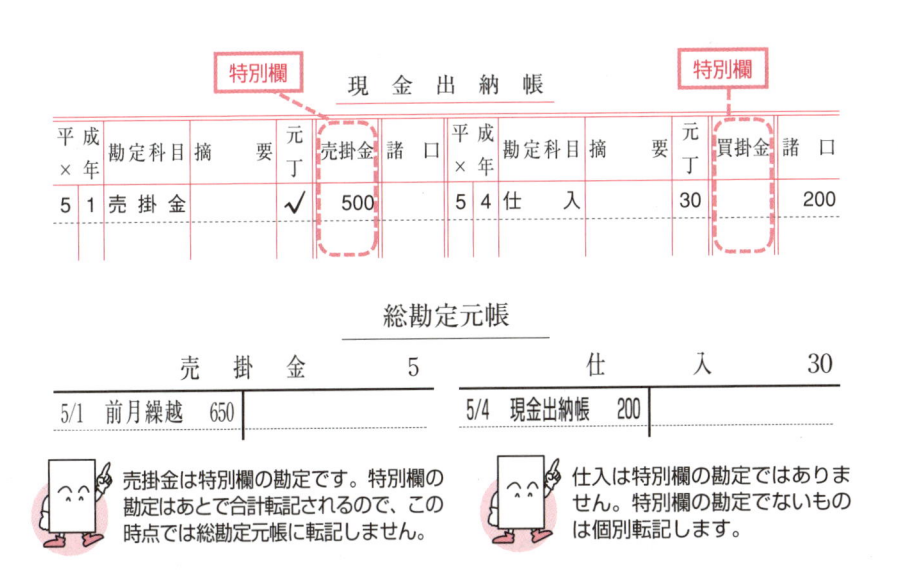

平成×年		勘定科目	摘要	元丁	売掛金（特別欄）	諸口	平成×年		勘定科目	摘要	元丁	買掛金（特別欄）	諸口
5	1	売掛金		✓	500		5	4	仕入		30		200

総勘定元帳

売 掛 金		5
5/1 前月繰越	650	

仕 入		30
5/4 現金出納帳	200	

売掛金は特別欄の勘定です。特別欄の勘定はあとで合計転記されるので、この時点では総勘定元帳に転記しません。

仕入は特別欄の勘定ではありません。特別欄の勘定でないものは個別転記します。

● 5/1の取引の記入と転記

入金取引なので、現金出納帳の借方に記入します。

元丁欄…相手勘定が**特別欄（売掛金）の勘定**なので、月末に合計転記します。したがって、この時点では総勘定元帳への転記は行わないので、元丁欄には「✓」を記入します。

特別欄…相手勘定が**特別欄（売掛金）の勘定**なのでその金額（500円）を**特別欄**に記入します。

総勘定元帳…売掛金は特別欄の勘定なので、あとで合計転記します。したがって、この時点では総勘定元帳に転記しません。

● 5/4の取引の記入と転記

出金取引なので、現金出納帳の貸方に記入します。

元丁欄…相手勘定（仕入）が**特別欄の勘定ではないので**、**仕入勘定の丁数「30」**を記入し、**個別転記**します。

諸口欄…相手勘定（仕入）が**特別欄の勘定ではない**のでその金額（200円）を**諸口欄**に記入します。

総勘定元帳…現金出納帳に記入された取引という意味で、「現金出納帳」と記入します。

取 引

● 5月10日～5月26日の取引は次のとおりである。

5/10	(借) 買　掛　金	300	(貸) 現　　　金	300
5/16	(借) 現　　　金	400	(貸) 売　　　上	400
5/20	(借) 現　　　金	100	(貸) 売　掛　金	100
5/26	(借) 買　掛　金	600	(貸) 現　　　金	600

先ほどと同じように記入、転記していきます。

現　金　出　納　帳

平成×年		勘定科目摘要	元丁	売掛金	諸口	平成×年		勘定科目摘要	元丁	買掛金	諸口
5	1	売　掛　金	✓	500		5	4	仕　　入	30		200
	16	売　　上	35		400		10	買掛金	✓	300	
	20	売　掛　金	✓	100			26	買掛金	✓	600	

総勘定元帳

```
        売  掛  金      5              買  掛  金     10
5/1 前月繰越  650                              5/1 前月繰越 1,000

        売      上     35              仕      入     30
        5/16 現金出納帳  400    5/4 現金出納帳  200
```

②月末締切

月末に特殊仕訳帳を締め切るときは次のように行います。

取 引

● 5月末日に現金出納帳を締め切る。

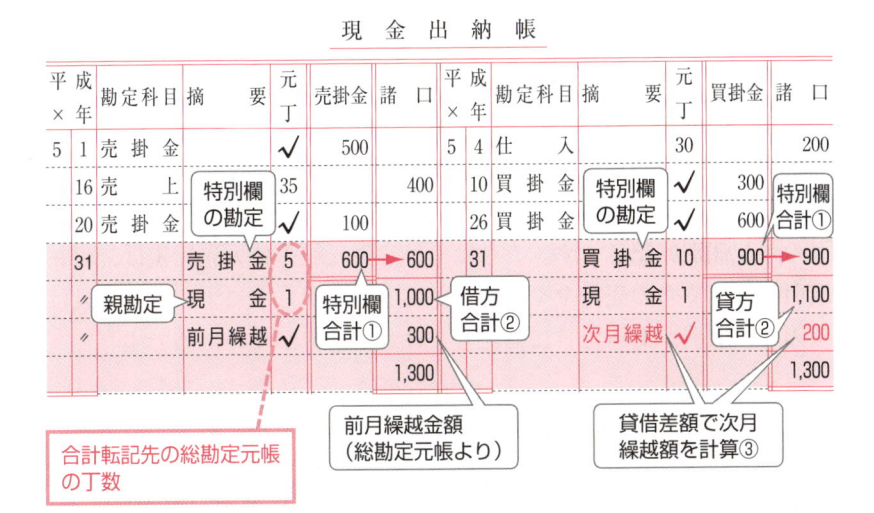

現　金　出　納　帳

平成×年		勘定科目	摘　要	元丁	売掛金	諸口	平成×年		勘定科目	摘　要	元丁	買掛金	諸口
5	1	売掛金		✓	500		5	4	仕　入		30		200
	16	売　上	特別欄の勘定	35		400		10	買掛金	特別欄の勘定	✓	300	特別欄合計①
	20	売掛金		✓	100			26	買掛金		✓	600	
	31		売掛金	5	600	→ 600		31		買掛金	10	900	→ 900
	〃	親勘定	現　金	1	特別欄合計① 1,000	借方合計②				現　金	1	貸方合計②	1,100
	〃		前月繰越	✓	300					次月繰越	✓		200
						1,300							1,300

合計転記先の総勘定元帳の丁数

前月繰越金額（総勘定元帳より）

貸借差額で次月繰越額を計算③

①特別欄の合計金額を計算し、諸口欄に移記するとともに総勘定元帳（特別欄の勘定）に転記します。
②諸口欄の合計金額（特別欄の合計金額を含む）を計算し、この金額を総勘定元帳（親勘定）に転記します。
③貸借差額で次月繰越金額を計算します。

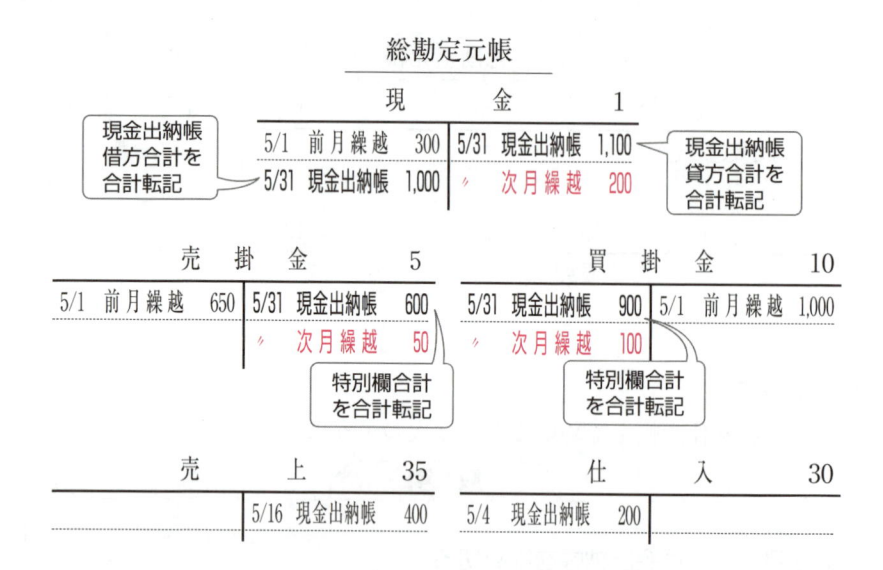

総勘定元帳

```
            現        金         1
5/1 前月繰越  300 | 5/31 現金出納帳 1,100
5/31 現金出納帳 1,000 |  〃  次月繰越   200
```
- 現金出納帳借方合計を合計転記
- 現金出納帳貸方合計を合計転記

```
            売  掛  金         5
5/1 前月繰越  650 | 5/31 現金出納帳  600
                 |  〃  次月繰越    50
```

```
            買  掛  金        10
5/31 現金出納帳  900 | 5/1 前月繰越 1,000
 〃  次月繰越   100 |
```
- 特別欄合計を合計転記
- 特別欄合計を合計転記

```
            売   上          35
                 | 5/16 現金出納帳  400
```

```
            仕   入          30
5/4 現金出納帳  200 |
```

補助元帳への転記

補助元帳として**得意先元帳**（売掛金元帳）と**仕入先元帳**（買掛金元帳）がある場合の転記についてみていきましょう。

売掛金と買掛金が現金出納帳の特別欄になっている場合、売掛金と買掛金は総勘定元帳に合計転記しますが、得意先元帳と仕入先元帳については、取引のつど**個別転記**します。これは、得意先元帳や仕入先元帳は、現在どの取引先にいくらの売掛金や買掛金があるかを明らかにする目的で設けられるので、取引があった日に転記しなければ意味がないためです。

> **要点　補助元帳への転記**
> 得意先元帳や仕入先元帳などの補助元帳には個別転記を行う

月末まで待てないの！
合計転記はイヤよ。
個別転記じゃなきゃ！

補助元帳

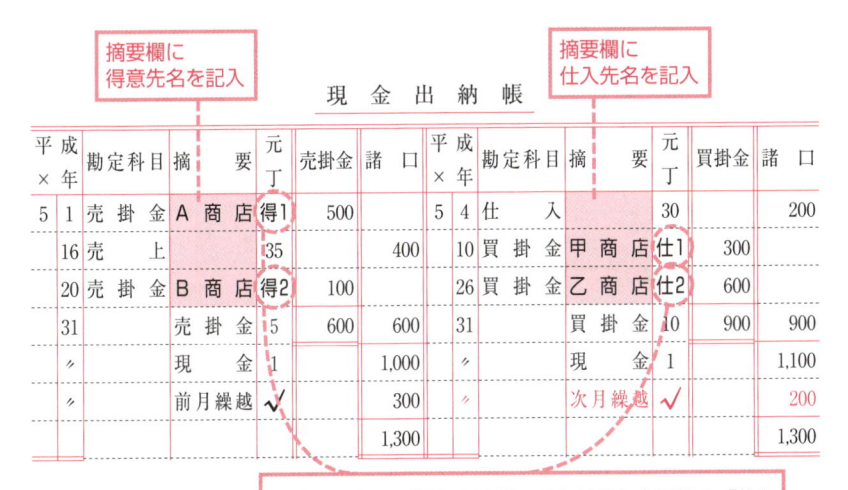

現金出納帳

摘要欄に得意先名を記入

摘要欄に仕入先名を記入

平成×年		勘定科目	摘要	元丁	売掛金	諸口	平成×年		勘定科目	摘要	元丁	買掛金	諸口
5	1	売掛金	A商店	得1	500		5	4	仕入		30		200
	16	売上		35		400		10	買掛金	甲商店	仕1	300	
	20	売掛金	B商店	得2	100			26	買掛金	乙商店	仕2	600	
	31		売掛金	5	600	600		31		買掛金	10	900	900
	〃		現金	1		1,000		〃		現金	1		1,100
	〃		前月繰越	✓		300				次月繰越	✓		200
						1,300							1,300

得意先元帳の「得」と丁数、または仕入先元帳の「仕」と丁数を記入します。本来は総勘定元帳に合計転記、補助元帳に個別転記という意味で「✓/得1」などとしますが、「✓」は省略することができます。

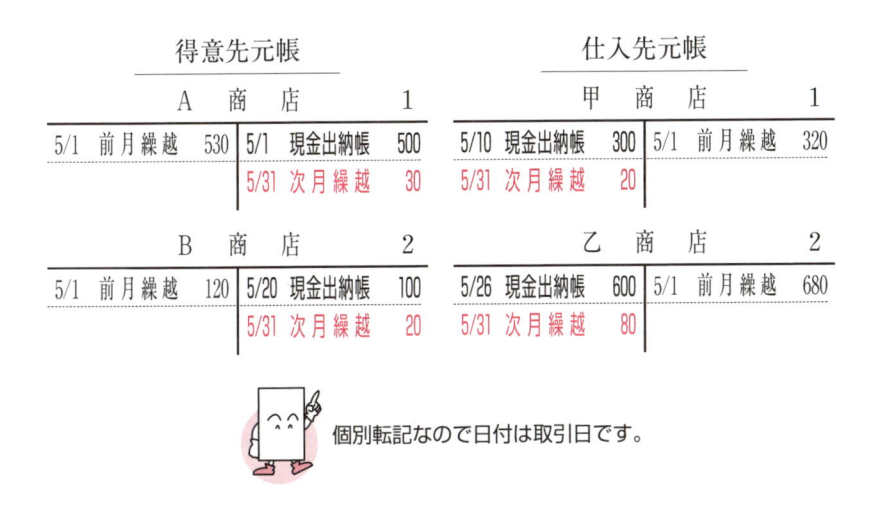

得意先元帳

A商店　　　　1

5/1	前月繰越	530	5/1	現金出納帳	500
			5/31	次月繰越	30

B商店　　　　2

5/1	前月繰越	120	5/20	現金出納帳	100
			5/31	次月繰越	20

仕入先元帳

甲商店　　　　1

5/10	現金出納帳	300	5/1	前月繰越	320
5/31	次月繰越	20			

乙商店　　　　2

5/26	現金出納帳	600	5/1	前月繰越	680
5/31	次月繰越	80			

個別転記なので日付は取引日です。

得意先元帳は売掛金の、仕入先元帳は買掛金の明細書です。したがって、得意先元帳の合計は総勘定元帳の売掛金と、仕入先元帳の合計は総勘定元帳の買掛金と一致します。

総勘定元帳

```
          売   掛   金         5              買   掛   金         10
5/1 前月繰越 650 | 5/31 現金出納帳 600    5/31 現金出納帳 900 | 5/1 前月繰越 1,000
                 〃  次月繰越  50     〃  次月繰越 100
```

得意先元帳の合計と一致します。

仕入先元帳の合計と一致します。

当座預金出納帳とは？

当座預金出納帳とは、当座預金の状況を記入する補助記入帳です。預け入れの場合は借方に、引き出しの場合は貸方に記入します。

当座預金出納帳への記入と転記

当座預金出納帳への記入と転記は現金出納帳の場合と同様です。

取引

● 6月の取引の仕訳は次のとおりである。

6/1	(借) 当座預金 700	(貸) 売掛金 700
6/5	(借) 広告費 100	(貸) 当座預金 100
6/11	(借) 買掛金 900	(貸) 当座預金 900
6/17	(借) 当座預金 150	(貸) 売上 150
6/21	(借) 当座預金 250	(貸) 売掛金 250
6/24	(借) 消耗品費 120	(貸) 当座預金 120

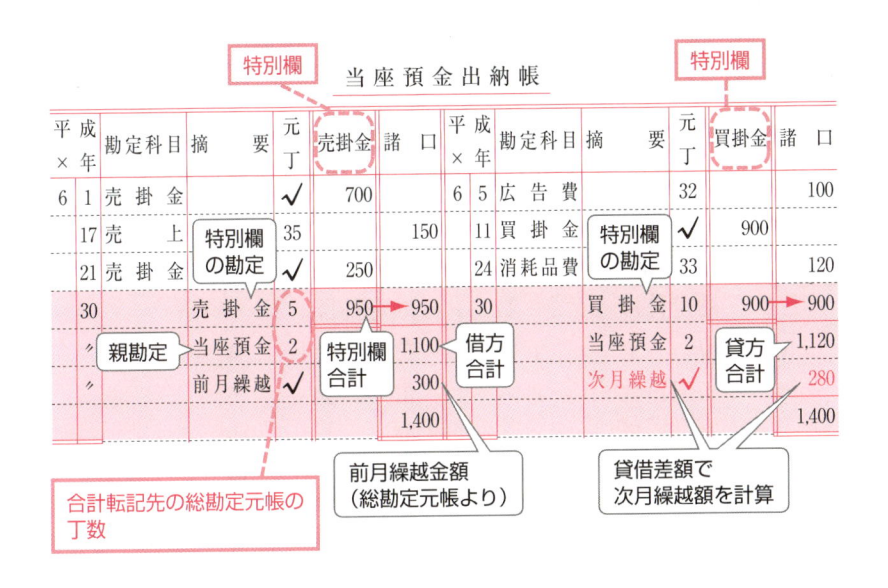

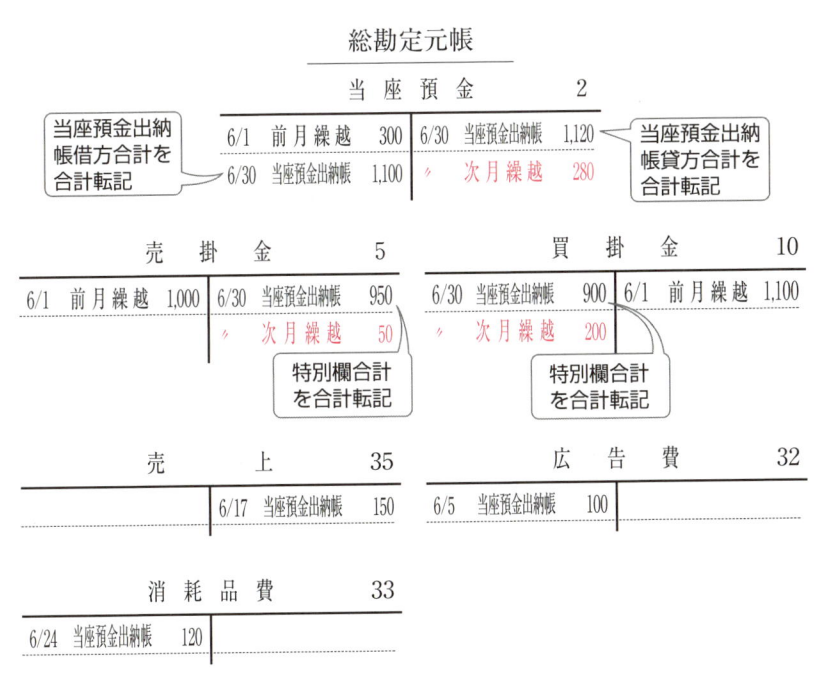

当座預金出納帳

平成×年		勘定科目	摘要	元丁	売掛金	諸口	平成×年		勘定科目	摘要	元丁	買掛金	諸口
6	1	売掛金		✓	700		6	5	広告費		32		100
	17	売上		35		150		11	買掛金		✓	900	
	21	売掛金		✓	250			24	消耗品費		33		120
	30		売掛金	5	950			30		買掛金	10	900	
	〃		当座預金	2		1,100				当座預金	2		1,120
	〃		前月繰越	✓		300				次月繰越	✓		280
						1,400							1,400

特別欄 → 売掛金／買掛金

親勘定 → 当座預金

合計転記先の総勘定元帳の丁数

特別欄合計

借方合計／貸方合計

前月繰越金額（総勘定元帳より）

貸借差額で次月繰越額を計算

総勘定元帳

当座預金　2

6/1	前月繰越	300	6/30	当座預金出納帳	1,120
6/30	当座預金出納帳	1,100	〃	次月繰越	280

当座預金出納帳借方合計を合計転記
当座預金出納帳貸方合計を合計転記

売掛金　5

6/1	前月繰越	1,000	6/30	当座預金出納帳	950
			〃	次月繰越	50

買掛金　10

6/30	当座預金出納帳	900	6/1	前月繰越	1,100
〃	次月繰越	200			

特別欄合計を合計転記

売上　35

			6/17	当座預金出納帳	150

広告費　32

6/5	当座預金出納帳	100			

消耗品費　33

6/24	当座預金出納帳	120			

Day 7　帳簿組織

基本問題

次の資料にもとづいて、当座預金出納帳と総勘定元帳（一部）の（ ）をうめなさい。なお、当社では当座預金出納帳のみを特殊仕訳帳として用いている。

【資料】 総勘定元帳の勘定科目と各元帳の丁数

勘定科目	丁　数	勘定科目	丁　数
現　　金	1	買　掛　金	4
当座預金	2	借　入　金	5
売　掛　金	3	売　　上	12
仕　　入	11	受取利息	13

当座預金出納帳

平成×年		勘定科目	摘　要	元丁	売掛金	諸口	平成×年		勘定科目	摘　要	元丁	買掛金	諸口
6	1	売 掛 金		( )	200		6	5	仕　　入		( )		150
	17	売　　上		( )		250		11	買 掛 金		( )	300	
	21	売 掛 金		( )	300			20	買 掛 金		( )	500	
	30		売 掛 金	( )	( )			30		買 掛 金	( )	( )	( )
	〃		当座預金	( )		( )		〃		当座預金	( )		( )
	〃		前月繰越	✓		( )				次月繰越	✓		( )
													( )

総勘定元帳

　　　　当　座　預　金　　　　2

6/1 前月繰越 500	6/30 (　　) (　)
6/30 (　　) (　)	〃　　(　　) (　)

　　　　売　掛　金　　　　3

6/1 前月繰越 600	6/30 (　　) (　)
	〃　　(　　) (　)

解答

当座預金出納帳

平成×年		勘定科目	摘要	元丁	売掛金	諸口	平成×年		勘定科目	摘要	元丁	買掛金	諸口
6	1	売掛金		(✓)	200		6	5	仕入		(11)		150
	17	売上		(12)		250		11	買掛金		(✓)	300	
	21	売掛金		(✓)	300			20	買掛金		(✓)	500	
	30		売掛金	(3)	(500)	(500)		30		買掛金	(4)	(800)	(800)
	〃		当座預金	(2)		(750)		〃		当座預金	(2)		(950)
	〃		前月繰越	✓		(500)		〃		次月繰越	✓		(300)
						(1,250)							(1,250)

総勘定元帳

当座預金　　　　　　　　　2

6/1	前月繰越	500	6/30	(当座預金出納帳)	(950)
6/30	(当座預金出納帳)	(750)	〃	(次月繰越)	(300)

売掛金　　　　　　　　　3

6/1	前月繰越	600	6/30	(当座預金出納帳)	(500)
			〃	(次月繰越)	(100)

Day 7 帳簿組織

ここをおさえろ！ 1・2・3

1 現金出納帳とは？

2 当座預金出納帳とは？

3 現金出納帳、当座預金出納帳の特別欄の金額は合計転記？　個別転記？

➡ トレーニングの基本問題 問題51 へ！

50 仕入帳と売上帳

●元丁欄に注目！

Day 7

仕入帳・売上帳とは？

仕入帳とは、仕入に関する取引を記録するための補助記入帳のことをいいます。一方、**売上帳**とは、売上に関する取引を記録するための補助記入帳のことをいいます。

> 仕入帳・売上帳は、3級で学習しましたね。
> 2級で学習する仕入帳・売上帳では記入欄が少し増えます。

仕入帳・売上帳への記入と転記

仕入帳・売上帳の記入と転記の方法も現金出納帳と同様ですが、現金出納帳のように借方と貸方に分かれていません。したがって、仕入帳・売上帳には仕入・売上の増加を前提とした取引が記入されます。

なお、**値引きや返品**は仕入や売上の増加の逆という意味で**赤字**（またはカッコ書き）で記入します。

具体的な取引の例を使って、仕入帳・売上帳への記入と転記の仕方をみていきましょう。

なお、ここでは仕入に関する取引を例にとって、仕入帳の記入と転記の方法をみていきます。

> 売上帳の記入と転記の方法については
> 仕入帳と同様のため、省略します。

取引

● 9月の取引の仕訳は次のとおりである。

9/6	(借)仕入	330	(貸)買掛金・甲商店	330
9/8	(借)仕入	440	(貸)買掛金・乙商店	440
9/12	(借)仕入	450	(貸)当座預金・乙商店	450
9/18	(借)買掛金・甲商店	30	(貸)仕入	30*

＊ 9/18の取引は 9/6 に仕入れた商品の値引きである。

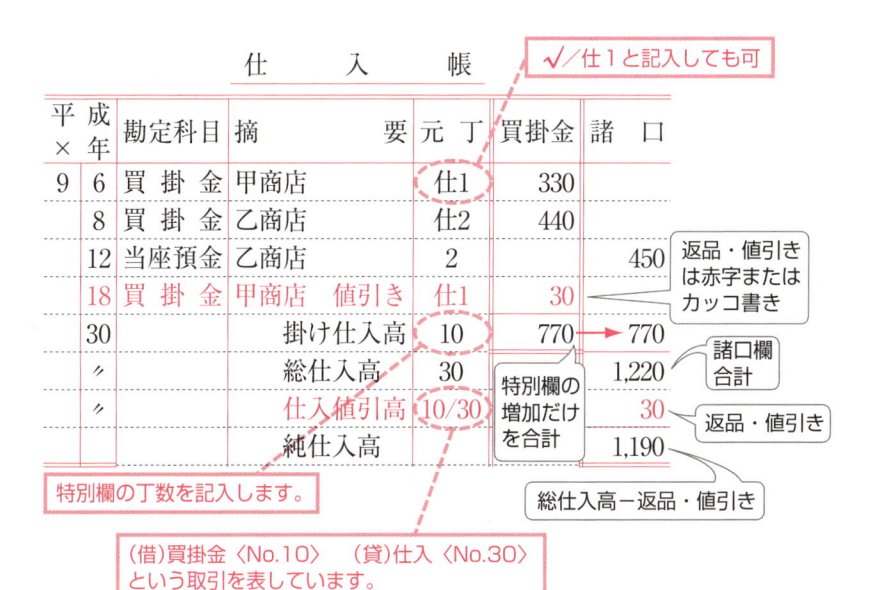

仕　入　帳

平成×年		勘定科目	摘要	元丁	買掛金	諸口
9	6	買 掛 金	甲商店	仕1	330	
	8	買 掛 金	乙商店	仕2	440	
	12	当座預金	乙商店	2		450
	18	買 掛 金	甲商店　値引き	仕1	30	
	30		掛け仕入高	10	770	770
	〃		総仕入高		30	1,220
	〃		仕入値引高	10/30		30
			純仕入高			1,190

√/仕1と記入しても可

返品・値引きは赤字またはカッコ書き

諸口欄合計

返品・値引き

総仕入高−返品・値引き

特別欄の増加だけを合計

特別欄の丁数を記入します。

(借)買掛金〈No.10〉　(貸)仕入〈No.30〉という取引を表しています。

総勘定元帳

当座預金　2

9/1 前月繰越	600	9/12 仕入帳	450
		9/30 次月繰越	150

買　掛　金　10

9/30 仕入帳	30	9/1 前月繰越	100
〃 次月繰越	840	9/30 仕入帳	770

仕入　30

9/30 仕入帳	1,220	9/30 仕入帳	30

> 特別欄合計を合計転記

仕入先元帳

甲　商　店　1

9/18 仕入帳	30	9/1 前月繰越	70
9/30 次月繰越	370	9/6 仕入帳	330

乙　商　店　2

9/30 次月繰越	470	9/1 前月繰越	30
		9/8 仕入帳	440

試験ではすべて黒字（鉛筆）で書いてください。

基本問題

次の資料にもとづいて、売上帳と総勘定元帳の（　）をうめなさい。なお、当社では売上帳のみを特殊仕訳帳として用いている。

【資料】総勘定元帳の勘定科目と各元帳の丁数

勘定科目	丁数	勘定科目	丁数
当座預金	2	売上	12
売掛金	3		

得意先元帳の元帳番号

甲商店　得1　　　乙商店　得2

売上帳

平成×年		勘定科目	摘要	元丁	売掛金	諸口
9	16	売掛金	甲商店	（　）	500	
	18	当座預金	乙商店	（　）		600
	22	売掛金	乙商店	（　）	400	
	28	売掛金	甲商店　値引き	（　）	200	
	30		掛け売上高	（　）	900	900
	〃		総売上高	（　）		（　）
	〃		売上値引高	（　）		（　）
			純売上高			（　）

総勘定元帳

売掛金　3

9/1 前月繰越	200	9/30 （　）	200	
9/30 （　）	900	〃 （　）	900	

売上　12

9/30 （　）	200	9/30 （　）	1,500	

得意先元帳

甲商店　得1

9/1 前月繰越	70	9/28 売上帳	（　）	
9/16 売上帳	（　）	9/30 次月繰越	（　）	

乙商店　得2

9/1 前月繰越	130	9/30 次月繰越	（　）	
9/22 売上帳	（　）			

解答

売 上 帳

平成×年		勘定科目	摘　　　　要	元丁	売掛金	諸　口
9	16	売　掛　金	甲商店	（得1）	500	
	18	当座預金	乙商店	（ 2 ）		600
	22	売　掛　金	乙商店	（得2）	400	
	28	売　掛　金	甲商店　値引き	（得1）	200	
	30		掛け売上高	（ 3 ）	900	900
	〃		総売上高	（ 12 ）		（ 1,500）
	〃		売上値引高	（12/3）		（ 200）
			純売上高			（ 1,300）

総勘定元帳

売　掛　金　　　3

9/1 前月繰越	200	9/30（売上帳）	200
9/30（売上帳）	900	〃　（次月繰越）	900

売　　　上　　　12

9/30（売上帳）	200	9/30（売上帳）	1,500

得意先元帳

甲　商　店　　　得1

9/1 前月繰越	（70）	9/28 売　上　帳	（200）
9/16 売　上　帳	（500）	9/30 次月繰越	（370）

乙　商　店　　　得2

9/1 前月繰越	130	9/30 次月繰越	（530）
9/22 売　上　帳	（400）		

ここをおさえろ！1・2・3

1 売上帳と仕入帳とは？

2 値引きや返品がある場合の元丁欄の記入（帳簿締切時）は？

3 得意先元帳・仕入先元帳への転記は個別転記？それとも合計転記？

→ トレーニングの基本問題 問題52 へ！

51 受取手形記入帳と支払手形記入帳

●手形の増加取引しか記入しません

受取手形記入帳・支払手形記入帳とは？

受取手形記入帳とは、受取手形の増加に関する取引を記録する補助記入帳のことをいいます。一方、**支払手形記入帳**とは、支払手形の増加に関する取引を記録する補助記入帳のことをいいます。

受取手形記入帳・支払手形記入帳には、受取手形および支払手形の増加取引のみが記入されるため、手形を減少させるような取引（決済・割引・裏書取引）は記入されません。

> **要点　受取手形記入帳と支払手形記入帳**
> 受取手形記入帳…受取手形の増加取引のみ記入
> 支払手形記入帳…支払手形の増加取引のみ記入

（借）受取手形　（貸）○○○○　このような取引のみ記入されます。
（借）○○○○　（貸）支払手形

（借）○○○○　（貸）受取手形　このような取引は記入されません。
（借）支払手形　（貸）○○○○

受取手形記入帳・支払手形記入帳への記入と転記

受取手形記入帳・支払手形記入帳は増加取引しか記入されないので、手形の**増加取引は合計転記**し、**減少取引は個別転記**します。

具体的な取引例を使って、受取手形記入帳と支払手形記入帳への記入と転記の仕方についてみていきましょう。

取引

● 11月の取引の仕訳は次のとおりである。なお、当社は普通仕訳帳のほかに当座預金出納帳、受取手形記入帳、支払手形記入帳を特殊仕訳帳としている。

11/6	(借)仕　　　　入	230	(貸)支払手形・甲商店	230
11/8	(借)買　掛　金	240	(貸)支払手形・乙商店	240
11/12	(借)支　払　手　形	100	(貸)当　座　預　金	100
11/15	(借)受取手形・A商店	250	(貸)売　　　　上	250
11/17	(借)当　座　預　金	220	(貸)受　取　手　形	220

当座預金出納帳

平成×年		勘定科目	摘　要	元丁	売掛金	諸　口	平成×年		勘定科目	摘　要	元丁	買掛金	諸　口
11	17	受取手形		4		220	11	12	支払手形		9		100
	30		当座預金	2		220		30		当座預金	2		100
	〃		前月繰越	✓		50		〃		次月繰越	✓		170
						270							270

当座預金出納帳の記入方法は、㊾**現金出納帳と当座預金出納帳**で説明したとおりです。受取手形記入帳、支払手形記入帳を特殊仕訳帳としている場合、受取手形や支払手形の増加取引は、各手形記入帳から合計転記しますが、減少取引は、個別転記します。この取引例において、11/12と11/17の取引は、受取手形や支払手形の減少取引なので、当座預金出納帳から総勘定元帳に個別転記することになります。

> 11/12と11/17の取引は個別転記なので、元帳欄には総勘定元帳の丁数を記入します。

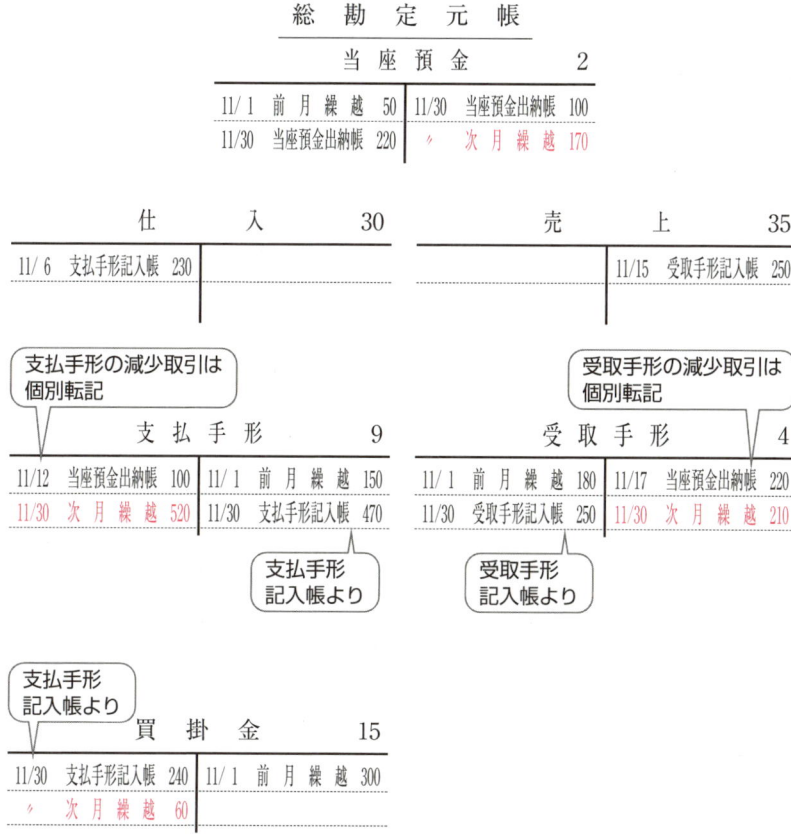

支払手形記入帳

平成×年		勘定科目	摘　要	元丁	買掛金	諸　口
11	6	仕　入	甲商店	30		230
	8	買掛金	乙商店	✓	240	
	30		買掛金	15	240	240
	〃		支払手形	9		470

減少取引（11/12の取引）
は記入しません。

受取手形記入帳

平成×年		勘定科目	摘　要	元丁	売掛金	諸　口
11	15	売　上	A商店	35		250
	30		受取手形	4		250

減少取引（11/17の取引）
は記入しません。

総勘定元帳

当座預金　　2

11/1	前月繰越	50	11/30	当座預金出納帳	100
11/30	当座預金出納帳	220	〃	次月繰越	170

仕　入　　30

11/6	支払手形記入帳	230			

売　上　　35

			11/15	受取手形記入帳	250

支払手形の減少取引は
個別転記

受取手形の減少取引は
個別転記

支払手形　　9

11/12	当座預金出納帳	100	11/1	前月繰越	150
11/30	次月繰越	520	11/30	支払手形記入帳	470

支払手形
記入帳より

受取手形　　4

11/1	前月繰越	180	11/17	当座預金出納帳	220
11/30	受取手形記入帳	250	11/30	次月繰越	210

受取手形
記入帳より

支払手形
記入帳より

買掛金　　15

11/30	支払手形記入帳	240	11/1	前月繰越	300
〃	次月繰越	60			

Day 7 帳簿組織

基本問題

次の資料にもとづいて、特殊仕訳帳の（ ）をうめなさい。なお、当社では当座預金出納帳、受取手形記入帳、支払手形記入帳を特殊仕訳帳として用いている。

【資料】総勘定元帳の勘定科目と各元帳の丁数

勘定科目	丁　数	勘定科目	丁　数
当座預金	2	買　掛　金	13
受取手形	4	支払手形	14
仕　　入	30	売　　上	35

当座預金出納帳

平成×年		勘定科目	摘　要	元丁	売掛金	諸口	平成×年		勘定科目	摘　要	元丁	買掛金	諸口
11	17	受取手形		( )		500	11	12	支払手形		( )		400
	30		当座預金	( )	500			30		当座預金	( )	400	
	〃		前月繰越	✓	250			〃		次月繰越	✓	350	
					750							750	

支払手形記入帳

平成×年		勘定科目	摘　要	元丁	買掛金	諸口
11	6	仕　入		30		150
	8	買掛金		( )	300	
	30		買掛金	( )	300	300
	〃		支払手形	( )		450

受取手形記入帳

平成×年		勘定科目	摘　要	元丁	売掛金	諸口
11	18	売　上		( )		300
	30		受取手形	( )		300

総勘定元帳

当座預金　2

11/1 前月繰越 250	11/30 ( ) 400	
11/30 ( ) 500	〃 次月繰越 350	

仕　入　30

11/6 ( ) 150	

売　上　35

	11/18 ( ) 300

支払手形　14

11/12 ( ) 400	11/1 前月繰越 100
11/30 次月繰越 150	11/30 ( ) 450

受取手形　4

11/1 前月繰越 400	11/17 ( ) 500
11/30 ( ) 300	11/30 次月繰越 200

解答

当座預金出納帳

平成×年		勘定科目摘要	元丁	売掛金	諸口	平成×年		勘定科目摘要	元丁	買掛金	諸口
11	17	受取手形	(4)		500	11	12	支払手形	(14)		400
	30	当座預金	(2)	500			30	当座預金	(2)		400
	〃	前月繰越	✓	250				次月繰越	✓		350
					750						750

支払手形記入帳

平成×年		勘定科目摘要	元丁	買掛金	諸口
11	6	仕　入	30		150
	8	買掛金	✓	300	
	30	買掛金	(13)	300	300
	〃	支払手形	(14)		450

受取手形記入帳

平成×年		勘定科目摘要	元丁	売掛金	諸口
11	18	売　上	(35)		300
	30	受取手形	(4)		300

総　勘　定　元　帳

当　座　預　金			2
11/ 1 前 月 繰 越	250	11/30 （当座預金出納帳）	400
11/30 （当座預金出納帳）	500	〃 次 月 繰 越	350

仕　　　入			30
11/ 6 （支払手形記入帳）	150		

売　　　上			35
		11/18 （受取手形記入帳）	300

支　払　手　形			14
11/12 （当座預金出納帳）	400	11/ 1 前 月 繰 越	100
11/30 次 月 繰 越	150	11/30 （支払手形記入帳）	450

受　取　手　形			4
11/ 1 前 月 繰 越	400	11/17 （当座預金出納帳）	500
11/30 （受取手形記入帳）	300	11/30 次 月 繰 越	200

ここをおさえろ！1・2・3

1 受取手形記入帳って何？

2 支払手形記入帳って何？

3 特別欄の金額は個別転記？
それとも合計転記？

52 二重仕訳と二重転記
●金額が2倍にならないように！

Day7

二重仕訳・二重転記とは？

複数の特殊仕訳帳を併用していると、二つの仕訳帳に記録される取引がでてきます。たとえば、**現金出納帳**と**売上帳**を特殊仕訳帳としている場合、**現金売上**は両方の仕訳帳に記入されることになります。このように2つの仕訳帳に記入されることを**二重仕訳**といいます。

また、複数の仕訳帳に記入されると総勘定元帳への転記も重複します。この重複する転記を**二重転記**といいます。二重転記があると金額が2倍になってしまうので、これを防止する必要があります。

100円の取引が200円として転記されたら間違いですよね。

要点　二重仕訳と二重転記
二重仕訳…複数の仕訳帳に記入された仕訳
二重転記…複数の仕訳帳から重複する転記

たとえば次のような取引（仕訳）があった場合を考えてみましょう。

取引

● 9月の取引の仕訳は次のとおりである。なお、現金出納帳と売上帳を特殊仕訳帳として用いている。

9/12　（借）現　　金　100　（貸）売　　上　100

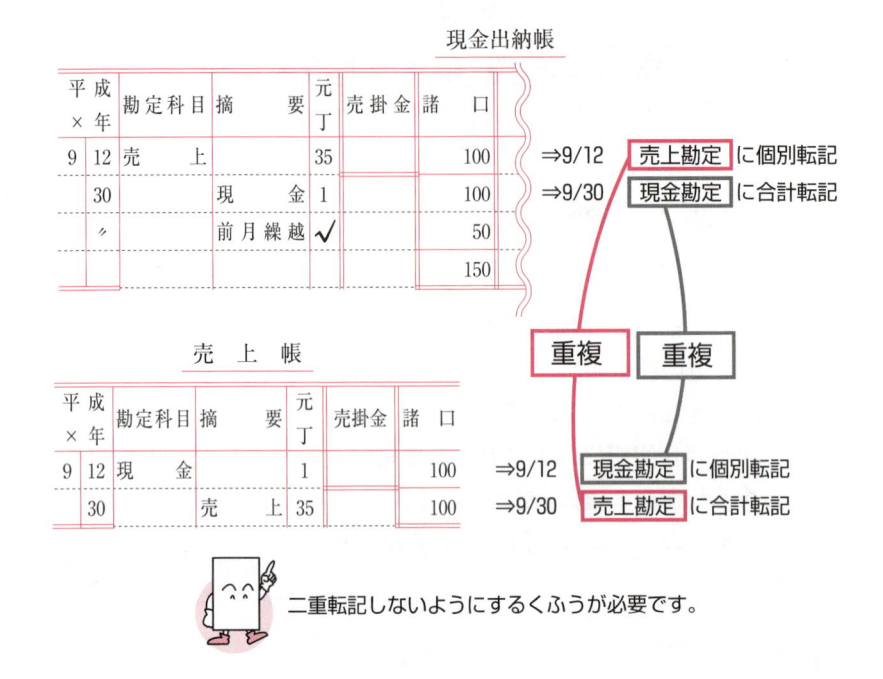

現金出納帳

平成×年		勘定科目摘要	元丁	売掛金	諸口
9	12	売　上	35		100
	30	現　金	1		100
	〃	前月繰越	✓		50
					150

⇒9/12 売上勘定 に個別転記
⇒9/30 現金勘定 に合計転記

重複　重複

売上帳

平成×年		勘定科目摘要	元丁	売掛金	諸口
9	12	現　金	1		100
	30	売　上	35		100

⇒9/12 現金勘定 に個別転記
⇒9/30 売上勘定 に合計転記

二重転記しないようにするくふうが必要です。

二重転記を回避するには…

二重転記を回避するために、複数の特殊仕訳帳を設けている場合には、**「特殊仕訳帳に記入されたほかの特殊仕訳帳の親勘定については転記を行わない」**というルールのもとに転記を行っていきます。

> **要点　二重転記の回避**
> 特殊仕訳帳に記入されたほかの特殊仕訳帳の親勘定については転記を行わない

先ほどの取引の例を使ってみていきましょう。

二重転記を回避するために、ほかの特殊仕訳帳の親勘定の元丁欄に「✓」（チェックマーク）をつけます。

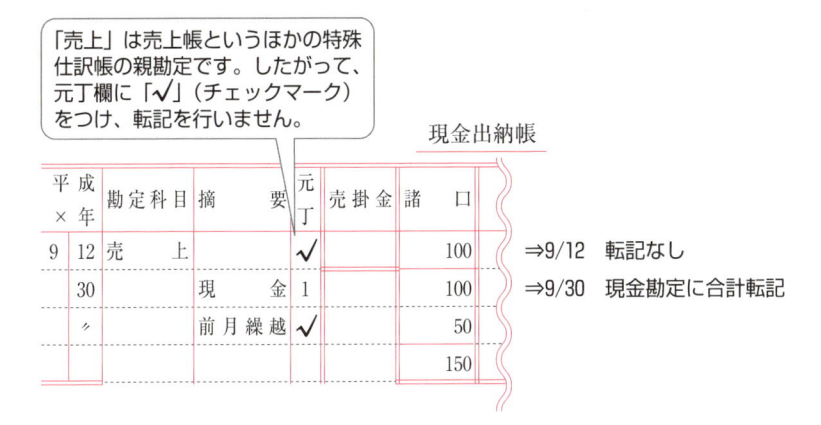

> 「売上」は売上帳というほかの特殊仕訳帳の親勘定です。したがって、元丁欄に「✓」（チェックマーク）をつけ、転記を行いません。

現金出納帳

平成×年		勘定科目	摘 要	元丁	売掛金	諸 口	
9	12	売　　上		✓		100	⇒9/12　転記なし
	30	現　　金		1		100	⇒9/30　現金勘定に合計転記
	〃		前月繰越	✓	50		
						150	

売　上　帳

平成×年		勘定科目	摘 要	元丁	売掛金	諸 口	
9	12	現　　金		✓		100	⇒9/12　転記なし
	30	売　　上		35		100	⇒9/30　売上勘定に合計転記

> 「現金」は現金出納帳というほかの特殊仕訳帳の親勘定です。したがって、元丁欄に「✓」（チェックマーク）をつけ、転記を行いません。

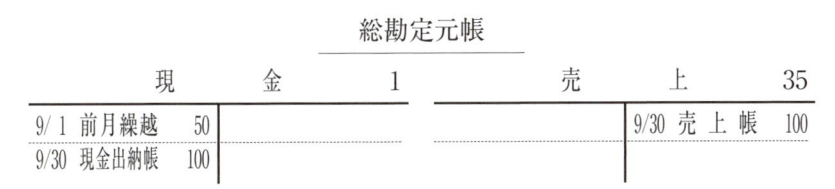

総勘定元帳

　　　　　現　　金　　　　1

| 9/ 1 前月繰越 | 50 |
| 9/30 現金出納帳 | 100 |

　　　　　売　　上　　　　35

| | | 9/30 売　上　帳 | 100 |

つまり、元丁欄のチェックマークは特殊仕訳帳の相手科目が①特別欄の勘定科目のときと、②ほかの特殊仕訳帳の親勘定のときに記入するのです。

Day 7　帳簿組織

二重転記になりうる取引

普通仕訳帳のほかに現金出納帳、当座預金出納帳、仕入帳、売上帳、支払手形記入帳、受取手形記入帳を特殊仕訳帳としている場合、二重転記となりうるものは次のとおりです。

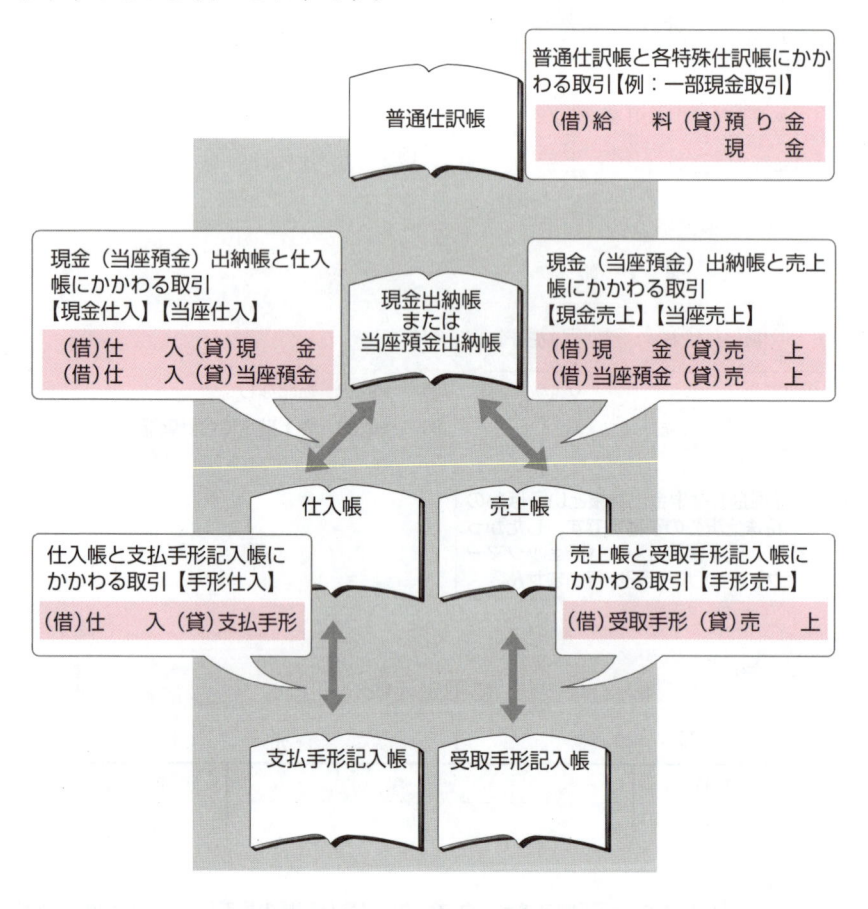

```
                          普通仕訳帳と各特殊仕訳帳にかか
                          わる取引【例：一部現金取引】
        普通仕訳帳
                          （借）給  料（貸）預り金
                                          現  金

現金（当座預金）出納帳と仕入            現金（当座預金）出納帳と売上
帳にかかわる取引           現金出納帳   帳にかかわる取引
【現金仕入】【当座仕入】   または       【現金売上】【当座売上】
                          当座預金出納帳
（借）仕 入（貸）現  金                  （借）現  金（貸）売  上
（借）仕 入（貸）当座預金                （借）当座預金（貸）売  上


           仕入帳         売上帳

仕入帳と支払手形記入帳に                 売上帳と受取手形記入帳に
かかわる取引【手形仕入】                 かかわる取引【手形売上】
（借）仕 入（貸）支払手形                （借）受取手形（貸）売  上


        支払手形記入帳    受取手形記入帳
```

たとえば、現金出納帳と仕入帳・売上帳を特殊仕訳帳としていると【現金仕入】と【現金売上】が二重転記になります。

転記についてまとめると次のようになります。

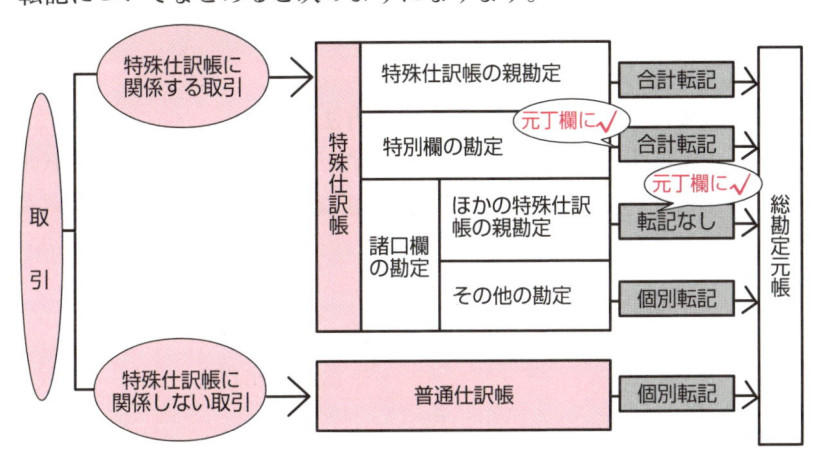

```
                            ┌─ 特殊仕訳帳の親勘定 ──→ [合計転記] ─┐
                            │                                    │
          ┌─ 特殊仕訳帳に ──┤                      元丁欄に✓     │
          │  関係する取引   ├─ 特別欄の勘定 ─────→ [合計転記] ─┤
          │                 │  特殊                              │
          │                 │  仕訳              元丁欄に✓       │
取引 ─────┤                 │  帳  ┌─ ほかの特殊仕訳            ├─ 総勘定元帳
          │                 │     │  帳の親勘定 ──→ [転記なし] ─┤
          │                 ├─諸口欄┤                            │
          │                 │  の勘定                             │
          │                 │     └─ その他の勘定 → [個別転記] ─┤
          │                                                      │
          └─ 特殊仕訳帳に ────── 普通仕訳帳 ──────→ [個別転記] ─┘
             関係しない取引
```

■ 普通仕訳帳と特殊仕訳帳に記入する取引

　普通仕訳帳には、特殊仕訳帳にかかわらない取引を記入しますが、1つの取引でも、特殊仕訳帳にかかわるものとかかわらないものが混在することがあります。

　その場合、**特殊仕訳帳**と**普通仕訳帳**の両方に記入します。例を使って記入の仕方をみていきましょう。

> **取　引**
>
> ● 5月2日に備品50,000円を購入し、代金のうち30,000円は現金で支払い、残りは月末払いとした。なお、当社では普通仕訳帳のほか、現金出納帳を特殊仕訳帳として用いている（現金元帳 No. 1　備品元帳 No. 8　未払金元帳 No.24）。

取引の仕訳は次のようになります。

（借）備　　　品	50,000	（貸）現　　　　金	30,000
		（貸）未　払　金	20,000

　このような取引（**一部現金取引**といいます）の場合は、①**普通仕訳帳**に

Day 7 帳簿組織

333

すべての仕訳を記入する方法と、②取引を分けて特殊仕訳帳と普通仕訳帳に記入する方法があります。

①普通仕訳帳にすべての仕訳を記入する方法

普通仕訳帳にすべての仕訳を記入しますが、特殊仕訳帳と普通仕訳帳に重複して記入される金額があるので、これについては元丁欄に「✓」（チェックマーク）を記入します。

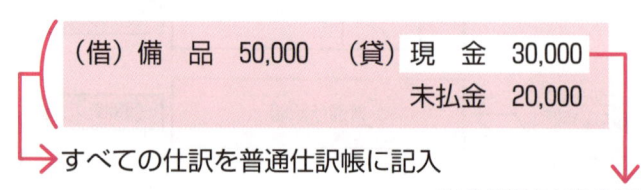

（借）備　品	50,000	（貸）現　金	30,000
		未払金	20,000

→すべての仕訳を普通仕訳帳に記入

出金取引は現金出納帳にも記入

現　金　出　納　帳

平成×年		勘定科目	摘要	元丁	売掛金	諸口	×年		勘定科目	摘要	元丁	買掛金	諸口
							5	2	備　品		✓		30,000

普通仕訳帳から転記するので、ここでは転記不要です。

普　通　仕　訳　帳

平成×年		摘　　　　要	元丁	借　方	貸　方
5	2	（備　　品）	8	50,000	
		（現　　金）	✓		30,000
		（未　払　金）	24		20,000

現金出納帳から転記するので、ここでは転記不要です。

試験にはこちらの記入方法がよく出題されます。

②取引を分けて特殊仕訳帳と普通仕訳帳に記入する方法

1つの取引を特殊仕訳帳の取引と普通仕訳帳の取引に分けて記入します。

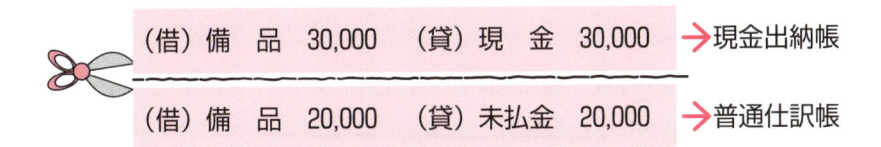

(借)備　品　30,000　　(貸)現　金　30,000　→現金出納帳
────────────────────────────
(借)備　品　20,000　　(貸)未払金　20,000　→普通仕訳帳

現　金　出　納　帳

平成×年		勘定科目	摘　要	元丁	売掛金	諸　口	平成×年		勘定科目	摘　要	元丁	買掛金	諸　口
							5	2	備　品		8		30,000

普　通　仕　訳　帳

平成×年		摘　　要		元丁	借　方	貸　方
5	2	(備　　品)		8	20,000	
			(未　払　金)	24		20,000

基本問題

次の資料と取引にもとづいて特殊仕訳帳を完成しなさい。なお、当社では当座預金出納帳、仕入帳、売上帳を特殊仕訳帳として用いている。

【資料】総勘定元帳の勘定科目と各元帳の丁数

勘定科目	丁　数		勘定科目	丁　数
当座預金	1		買　掛　金	13
売　掛　金	2		売　　上	31
受取手形	3		受取利息	32
仕　　入	21			

【取引】
(1) 東京商店から商品5,000円を仕入れ、代金は掛けとした。
(2) 千葉商店へ商品7,000円を売り上げ、代金は掛けとした。
(3) 大阪商店から商品8,000円を仕入れ、代金は小切手で支払った。
(4) 神戸商店へ商品9,000円を売り上げ、代金は小切手で受け取り、ただちに当座預金に預け入れた。
(5) 受取手形5,000円が決済され、当座預金に振り込まれた。
(6) 茨城商店に対する掛代金1,500円を小切手で支払った。
(7) 埼玉商店から、掛け代金500円を受け取り、ただちに当座預金とした。
(8) 栃木商店へ商品2,000円を売り上げ、代金は同店振り出しの約束手形で受け取った。

解答用紙

当座預金出納帳

平成×年	勘定科目	摘要	元丁	売掛金	諸口	平成×年	勘定科目	摘要	元丁	買掛金	諸口
省略						省略					
		前月繰越	✓		3,000			次月繰越	✓		

仕入帳

平成×年	勘定科目	摘要	元丁	買掛金	諸口
省略					
		掛け仕入高			
		仕入高			

売 上 帳

平成×年	勘定科目	摘 要	元丁	売掛金	諸 口
省略					
		掛け売上高			
		売 上 高			

解 答

当座預金出納帳

平成×年	勘定科目	摘 要	元丁	売掛金	諸 口	平成×年	勘定科目	摘 要	元丁	買掛金	諸 口
省略	売 上	神戸商店	✓		9,000	省略	仕 入	大阪商店	✓		8,000
	受取手形		3		5,000		買 掛 金	茨城商店	✓	1,500	
	売 掛 金	埼玉商店	✓	500							
		売掛金	2	500	500		買掛金		13	1,500	1,500
		当座預金	1		14,500		当座預金		1		9,500
		前月繰越	✓		3,000		次月繰越		✓		8,000
					17,500						17,500

仕 入 帳

平成×年	勘定科目	摘 要	元丁	買掛金	諸 口
省略	買 掛 金	東京商店	✓	5,000	
	当座預金	大阪商店	✓		8,000
		掛け仕入高	13	5,000	5,000
		仕 入 高	21		13,000

売　　上　　帳

平成×年	勘定科目	摘　　　　要	元丁	売掛金	諸　口
省略	売　掛　金	千葉商店	✓	7,000	
	当座預金	神戸商店	✓		9,000
	受取手形	栃木商店	3		2,000
		掛け売上高	2	7,000	7,000
		売　上　高	31		18,000

●仕訳と記入する仕訳帳は次のとおりです。

(1) （借）仕　　　　入　5,000　（貸）買　　掛　　金　5,000 ⇒仕入帳

(2) （借）売　　掛　　金　7,000　（貸）売　　　　　上　7,000 ⇒売上帳

(3) （借）仕　　　　入　8,000　（貸）当　座　預　金　8,000 ⇒当座預金出納帳・仕入帳

(4) （借）当　座　預　金　9,000　（貸）売　　　　　上　9,000 ⇒当座預金出納帳・売上帳

(5) （借）当　座　預　金　5,000　（貸）受　取　手　形　5,000 ⇒当座預金出納帳

(6) （借）買　　掛　　金　1,500　（貸）当　座　預　金　1,500 ⇒当座預金出納帳

(7) （借）当　座　預　金　500　（貸）売　　掛　　金　500 ⇒当座預金出納帳

(8) （借）受　取　手　形　2,000　（貸）売　　　　　上　2,000 ⇒売上帳

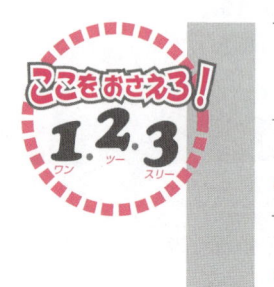

ここをおさえろ！ 1・2・3

1 二重転記って何？

2 二重転記となりうる取引には何がある？

3 二重転記を回避するためには何をする？

➡ トレーニングの基本問題　問題53　問題54　へ！
　　本試験レベル　問題11　問題12　問題13　へ！

さくいん

あ

後入先出法	103
委託販売	120
一般商品売買	110
移動平均法	103
受取手形記入帳	323
売上原価	101
売上総利益	253
売上帳	319
売上割引	96
売上割戻し	98
営業外収益	253
営業外費用	253
営業利益	253
英米式決算法	242
親勘定	306

か

買入償還	217
開業費	88
火災損失	78
火災未決算	79
貸倒引当金	223
割賦販売	136
合併	163
合併会社	163
株式会社	152
株式交付費	160
株式払込剰余金	156
株主配当金	174
株主資本等変動計算書	189
貨物代表証券	114
為替手形	22
企業残高基準法	14
銀行勘定調整表	4
銀行残高基準法	15
偶発債務	31
繰越利益剰余金	174
繰延資産	87
経常利益	253
欠損てん補	186
減価償却	64
研究開発費	90
現金	2
現金過不足	2
現金出納帳	308
建設仮勘定	70
合計転記	306
固定資産除却益	73
固定資産除却損	73
固定資産の買換え	75
固定資産廃棄損	74
5伝票制	286
個別転記	306

さ

財務諸表	251
先入先出法	102
3伝票制	286
三分法	94
仕入先元帳	312
仕入諸掛り	94
仕入帳	318
仕入伝票	286
仕入割引	96
仕入割戻し	98
仕切精算書	121
自己宛為替手形	45
自己受為替手形	43
実地棚卸数量	104
支店独立会計制度	264
支払手形記入帳	323
資本金	154
資本準備金	154
資本剰余金	154
資本的支出	82
社債	207
社債償還益	217
社債償還損	217
社債の償還	212
社債発行費	208
社債利息	209
収益的支出	82
修繕引当金	230
受託販売	126
出金伝票	286
償却原価法	55
試用販売	131
消費税	200
商品有高帳	102
商品評価損	105
除却	73
仕訳週計表	288
仕訳日計表	288
新株式申込証拠金	158
税込方式	203
生産高比例法	66
精算表	236
税抜方式	200
税引前当期純利益	254
積送諸掛	122
積送品	120
積送品販売	120
総平均法	103
創立費	157
租税公課	196
その他資本剰余金	154
その他利益剰余金	154
損益計算書	251
損失の処理	186

た

貸借対照表	256
退職給付引当金	227
大陸式決算法	242
棚卸減耗費	105
単一仕訳帳制	304
帳簿棚卸数量	104
帳簿の締め切り	242

定額法	64
定率法	65
手形の裏書き	31
手形の更改	23
手形の不渡り	27
手形の割引き	38
当期純利益	254
当座預金	3
当座預金出納帳	314
特殊仕訳帳	305
得意先元帳	312
特殊商品売買	110
特別損失	254
特別欄	306
特別利益	254

な

内部取引	265
内部利益	268
内部利益の控除	276
荷為替手形	144
荷為替の取り組み	145
二重仕訳	329
二重転記	329
入金伝票	286
任意積立金	176
のれん	84, 168

は

廃棄	73
買収	167
売買目的有価証券	50

端数利息	59
販売諸掛り	94
販売費及び一般管理費	253
被合併会社	163
複数仕訳帳制	304
普通仕訳帳	305
負ののれん	168
振替価額	268
振替伝票	286
不渡手形	27
別段預金	158
法人税等	196
保険差益	80
保証債務	32
保証債務取崩益	33
保証債務費用	32
本支店会計	264
本支店合併財務諸表	272
本店集中会計制度	264

ま

満期償還	213
満期保有目的債券	54
未決算勘定	79
未達取引	273
未着品	115
未着品売買	114
未取立小切手	10
未取付小切手	11
未渡小切手	6
無形固定資産	84
滅失	78

341

や

約束手形 …………………21
有価証券 …………………50
有形固定資産 ……………64
予約販売 …………………110

ら

利益準備金 ………………177
利益剰余金 ………………154
両者区分調整法 …………12

わ

割引発行 …………………208

〈執筆者紹介〉

福島三千代

1974年生まれ。法政大学経済学部卒業。
ネットスクール株式会社入社後、簿記関連書籍(「とおる
テキスト」、「とおるゼミ」、「出題パターンと解き方」等)、
社会人向けe-learning教材の製作に携わる。趣味は温泉(ス
パ含む)巡りと寺巡り。
主な著書：
「実践★簡単な分析だけで決算書を読む(TAC刊)」

カバーデザイン／折原カズヒロ
本文イラスト／桑原ふさみ
校正スタッフ／佐藤征一郎　井出紘永　上野有希子　黒塚奈緒
　　　　　　　藤本拓也　桑原知之　岩田俊行

サクッとうかる日商2級商業簿記　テキスト

2005年 6月25日　初版第1刷
2007年11月11日　改訂新版第1刷

著　　者	福　島　三　千　代
発行者	桑　原　知　之
発行所	ネットスクール株式会社
	出　版　本　部

〒101-0054　東京都千代田区神田錦町3-17
電　話　03(6823)6458(営業)
FAX　03(3294)9595
http://www.net-school.co.jp

編集協力	岩田さゆみ
印　　刷	株式会社ルナテック
製　　本	株式会社越後堂製本

©2007 Net-School　　Printed in Japan　　ISBN978-4-7810-1201-8

本書は、『著作権法』によって、著作権等の権利が保護されている著作物で
す。本書の全部または一部につき、無断で転載、複写されると、著作権等
の権利侵害となります。上記のような使い方をされる場合には、あらかじ
め小社宛許諾を求めてください。

落丁・乱丁本はお取り替えいたします。

ネットスクール簿記受験生

ネットスクールは、**徹底的に**簿記学習者を**応援**します！
簿記を学習するみなさんが安心して学習し、試験に**合格**できるよう、さまざまな**サポート**をご用意しています。

簿記学習者（独学者）の悩み……

1. 学校に通っていないので…、**最新の試験情報**がわからない！
2. すぐに**つまずいて**進まなくなってしまう…。
3. 同じ目標の**仲間が欲しい**！
4. 試験の前には**出題予想**が知りたい！
5. 教材を**安く購入**できればなぁ…。

ネットスクール・新とおるクラブが 解決！

みなさんの声にお応えして、ネットスクール・新とおるクラブは成長しつづけています。

サポート MAP

1 **メールマガジン**(合格応援メール：級別)登録！
⇒次回試験に向けてのアドバイスや試験情報が満載！

2 **教材別掲示板・質問電話へ！**
⇒分からないところはすぐに解決！
ネットスクール質問電話　**03 (6823) 6459** ※

※受付時間　○印であっても祝日はご利用できません。

時間帯	月	火	水	木	金
午前 (10～12時)	—	—	○	—	—
午後 (14～16時)	○	—	—	—	○

限られた時間の中での対応となりますので、以下のルールを遵守してください。
● 多くの方にご利用頂く為、一度に一つの質問に限らせて頂きます。
● あくまで質問対応のため、あらかじめ「質問箇所のページ数(問題番号)」、「質問箇所に対するあなたの考え」をご用意ください。

3 **コミュニティ**も充実！受験者同士の**交流掲示板へ！**
⇒独学だって、ひとりじゃない！

4 **試験前**は**WEB 出題予想セミナー**、試験後は**解答速報会 in WEB**へ！

5 **教材**の**割引購入**(会員限定)なら、ネットスクール **WEB SHOP**へ！

新とおるクラブ入会のご案内

① ネットスクールホームページへ　**ネットスクール**　で　検索　！
http://www.net-school.co.jp/

② ネットスクール TOP ページから「**新とおるクラブ**」へ

③ 新とおるクラブ「**会員登録**」へ。もちろん、**登録無料**！

「ネットスクール出版」創設にあたって

　私は、人は人として「平等でありたい」と願っています。そんな思いから２０００年に設立したネットスクール㈱は、書籍とe‐ラーニングを提供しています。

　書籍は、同じ情報が載った本が北海道でも沖縄でも同じ金額で売られていますし、e‐ラーニングはパソコンこそ必要になりますが、それさえあればどこにいてもいい講義が聴ける状況を作ることができるという平等なものたちです。この２つを融合した「ネット上での付加サービスのある良い本」それが我々が目指す書籍であり、e‐ラーニングです。

　そしてこの度、初めて自社での出版を実現することができました。

　これまで、著者として多くの書籍に関ってきましたが、もっともっと読者の声を聞き、もっともっとそれを書籍に反映していきたい、そんな思いから独自に『ネットスクール出版』を創設するに至りました。

　出版社としては、いま歩みを始めたばかりの会社ですが、より良いものを提供していきたいという気持ちは誰にも負けません。

　今後ともよろしくお付き合いください。

ネットスクール株式会社
代表取締役社長　桑原 知之